PAU BRASIL 03

Raízes do Brasil | Sérgio Buarque de Holanda

빠우-브라질 총서 **03**

브라질의 뿌리

1판1쇄 | 2017년 12월 31일

지은이 | 세르지우 부아르끼 지 올란다
옮긴이 | 김정아

펴낸이 | 정민용
편집장 | 안중철
편 집 | 강소영, 윤상훈, 이진실, 최미정

펴낸 곳 | 후마니타스(주)
등록 | 2002년 2월 19일 제300-2003-108호
주소 | 서울 마포구 양화로 6길 19(서교동) 3층
전화 | 편집_02.739.9929/9930 영업_02.722.9960 팩스_0505.333.9960

블로그 | humabook.blog.me
S N S | humanitasbook
이메일 | humanitasbooks@gmail.com

인쇄 | 천일_031.955.8083 제본 | 일진_031.908.1407

값 15,000원

ISBN 978-89-6437-296-8 04950
      978-89-6437-239-5 (세트)

이 도서의 국립중앙도서관 출판예정도서목록(CIP)은 서지정보유통지원시스템 홈페이지(seoji.nl.go.kr)와
국가자료공동목록시스템(www.nl.go.kr/kolisnet)에서 이용하실 수 있습니다.
(CIP제어번호: CIP2017035144)

빠우-브라질 총서 **03**

브라질의 뿌리

세르지우 부아르끼 지 올란다 지음 | 김정아 옮김

후마니타스

『브라질의 뿌리』가 갖는 의의

_안또니우 깐지두Antônio Candido

삶의 어느 단계에 이르면 자기만족에 빠지지 않고 과거를 저울질할 수 있게 된다. 과거에 대한 우리의 증언은 결국은 수많은 사람의 경험, '세대'라고 불리는 것에 속한 모든 사람의 기록으로 변하기 때문이다. 애초에 우리는 자신이 다른 사람들과 다르다고 생각하지만, 점차 비슷해짐에 따라 각자의 개성을 잃고 당대의 일반적인 성격에 녹아들게 된다. 그렇기에 과거를 기록한다는 것은 자기 자신에 대해 이야기하는 것이 아니라, 떠올리고자 하는 특정 시대의 특정 시점에 어떤 일련의 이해관계나 세계관에 속해 있던 사람들에 대해 이야기하는 것이다.

현재[1967년] 50세 전후의 사람들이 브라질을 이해하는 데 큰 영향을 미친 세 권의 책이 있다. 이들이 중학교 시절에는 지우베르뚜 프레이리Gilberto Freyre의 『주인과 노예』Casa-grande e senzala, 고등학교 시절에는 세르지우 부아르끼 지 올란다Sérgio Buarque de Holanda의 『브라질의 뿌리』Raízes do Brasil, 그리고 대학 시절에는 까이우 쁘라두 주니오르Caio Prado Júnior의 『현대 브라질의 형성』Formação do Brasil contemporâneo이 출간되었다. 이 책들은 1930년 혁명● 이후 분출된 지적 극단주의 및 사회 분석과 연관된 사고를 드러내고 있는데, 이는 신국가 체제Estado Novo(1937~45)●● 도 막지 못했던 것이다. 여러 가지 측면에서 통렬하고 선구적이었지만 현실을 관습의 틀에 끼워 맞추려는 과도한 의욕과 이데올로기적 편견으로 가득 차 있던 올리베이라 비아나Oliveira Viana의 작품●●● 은 앞서 말한 세 권의 책 덕택에 비로소 고리타분해 보이게 되었다.

『주인과 노예』는 가부장제 사회의 성생활을 진솔하게 다루었고,

● 1889년 혁명으로 시작된 브라질의 제1공화정을 종식시키고 제뚤리우 바르가스(Getúlio Vargas)가 권력을 쥐는 계기가 된 혁명. 공화정 정부가 들어선 이후 브라질의 정치사회 권력은 상파울루와 미나스제라이스 주 출신들이 나눠 갖는 이른바 '밀크 커피(우유가 특산품인 미나스제라이스와 커피가 특산품인 상파울루 주를 일컬음)' 정책이 두드러졌다. 이런 정치적 부패가 만연한 가운데 1929년 세계 공황의 여파로 경제 위기가 불어 닥친 가운데 브라질 곳곳에서 체제에 대한 도전이 일어나게 되었다. 결국 군사 쿠데타로까지 이어져 1930년 와싱똔 루이스 뻬레이라 지 소우자(Washington Luis Pereira de Souza) 당시 대통령이 사임했고 곧 제뚤리우 바르가스가 정권을 인수했다.

●● 제뚤리우 바르가스가 자신의 3선 승리 가능성이 희박하자 발표한 전체주의적 헌법. 의회를 해산하고 자신의 독재 체제를 굳혔으며, 이후 일어난 반란이나 폭동 등을 무력으로 진압했다. 또한 1939년부터 유럽에서 발발한 제2차 세계대전을 이유로 계엄령 상태를 이어갔다.

●●● 저자가 본문에 명시하지는 않았으나, 올리베이라 비아나의 대표 저작인 『브라질의 남부 주민들』(Populações Meridionais do Brasil, 1918)일 것으로 추측된다.

가장 내밀한 생활 방식을 형성하는 데 있어 노예가 갖는 결정적인 중요성을 이야기했는데, 그만의 이런 자유분방한 글쓰기에 우리는 열광했다. 오늘날의 젊은 독자는 이 위대한 작품이 당대에 끼친 혁명적인 힘과 해방의 충격을 아마 이해하지 못할 것이다(특히 저자의 이후 행보를 고려한다면 더더욱 그렇다). 프레이리는 이 책에서 해설적 기법으로 엄청난 양의 정보를 쏟아 내는 한편, 즉흥적 재능을 마음껏 발휘해 당대 브라질에 대한 완전히 새로운 관점으로 자료를 정리하고 그만의 독특한 개념들로 융단폭격을 가했다. 이런 점에서 『주인과 노예』는 시우비우 호메루Sílvio Romero와 에우끌리지스 다 꾸냐Euclides da Cunha, 올리베이라 비아나 등 우리 사회에 대한 기존 해석자들의 자연주의는 물론, 1940년 이래 유행하기 시작한 사회학적 관점 사이에 놓인 가교라 할 수 있다. 내가 이 말을 하는 이유는 프레이리가 천착했던 생물학적 기원(인종, 가족생활의 성적 측면, 생태적 균형, 영양 섭취)의 문제는 이후 그가 브라질에 알린 미국 문화인류학의 기반이 되기 때문이다.

그로부터 3년 뒤, 전혀 다른 방식으로 구상되고 집필된 『브라질의 뿌리』가 등장했다. 짧고 간결하고, 인용도 적은 이 책이 청년들의 상상력에 기여한 바는 비교적 작았을 것이다. 그러나 질적인 측면에서 이룬 쾌거는 이 책을 즉시 고전의 반열에 오르게 했다. 그 이유를 간단히 살펴보자. 올란다의 영감의 원천은 프레이리의 그것과 달랐으며, 두 사람은 관점도 달랐다. 전통적 자유주의에 대한 불신과 새로운 해법(오른쪽에는 통합주의integralismo●가, 왼쪽에는 사회주의와 공산주의가 있었다)에 대한 모색으로 점철되고 있던 당시, 『브라질의 뿌리』는 특정 정치적 입장이 갖는 의미를 이해하기 위한 중요한 단초를 청년들에게 제공했다. 일견 무심하고 거리를 두는 것처럼 보이는 저자의 태도는 사실 당시의 시대적 긴장으로부터 영향을 받은 것이었다. 이런 긴장을 이해할 수 있도록 돕기 위해 그는 과거에 대한 분석을 제공했다. 그의 이론적 기반은 프랑스의 새로운 사회역사학, 독일의 문화사회학, 그리고 역시 낯설었던 사회학 및 민족학 이론의 일부 요소와 관계가 있었다. 극도로 우아하면서도 무심한 듯 섬세하게 흘러가는 그의 어조 속에는 엄격한 구성이 숨어 있다. 언뜻 게오르그 짐멜Georg Simmel이 떠오르기도 하는 그의 글쓰기는 브라질 사람들의 수다스러움이 고차원으로 승화했다면 이런 느낌일까, 하는 생각마저 들게 한다.

『주인과 노예』가 출간되고 나서 9년 뒤, 『브라질의 뿌리』 6년 뒤에 출간된 『현대 브라질의 형성』은 앞의 두 책과는 달리, 억압과 혁신의 의지로 충만했던 신국가 체제의 한복판에서 출현했다. 이 책에서 까이우 쁘라두 주니오르는 구성의 의도를 숨기지도, 문체의 아름다움이나 근사한 표현에 집착하지도 않았다. 식민지 시대의 정보원들 중에서도 가장 견고하고 실용적인 사고방식을 가졌던 이들

● 브라질의 통합주의는 쁠리니우 살가두(Plínio Salgado)의 주도로 1930년 생겨났다. 프랑스나 포르투갈의 통합주의와는 달리 친공화당적 성격을 띠었고, 일정 부분 파시즘의 영향도 받았다. 통합주의 당 'AIB'(Ação Integralista Brasileira)는 특히 바르가스 정권(1930~45) 동안 활발히 활동했다. 정권 초기에는 바르가스를 지지했으나 자신들의 주장을 들어주지 않는 바르가스에 실망해 등을 돌리게 된다. 1938년에는 쿠데타를 모의하기도 했으나 실패했다.

을 전면에 내세워, 생산·유통·소비 등의 기초적 현실에 입각해 과거를 해석하는 위대한 첫걸음을 내딛었다. 그는 낭만주의를 띠지 않았으며, ('봉건주의'나 '가부장적 가족'과 같은) 어떤 정성적인 분위기 qualitative aura를 풍기는 범주를 받아들이려 하지도 않았다. 단지 물질적 기층을 드러내고자 애썼을 뿐이다. 그 결과, (앞의 두 저서에서는 두드러진) 에세이적 경향에서 완전히 벗어난 사실 중심의 텍스트가 탄생했다. 저자는 주어진 자료와 논지를 통해 독자를 설득하고자 할 뿐이다. 이 작품은 브라질의 지적·정치적 혁신에 지렛대 역할을 톡톡히 해온 사적 유물론의 계보를 따르는 것으로 해석되었다. 이 책에서 그는 처음으로 실재적인 것을 포착하고 그것에 질서를 부여하는 방법을 보여 주었으며, 당파적 헌신 혹은 단기적인 실천적 기획과 거리를 두었다. 우리는 저자에게 1934년에 출간된 얇은 책 한 권을 이미 빚지고 있다. 바로 브라질의 역사를 마르크스주의에 기초해 종합하려는 최초의 시도로서 상당한 충격을 주었던 『브라질 정치 변천사』*Evolução política do Brasil*다.

1933년과 1942년 사이에 브라질 청년들에게 미친 이 같은 지적 충격을 회고하면서 나는, 나처럼 좌파 입장을 택한 사람들(일관되게 전투적이었던 공산주의자나 사회주의자 혹은 단순히 이념 때문에 참여했던 사람들)을 주로 염두에 두고 있는지도 모르겠다. 이 세 작가가 보여 준 브라질에 대한 시각은 우리의 관점에 부합하는 것 같다. 그들은 인종적 편견을 고발하고 유색인을 재평가했으며, '가부장'적이고 농업적인 토대를 비판했다. 또한 경제적 조건을 연구하고, 자유주의적 담론을 탈신비화했다. 그러나 이들은, 내 기억이 맞는다면, 이들을 거부하거나 의심한, 혹은 가능한 한 자신들의 틀에 끼워 맞추려 한 우파 청년들에게는 다른 의미로 다가왔을 것이다. 이런 우리의 반대파들은 자연주의 또는 (넓은 의미에서) 실증주의의 방법론적 경향을 가진 (올리베이라 비아나 혹은 아우베르뚜 또히스Alberto Torres처럼) 좀 더 옛날 사람들을 선호했다. 이 두 사람의 논지는 위계적이고 권위주의적인 사회관을 뒷받침했는데, 이는 바로 올란다가『브라질의 뿌리』를 통해 비판했던 것이다.

여기서, 대부분 통합주의자들이었던 우리 세대의 이 반대파들(이들 가운데 몇몇은 꽤 존경받는 인물이었다)에 대해 냉정하게 성찰할 필요가 있다. 우리는 그들이 내세우는 정치적·사회적 철학이 파시즘의 브라질식 발현이며, 따라서 해로운 것이라 여겼다. 그러나 세월이 흐른 지금 돌이켜 보면 당대의 많은 젊은이들에게 통합주의란 광신주의, 일종의 반동적 저항 그 이상이었다. 그것은 브라질의 문제들에 대한 일종의 폭넓은 관심이자, 편협한 자유주의적 외양을 무언가 살아 숨 쉬는 것으로 바꾸려던 시도였다. 이는 제오바 모따Jeová Mota의 때 이른 탈퇴에서 1940년의 탈당 사태●에 이르기까지 전쟁 중, 그리고 전후에 많은 통합주의자들이 좌파로 전향한 이유를 설명해 준다. 잘 알려져 있듯이, 당시 사회 개혁(1964년 쿠데타로 위축되었다)이 시도되었을 때, 가장 유력한 위치에 있던 구통합주의자들도 여기에 참여했다. 이들 구통합주의자는 공개적으로 혁명적 태도

● 브라질 통합주의 당 AIB 소속이던 군벌 제오바 모따가 1938년 탈당한 뒤 1940년 반(反) 바르가스 전선인 '리가다데페자'(Liga da Defesa)에 들어간 일을 말한다.

를 견지한 이들부터, 그들 중 가장 명석한 누군가가 '실증주의'적 좌파라고 명명했던 사람들에 이르기까지 다양한 색채를 가진 좌파들이었다. 반면 한때 좌파였으나 반동의 기폭제가 된 이들도 있었지만 말이다. 이런 사실들에 주목하는 이유는 『브라질의 뿌리』가 등장했을 당시 아슬아슬한 운명의 줄타기를 하고 있던 당대의 상황을 다시금 떠올리고, 당대의 지적 환경이 처해 있던 상황과 맥락을 살펴볼 필요가 있기 때문이다.

도밍고 F. 사르미엔토Domingo F. Sarmiento 이래, 라틴아메리카의 사상 중에서도 사회 현실에 대한 성찰은 대비와 대립이라는 관념으로 나타났다. 인간과 제도의 역사가 적대적 조건들에 따라 정리되어 왔다는 것이다. '문명과 야만'Civilización y Bárbarie의 대비는 그의 책 『파쿤도』Facundo(1845)와 그로부터 수십 년 후에 출간된 에우끌리지스 다 꾸냐의 『오지에서의 반란』Os sertões(1902)의 뼈대를 이룬다. 이들은 먼저 두 가지의 질서를 서술하고 나서 그것이 초래하는 갈등을 보여 주는 방식으로, 각각의 개인이 그 두 질서에 적응하고 행동하는 과정을 설명한다. 낭만주의 문학의 경우, 반대는 종종 거꾸로 해석되곤 했다. 자연적 인간, 본능적 인간이야말로 가장 진정한, 대표적인 인간인 것처럼 그려 냈는데, 극단적으로는 원주민, 즉 인지우●가 그런 인간이라 주장했다. 사실주의 문학의 일종인 지방주의 문학에서는 로물로 가예고스Rómulo Gallegos라는 작가의 『도냐

● 원주민의 포르투갈어식 표현.

바르바라』*Doña Bárbara*가 대표적이다. 평범하면서 표현력이 풍부한 이 소설은 문명의 의식儀式적인 승리로 끝을 맺는다.

『브라질의 뿌리』는 경탄할 만한 대조법을 사용해 라틴아메리카식 사유의 오랜 이분법을 확장하고 심화시킨다. 다양한 수준과 유형의 실재에서 우리는 올란다의 사고가 이분법적으로 대조되는 개념들의 탐구를 바탕으로 한다는 사실을 알게 된다. 그러나 깨달음은 사르미엔또나 에우끌리지스 다 꾸냐의 경우처럼, 이 반대되는 개념들 사이에서 어느 한쪽을 실천적 혹은 이론적으로 선택함으로써가 아니라, 양자의 변증법적 상호작용을 통해 이루어진다. 즉, 이미 존재하는 역사적 현실의 여러 측면을 바라보는 시각은 양 극단에 동시에 다가감으로써, 그 말이 가진 가장 강력한 의미 그대로 '깨닫게 된다.' 이 과정에서 올란다는 막스 베버Max Weber의 유형론적 기준을 활용하는데, 다만 이를 수정해 다수로 존재하는 유형이 아니라 한 쌍을 이루는 유형들에 초점을 맞춘다. 그리하여 이들을 단순히 묘사하기보다는 역사적 과정에서 그들 간의 상호작용을 강조하는 방식으로 역동적으로 다룬다. 상호 배타적인 명제의 쌍 가운데 생겨나는 구조는 좀 더 포괄적인 시작으로 보아야 하는데, 저자는 이때 부분적으로 헤겔식 입장을 취하기도 한다. "[……] 사실 역사 속의 그 어떤 사회운동도 모두 자기 부정의 싹을 품고 있었다는 점을 떠올리면 이해할 수 없는 일도 아니다"(260쪽).

이런 방법을 통해 올란다는 우리의 역사적 운명의 근본, 즉 이 책 제목이기도 한 '뿌리'라는 메타포를 분석하고, 그것이 얼마나 다양한 측면에서 발현되는지를 보여 준다. 우리는 그의 자유분방한 글쓰기 방식을 따라가기만 하면 된다. 그는 꼼꼼히 이야기를 구성해 나가면서도 여담으로 빠지거나 삽입구를 추가하는 여유도 잃지 않는다. 노동과 모험, 법칙과 변덕, 농촌과 도시, 관료정치와 까우질류주의caudilhismo, ● 비인격적impersonal 규범과 감정적 충동 등 저자는 브라질과 브라질 사람들을 분석하고 이해하기 위해 브라질의 생활 방식이나 사회적·정치적 구조에서 드러나는 일련의 쌍들을 강조한다.

　1장 "유럽의 경계"(여기에서 이미 저자의 역동적 관점과 복잡성에 대한 인식이 드러난다)는 스페인과 포르투갈을 하나의 단위로 묶기 위해 '이베리아'Iberia라는 개념(이후 저자는 다시 스페인과 포르투갈을 분리하기도 한다)을 사용한다. 예를 들어, 아메리카의 식민화를 분석할 때, 올란다는 양국 간의 차이를 보여 주다가 마지막에는 '같은 뿌리에서 발현된 다양성'이라는 시각을 완성한다. 이 서두 부분에서 그는 뒤에서 연구할 특성들, 즉 제도의 느슨함과 사회적 응집성의 부족을 가져오는 전통적 인격주의personalismo의 가장 오랜 기원들에 대해 이야기한다. 여기서 올란다는 우리 시대의 결함으로 여겨지는 이런 특징들이 사실은 늘 존재했으며, 따라서 과거가 지금보다 나았다며 향수에 빠질 필요는 없다고 성찰한다. 그리고 다음과 같이 말한다.

● 중남미 역사에서 지배권을 장악한 정치·군사적 지도자인 까우질류(스페인어로는 까우딜료caudillo)의 정치력 행사를 일컫는 말. 카우질류는 본디 이베리아반도에서 군사력을 보유한 지도자를 표현하는 데 사용되다가 19세기 초 중남미 국가들이 독립을 시도하는 와중에 대중적이고 카리스마 있는 군사 지도자 유형을 일컫기 위해 다시 나타났다. 20세기에 들어서는 강력한 권력을 가진 독재자들을 일컫는 말로 사용되기도 한다.

"진정 활기찼던 시대는 결코 전통주의 시대가 아니었다"(46쪽).

그는 여기에 덧붙여 이베리아반도에는 위계의 원리가 존재하지 않았으며 개인의 위신을 예찬했다고 말한다. 결과적으로 이베리아에서는 다른 국가들에서와 달리 공적mérito과 성공을 통한 신분 상승이 가능했다. 또한 상대적으로 쉽게 귀족이 될 수 있었으므로 누구나 귀족이 되고자 하는 열망을 품도록 부채질했다([프라디끄 멘데스]Fradique Mendes는 "포르투갈에서는 모두가 귀족이다"라는 말을 편지에 쓰기도 했다). 이 오래된 관습을 이야기하면서 그는 처음으로 이 책의 근본적인 주제들 가운데 하나를 넌지시 언급한다. 정규 노동과 실용적 활동에 대한 부정적 인식이 그것인데, 이는 조직의 부재로 이어진다. 이베리아인들은 개성을 희생해 가면서까지 자신이 속한 집단이나 원칙을 수호하려 하지 않기 때문이다. 저자는 자신의 방법론을 충실히 따르며 우리에게 '맹목적 순응을 통한 개성의 포기'라는 역설적인 결론을 보여 준다. 합의적 유대 관계를 기반으로 하는 규율을 상상할 수 없는 사람들에게 이는 유일한 대안이며, 보통 의무감으로 임무를 수행할 때 나타난다. "지배하고자 하는 의지와 명령을 기꺼이 따르려는 의사는 (이베리아인들에게) 똑같이 고유한 것이었다. 예컨대 독재와 종교재판은 무정부와 무질서를 지향하는 그들의 특징을 전형적으로 보여 준다."(55쪽)

그다음 2장 "노동과 모험"에서는 이 책의 기본적인 유형 분류 방식을 볼 수 있다. 두 가지 상반되는 윤리를 대변하는 '모험가'와 '노동자'를 구분하고 있는 것이다. 한쪽은 새로운 경험을 추구하고, 그때그때 환경에 적응하며, 안주하기보다는 발견하는 것을 선호한다.

다른 한쪽은, 안정과 노력을 중시하고 장기적인 보상을 받아들인다. "그런데 사실 이 두 유형 사이에 절대적 대립이나 극단적 몰이해는 없다. 정도의 차이만 있을 뿐, 이 두 유형은 다양한 조합을 구성한다. 이데아의 세계 밖에서는 순수한 모험가도, 순수한 노동자도 존재하지 않는다"(61쪽). 우리의 역사를 이해하기 위해서는 아메리카 대륙이 모험가들에 의해 식민화되었으며, "노동자의 역할은 거의 없었다고 할 수 있다"(62쪽)는 사실을 기억할 필요가 있다. 스페인인과 포르투갈인들은 인내와 조용한 노력이라는 덕목들을 썩 좋아하지 않는 모험가들이었다. 심지어 우리가 알고 있는 전형적인 모습을 19세기에 들어서야 갖게 된 영국인들 또한 마찬가지였다. 그러나 저자는 브라질의 상황에서 이런 특징들은 긍정적이었다면서, 네덜란드인들의 지배를 받았더라면 더 좋았을 것이라는 주장을 몽상으로 치부하며 회의적인 입장을 취한다. 포르투갈인들은 "태만했으며, 어느 정도 방치된 느낌"(59쪽)으로 식민화에 임하면서도 빼어난 적응력을 보였다. 다양성이 지배하는 상황에서 모험가 정신은 "탁월하기 그지없는 조율자"(64쪽) 역할을 했다. 이런 의미에서 사탕수수 재배는 공간을 모험적으로 점거한 형태로 이해할 수 있다. "전형적인 농경 문명이 아니"(68쪽)라, 환경에 원시적으로 적응한 것에 불과했다. 기술력도 낮았고 자연조건에 순응했을 뿐이었다. 이런 상황에서 필수적이었던 노예제는 자유인으로서 서로 협력하고 조직할 필요를 앗아 갔다. 이 과정에서 갖게 된 우유부단함은 원시적 민족의 특성이라 할 만하며, 근면한 노동 정신에 반대되는 가치들의 영향력을 증폭시켰다.

3장 "농촌의 유산"은 농업에 대한 브라질 사회의 상대적 무관심에서 출발해 브라질 사회의 형성에 농촌 생활이 남긴 자취를 분석한다. 브라질 사회는 노예제에 안주했기에, 이 제도가 몰락하기 시작하면서 위기를 맞을 수밖에 없었다. 그리고 브라질 사회는 농업적 가치와 관행에 기초했기 때문에 도시의 사고방식과 충돌한다. 이 지점에서 이 책은 두 번째 기본적인 이분법을 설정한다. 다양한 층위에서 브라질의 면모를 특징짓는 두 번째 이분법인 '농촌-도시'의 관계가 그것이다.

　　과거에는 모든 것이 농촌 문명에 의존했다. 심지어 전통에 반기를 드는 '사치'를 부렸던 지식인과 정치인들조차 농장주 아버지를 둔 경우가 허다했다. 그들의 활동에서 비롯된 사회적 진보는 결국 자신들의 계급 기반이었던 노예노동을 파괴하게 되었다. 1850년대에 재산 증식 열풍이 불었던 것이 한 예다. 이 당시 노예 거래를 금지한 〈에우제비우 법〉Lei Eusébio이 발효됨에 따라 유휴 자본이 도시 문명에 적합한 기술적 개선으로 방향을 돌렸고, 그 결과 '도시의 상인들과 투기꾼들의 결정적인 승리'가 이루어지는 첫 단계가 마련되었다. 그러나 마우아Mauá 남작●의 사례로 대표되는 이런 최초 개혁의 실패는 "사회적으로 진보한 국가들로부터 모방한 삶의 방식이,

---

● 왕정 시대 브라질의 산업화에 앞장섰던 인물이다(1813~89). 국내 최초의 제철소 및 조선소 설립, 브라질의 첫 철도 건설(리우데자네이루 마우아 철로), 증기 선박을 이용한 아마조나스 강 개발, 첫 국영 은행 방꾸두브라질(Banco do Brasil) 설립, 남미-유럽 간 첫 해저 통신망 구축 등의 업적을 세웠다. 말년에는 수입 품목에 관세 혜택을 부여한 〈실바페하스〉 법률(1860)로 수입품과의 경쟁에서 밀려나면서 파산했다.

수 세기 동안 우리 사이에 고착되어 온 세속적인 가부장주의 및 인격주의와 양립될 수 없"(111-112쪽)었기 때문이다.

가족 중심의 자급 경제를 기반으로 외부와 단절되어 온 농촌 지배 집단의 중요성은 물질적 노동과 무관한 지적 활동과, 귀족 신분과 같이 타고난 것처럼 보이는 '재능'을 과대평가하는 정서로 표출되었다. 이와 관련해 저자는 극단적 진보 사상가로 간주되어 온 주제 다 시우바 리스보아José da Silva Lisboa가 순간의 오해로 진보주의자가 됐다며, 그의 극단적으로 반동적인 위치를 폭로한다.

자연과 사회의 풍경을 조망하는 데 있어 그는 (단순한 부속물에 불과했던) 도시에 대한 농촌의 우위를 드러낸다. 농장은 귀족이라는 관념과 연결되는 동시에 영원히 활기찬 장소로서 텅 빈 도시 옆에 위치한 것으로 여겨졌다. 이는 극단적인 농촌주의의 소산인데, 환경의 산물이라기보다는 정복자의 의도에 따른 것이었다.

도시에 대한 암시는 4장 "씨 뿌리는 자와 타일을 까는 자"로 이어지는 연결 고리이기도 하다. 이 장은 지배의 도구로서 도시가 갖는 중요성과 이런 목적을 위해 도시가 세워졌음을 고찰하는 것으로 시작된다. 이 책 초반에는 스페인인과 포르투갈인의 공통점이 부각되었지만, 이 장에서는 차이를 드러낸다.

'타일을 까는 자'인 스페인인은 도시의 특징을 자연 질서와 상반된 것, 이성의 기획으로 보았기 때문에 아메리카에서도 엄격한 계획하에 도시들을 건설해 나갔다. 그들은 직선의 승리를 추구했으며, 대부분의 경우 내륙 지역으로 좀 더 쉽게 진출하고자 했다. 여기에는 식민 모국을 식민지에서도 안정적으로 연장하려는 스페인인들의 의도가 깔려 있었다. 한편 포르투갈인들은 해안 지역에 교역소feitoria를 설치하는 무역 정책을 고수했기 때문에, 해안 지역을 벗어날 수 없었다. 그런 그들이었기에 18세기에 들어서야 비로소 해안 지역에서 벗어나 불규칙한 도시들의 '씨를 뿌리는 사람'이 되었다. 그들이 뿌린 씨앗은 추상적인 규칙에 반발하면서 아무렇게나 발생하고 성장했다. 이런 유형의 도시는 "자연의 틀을 크게 벗어나지도 않아서 그 윤곽이 풍경과 적당히 어우러진다"(157쪽).

저자는 이런 종류의 도시 발전을 단순한 현실주의의 결과로 받아들인다. 즉, 상상과 규칙이 일상화되고 자연스럽게 받아들여지기 전 까지는 그것을 회피하기만 하는 단순한 현실주의 말이다. 바로 이 점에서 포르투갈의 팽창에 도취되지 않는 신중함이 드러나는데, 그것은 앞서 정의했던 모험 정신에 (우리가 생각하기에) 새롭고 모순적인 요소를 도입하며, 씨 뿌리는 자의 변덕에 '게으름'을 부여한다. 정복 사업에서 포르투갈인들의 최대 관심사는 규칙적인 노동을 하지 않고도 빠르게 부를 축적하는 방법이었다. 그들에게 규칙적인 노동은 결코 미덕이 아니었다. 사회적 신분 상승이 용이했으므로 포르투갈의 부르주아들은 귀족이 되고자 열망하고 귀족처럼 행동했다. 귀족과 동등한 위치로 자신들을 끌어올리고자 했던 것이다. 하지만 그 결과, 다른 나라의 부르주아들처럼 자신들만의 고유한 사고방식을 형성할 기회를 갖지 못했다.

5장 "친절한 인간"은 앞서 언급한 특징들의 결과인, 브라질인의 특징을 살펴본다. 가족 구조라는 틀로 형성된 '친밀한 관계'는 브라질인들에게 큰 의미를 갖는데, 이는 가족 외의 다른 집단의 구성원이 되는 것을 복잡하게 만든다. 브라질 사람들이 국가의 특징인 '비개인적 관계'를 달갑게 여기지 않는 것도, 국가를 인간화시키고 감성의 영역으로 끌어내리려는 경향도 바로 이 때문이다. 가족이 특히 전통이라는 틀 안에서 무게감을 갖는 경우, 근대적인 도시 사회는 형성되기 어렵다. 브라질에서 도시화는 "사회 불안을 수반할 수밖에 없었고, 그 여파는 오늘날까지도 이어지고 있다"(211쪽). 여기서 올란다는 (내 생각에는) 브라질에서 처음으로, 막스 베버에게서 비롯된 '가산제'家産制와 '관료제' 개념을 통해 문제를 분명히 하고, 히베이루 꼬우뚜Ribeiro Couto에게서 차용한 '친절한 인간'이라는 표현에 사회학적 토대를 제공한다.

'친절한 인간'은 선량함을 전제하지 않는다. 그저 외관상 공손한 태도를 취할 뿐인데, 이는 예의를 차리는 것과는 달라서 반드시 진실되거나 깊이 있을 필요는 없다. '친절한 인간'은 개인의 지위나 기능에서 비롯된 비인격적 관계를 맺는 데 근본적으로 적합하지 않다. 그보다는 개인의 인격에 기반을 둔 관계나 가족 관계, 또는 1차 그룹의 친밀감을 바탕으로 형성된 유대 관계에만 적합하다.

6장 "새로운 시대"에서는 우리 식민 시대의 낡은 양식에 최초의 충격을 안겨 주었던 왕가의 이주 사건●이 브라질 사회 구성에 끼친 결과를 살펴본다.

● 1807년 장 주노(Jean-Andoche Junot) 원수가 이끄는 프랑스군이 포르투갈을 침공했다. 그 결과 반도 전쟁이 발발했으며, 포르투갈 왕가가 리스본에서 리우데자네이루로 천도를 감행했다.

'친절한 사고방식'이라 부를 수 있는 것에는 '외형뿐인 사회성' 같은 몇 가지 중요한 특징들이 연관되어 있다. 외형뿐인 사회성은 사실 개인적인 것을 압도하지도 못하고, 집단적 질서를 만드는 데에도 긍정적인 영향을 미치지 못한다. 그 결과 개인주의는 새로운 각도에서 모습을 드러낸다. 규칙(개인주의와 모순된다)을 따르려 하지도 않고, 대외적 목적에도 전념하지 않는 특징도 개인주의와 연결된다.

지식인들의 문제로 돌아온 저자는 그들이 구체적인 목적을 갖는 지식보다는 지위와 체면을 위한 지식에 만족하는 경향이 있다는 점을 지적한다. 지식이라는 목적은 부차적이므로 개인들은 툭하면 태도를 바꾸어 개인적인 만족을 추구할 뿐이다. 그래서 자유로운 전문직이 과대평가되었다. 개인의 독립성이 인정되고 겉치레 지식을 갖는 데 적합하기 때문이다. 낡은 농업 제도가 위기를 맞자, 지배계급의 구성원들은 이런 직업들로 손쉽게 옮겨갔다. 이 직업들은 노예 상태를 떠올리게 만드는 직접적인 노동의 필요와 단절할 수 있기 때문이다.

이런 상황들, 그리고 장엄한 형식, 과시 행위, 즉흥성에 대한 우리의 전통적 숭배, 그에 따른 전심전력의 부족 등과 관련해서, 저자는 브라질에서 실증주의가 유행했던 것을 바로 이런 특징들의 결과로 해석했다. 브라질인들은 실증주의의 명백한 도그마에 만족하며, 무한 신뢰를 보냈다. 그것이 적용될 수 없을 때조차도 말이다.

정치에서 이것은 장식적 자유주의(실제로 이는 불편한 권위를 거부하고자 하는 욕구에서 비롯되었다)였으며, 진정한 민주주의 정신은 존재하지 않았다. "브라질에서 민주주의는 애석하게도 늘 잘못 이해되었다. 반半봉건 농업 귀족은 민주주의를 들여와, 그들이 누리던 권리와 특권이 허용하는 한도 내에서만 수용하려고 애썼는데, 이런 특권은 사실 오래전 부르주아가 귀족들과의 투쟁에서 표적으로 삼았던 것이다"(233쪽). "개혁적인 것처럼 보였던" 우리의 운동들은 사실, 지배계급이 위에서 아래로 부과한 것이었다.

7장 "우리의 혁명"은 상당히 압축적이고 설명을 최소화해 행간을 읽어야 한다. 어떻게 전통 질서의 와해가 미해결의 모순으로 이어지는지를 (보여 주는 것이 아니라) 조심스럽게 시사한다. 이 모순들은 사회구조의 층위에서 생겨나 정치적 제도와 이념의 층위에서 표출된다.

이 장의 가정 중 하나(어쩌면 핵심적인 가정일지도 모르는)는 농촌에서 도시, 즉 도시 문화로의 이행이다. 그 결과 농업 제도에 전적으로 의지하던 이베리아 전통 역시 새로운 생활양식으로 이행하게 되었다는 것이다. 이런 과정은 "우리 문화에서 이베리아적인 것을 뿌리 뽑고, 새로운 양식(우리가 이런 양식에 '이베리카적'이라고 이름 붙이는 것도 우리의 착각일 수 있지만, 그 특징은 이 반구에서 빠른 속도로 확산되고 있다)으로 대체하려 하고 있다. 브라질에서만 일어난 현상은 아니지만 이베리아주의와 농업주의는 뒤섞여 있었다"(248쪽). 이런 변화에서 사탕수수에서 커피(근대적 생활 방식과 깊이 연관된)로의 이행은 매우 중요한 단계였다.

과거의 정치 모델들은 겨우 명맥만 유지했다. 농촌의 사회구조에 적합한 모델이었으므로, 이제 더 이상 경제적 기반을 갖지 못하기 때

문이다. 식민지 시대와 유사한 기반을 가지고 있었던 제국이 공화
국에 비해 상대적으로 조화로워 보인 것도 바로 이 때문이다. 그래
서 교착상태가 생기는데, 이는 단순히 통치자를 바꾸거나 형식적으
로 완벽한 법을 제정함으로써 해결된다. 우리는 모순적이게도, (법
의 비인격적 속성에 의해 자동적으로 작동하는) 이상적인 행정 조직과,
(매 순간 이를 무너뜨리는) 가장 극단적인 인격주의 사이를 오갔다.

이 지점에서, 올란다는 브라질에서의 민주적 삶의 조건들에 대한
자신의 견해를 완성했으며, 그 결과 이 책은 1936년 당시의 전통
사회와 관련된 연구들과 차별화되었다. 그뿐만 아니라 올란다는 비
르지니우 산타 호자Virgínio Santa Rosa 등 실제 현실을 명료하게 보고
자 하는 우리의 바람에 부응한 작가들과 어깨를 나란히 하게 되었다.

올란다에게, 19세기의 3/4분기에 시작된 '우리의 혁명'이란 (노
예제도 폐지와 함께 토대를 완전히 상실하게 되고) 구농업 사회가 해체되
는 과정에서 가장 역동적인 국면이었다. '우리의 혁명'은 과거를 청
산하고, 도시적 리듬을 받아들이고, 새로 등장하고 있던 피지배층
(사회에 다시 활기를 불어넣고, 정치에 새로운 의미를 부여할 수 있는 유일한
존재)을 출현시켰다. 이와 관련해서 그는 외국인 여행자 허버트 스
미스Herbert Smith의 빼어난 통찰력이 담긴 글에 기댄다. 스미스는
군주제 시대에, "활력 있는 요소들을 수면 위로 끌어올려 낡고 무기
력한 것들을 영원히 파괴시키는" 수직적 혁명의 필요성을 역설한
바 있다. 그는 지배 계층에 속한 이들이 높이 평가받을지라도, 피지
배 계층 사람들도 "상위 계급보다 신체적으로 훨씬 나을뿐더러 기
회만 주어진다면 정신적으로도 그럴 것"이라고 주장했다. 올란다는

최근 라틴아메리카에서 일어난 일들이 이런 파열에 의한 것이라며, 새로운 계층의 출현은 "마침내 오랜 가부장적 식민 질서와 이에 따른 도덕적·사회적·정치적 결과를 청산할 수 있"(260쪽)는 독특한 상황을 제공한다고 말한다. 그리고 이렇게 덧붙인다.

"세월이 많이 흘러 이미 목가적 색채로 물들기 시작한 과거를 추종하는 자들은 혁명적 움직임의 완전한 실현에 맞서 점점 더 완고하게 저항할 것이다. 이런 저항은 그 강도에 따라 문학의 영역에서 혹은 정서적·신비주의적 성격을 띠고 분출할 수 있다. 그러나 사회에서 직접적으로 일어나는 저항은 어떤 근본적인 변화에 대한 희망을 제약하거나 위태롭게 할지도 모르는 방식으로 이루어질 수 있다"(262쪽).

저자는 이 같은 반동적 경향이 (민주적 과정을 가로막는 극단적 인격주의와 독단주의 형태인) 남미 특유의 까우질류주의로 발현될 수 있다고 보았다. 그러나 위계질서에 대한 거부, 인종과 피부색에 대한 편견이 상대적으로 적은 것, 그리고 현대적 삶의 방식의 출현 등 민주주의로 나아갈 수 있는 여건이 우리에게 있다고 보았다.

30년 전, 『브라질의 뿌리』는 우리가 진지한 성찰을 하는 데 필요한 여러 주제들을 소개해 주었다. 이는 무엇보다도 이 책이 대비와 대조의 방법을 통해, 독단주의에 빠지는 것을 막고 변증법적 사고의 장을 열어 주었기 때문이다.

우리의 과거를 연구하던 학자들이 생물학적 특성에 주목하고 진화론에서 가져온 '인종' 개념에 매료되어 있었던 반면, 올란다는 구조에 대한 예민한 감각을 바탕으로 심리학과 사회역사학의 관점을 빌어 분석을 시도했다. 가부장에 대한 향수가 아직 남아 있던 때였음에도 불구하고, 방법론적 시각에서 그는 과거에 대한 지식은 현재의 문제와 연관되어야 한다고 주장했다. 또한 정치적 관점에서 그는, 과거는 장애물이므로 역사 발전을 위해서는 반드시 우리의 '뿌리'를 청산해야 한다고 제안했다. 그뿐만이 아니다. 감성적으로 평가받는 포르투갈적인 요소들의 한가운데에서, 그는 브라질의 발전이 갖는 근대적 의미를 간파했다. 브라질의 변화는, '(거의 80여 년간 우리의 전통 양식을 바꿔 온) 이민자의 브라질'이라는 표현에서 잘 드러나는 세계주의적 도시 문명이 열어젖힌 길로 나아가기 위해, 점차 이베리아적 성격을 잃는 방향으로 전개될 것임을 보여 주었다. 마지막으로 그는 우리가 권위주의를 찬양하는 일에 빠지지 않고 조직의 문제를 논할 수 있도록 도구들을 제공했으며, 까우질류주의에 대한 새로운 해석을 내놓았다. 그 전까지는 다른 정치적 성향을 가진 사람들은 물론 통합주의자들(저자는 이 책의 일부 지면을 할애해 이들을 공개적으로 비판하고 있다) 사이에서도 파시즘의 주장과 섞여 있었는데, 이는 얼마 가지 않아 신국가 체제에서 현실화되었다. 그는 당시 우리가 전통적 사회가 와해되는 심각한 위기 국면에 들어서고 있다고 단언했다. 그해가 1936년이었다. 1937년에는 쿠데타가 일어났고, 엄격하면서도 타협적인 체제가 등장해 산업화를 목표로 하는 경제구조의 변화를 지휘했다. 현재 브라질은 가지의 생장을 잠시 멈추고, 뿌리가 모아 놓은 수액을 받아들이는 중이다.

1967년 12월 상파울루에서

후기

_안또니우 깐지두

출간된 지 50년이 지났건만『브라질의 뿌리』는 여전히 독창적이며 영감이 넘쳐 나는 책이다. 거의 20여 년 전에 쓴 서문에서 나는 우리 세대에게 이 책은 브라질을 이해할 수 있도록 돕는 안내자라고 정의하고자 했다. 지금도 이 생각은 변함이 없으며, 이제 몇 가지를 추가하고자 한다. 추후에 쓴 글에서, 나는 이 책에서 강조되지 않는 것처럼 보이는 측면, 즉 정치적 메시지를 분석하기도 했다.

이런 관점에서 [앞의 서문에서도 논의했던] 위대한 세 권의 책을 재평가하자면, 보수적 입장과 일종의 진보적 경향 간의 모순을 보여 주는『주인과 노예』는 브라질의 지배계급에게 있어 진일보한 자유주의의 단계를 보여 준다.『현대 브라질의 형성』은 노동자를 중심에 두고 있으며, 그가 제시하는 브라질식의 창조적 마르크스주의는 이후 그의 저작들에서 더욱 분명하게 드러난다.

『브라질의 뿌리』는 흥미로우며 좀 다른 책이다. 이 책은 우리의 정치·사회 사상에서 잘 알려져 있지 않고, 과소평가되어 있었으며, 자유주의자들과 보수주의자들의 담론이 지배적인 상황에서 잘 드러나지 않거나 섞여 있거나, 혹은 그 자체로 예외로 보였다. 나는 중산층의 잠재적 급진주의로 부를 수 있는 것에 대해 이야기하는데, 세르지우 부아르끼 지 올란다의 경우 그가 민중을 강조하고 있다는 점에서 그것은 좀 다른 뉘앙스를 띤다. 어쩌면 그는, 민중의 이해관계를 이해하고 그들의 행동을 안내하는, 깨어 있는 지식인, 정치인, 위정자들의 이른바 '계몽적' 지위를 버린 브라질 최초의 사상가일지 모른다. 올란다는 반세기 전 이 책에서, 주도권을 가짐으로써 민중만이 자신의 운명을 책임질 수 있다고 분명히 밝혔다. 이런 점이 그를 일관되고 철저한 민주주의자이자, 분명한 이데올로기적 원칙에 따라 브라질의 현실에 맞는 대중 정치를 추구한다는 의미에서 끊임없이 연구되고 발전시켜야 할 훌륭한 작가로 만든다.

그래서 나는 1967년 서문에서 했던 말을 다시 한 번 반복하고자 한다. 『브라질의 뿌리』가 가진 힘 가운데 하나는 과거를 연구하는 것이 어떻게 과거에 대한 향수에 매몰되지 않으면서, 기존 질서를 정당화하거나 단순히 확인하는 일이 되지 않을 수 있는지를 보여 주었다는 점이다. 대신 그것은 위대한 민주적 운동을 위한 길을 여는 무기가 될 수 있었을 것이다. 노동하는 민중이 주도하며, 늘 그랬듯이 그들이 단순한 전략적 대상으로 간주되지 않는 그런 운동으로의 길 말이다.

1986년 8월 상파울루에서

『브라질의 뿌리』와 그 후

_에바우두 까브라우 지 멜루Evaldo Cabral de Mello

『브라질의 뿌리』는 세르지우 부아르끼 지 올란다의 지적 여정 중에서도 가장 특별한 단계에 해당된다. 이 책은 그의 주옥같은 저술 세계를 여는 첫 작품이다. 이 책이 처음 출간된 당시, 브라질의 국가 형성에 관한 사회학적 연구가 일종의 유행처럼 번지고 있을 때였으므로(비하하는 의미가 아니다) 저자의 목적은 이를 뛰어넘는 것이었다고 볼 수 있다. 잘 알려져 있듯이, 이 책은 브라질의 국민 문화를 한층 풍요롭게 만들었다. 내가 보기에 올란다의 저서들 중에서 『브라질의 뿌리』가 가진 특이점은 이 책이『길과 경계』*Caminhos e fronteiras*, 『천국의 전망』*Visão do paraíso*, 『제국에서 공화국으로』*Do Império à Rública*처럼 저자의 연륜이 묻어나는 위대한 저술들로 발돋움하게 해준 일종의 단절이었다는 것이다. 1936~45년 사이에 일어나『계절풍』*Monções*의 발간과 함께 끝난 이 단절 덕택에 올란다는 브라질의 과거에 대한 사회학적 해석을 중단했다. 대신 뚜렷하게 역사적인 성격의 분석을 시도했고, 게다가 가끔은 피할 수 없었던 학문적 글쓰기 혹은 단순한 현학적 글쓰기를 지양할 줄 알게 되었다.

내 생각에는, 올란다가 이처럼 사회학자에서 역사학자로 이행하면서 사회학적 설명과 역사학적 설명의 차이를 인식하게 되었고, 결국 후자를 선택하게 된다. 왕성한 독서욕을 지닌 올란다는 베를린에서 지내는 동안 당대 독일 사회학에 눈뜨게 되었다. 당시 독일 사회학을 논하는 사람이라면, 역사현상학에 대해서도 논하기 마련이다. 빌헬름 딜타이Wilhelm Dilthey와 하인리히 리케르트Heinrich Rickert 때부터 역사 지식의 문제는, 우리가 오늘날 인문학이라고 부르는 과학에 대한 성찰의 중심에 있었기 때문이다. 당시에는 이를 '정신과학'이라고 불렀는데, 이는 바로 딜타이가 주도해 심리학과 결부시킨 표현이다. 딜타이는 자신의 지적 여정 초기에, 심리학에서 새로운 지식의 토대인 역사 이성을 이끌어 낼 수 있다고 믿었다. 그리고 '역사 이성 비판'(칸트적 의미의 '비판')을 통해 역사 이성을 자연과학의 순수이성에 대비시키고자 했다. 그리하여 역사 지식 문제를 재성찰하고자 했던 독일 사회학의 소명 의식이 막스 베버나 게오르그 짐멜에게서 활활 타오르게 된다. 이들은 이 문제를 자신의 이론에서 전면적 관심사로 삼았다. 올란다가 1930년 브라질로 돌아올 때, 훗날 '아메리카 이론'으로 구체화 될 몇 가지 메모를 가방에 넣어 들고 왔다는 사실은 의미심장하다. 그리고 그중 일부가『브라질의 뿌리』를 집필하는 데 활용되었다. 결론적으로, 그의 기획은 완결되지는 않았다. 그렇지만 그의 작업을 포르투갈 아메리카, 스페인 아메리카, 영국 아메리카의 식민화 과정에 대한 베버식 비교 사회학적 독해로 보아도 무리는 아닐 것이다. 올란다는 리우에 돌아와 『브라질의 뿌리』를 집필하기 위한 조사에 착수하면서, 또 그 후의 집필 과정에서 역사적 사실에 사회학적 틀을 적용하려는 시도에 내재적인 한계가 있음을 깨닫게 된다. 비록 '아메리카 이론'은 별로 성공을 거두지 못했지만 비교연구에 관한 그의 역량은 호평을 받았다. 이 점에 있어서는 반데이리즈무Bandeirismo에 대한 연구와 『천국의 전망』 전체가 돋보였다. 이미 도시화라는 측면에서 포르투갈의 식민화와 스페인의 식민화를 비교한 『브라질의 뿌리』는 논외로 치더라도 말이다.

　『브라질의 뿌리』와 『계절풍』 사이 거의 10년이라는 긴 공백기 동안 올란다는, 리우와 상파울루의 신문 지면들을 통해 문학 평론가와 사상 비평가로도 왕성한 활동을 펼쳤다. 하지만 그것이 다가 아니었다. 나는 그 휴지기 역시, 역사적 사실의 분석에서 '브라질 형성의 사회학'이라고 부를 수 있는 사회학적 담론의 한계를 자각하는 데 기여했으리라고 본다. 이런 자각은 그 기간 동안 브라질의 역사적 사료들과 끊임없이 접촉한 결과 탄생했다. 역사학자의 관심은 사회학자의 그것과 일치하지 않는다. 그들이 사용하는 개념들의 일반화 정도가 다르므로, 하나가 끝나는 곳에서 다른 하나가 시작된다. 이에 대한 유명한 예를 들자면, '혁명의 사회학'과 '프랑스혁명의 역사'는 존재하는 반면, '프랑스혁명의 사회학'은 장르의 단순한 혼합일 뿐이다. 또한 '혁명의 역사'는 수없이 많은 에피소드에 대한 서술을 백과사전식으로 단순 나열하는 것에 지나지 않을 것이다[크레인 브린턴Crane Brinton의 오래전 저서인 『혁명의 해부학』*Anatomy of revolution*은 미국, 프랑스, 러시아 등 3국의 혁명을 비교분석하는 데 범위를 제한함으로써 혁명의 사회학과 혁명의 역사를 나누는 지점 어딘가에 위치하고 있으며, 따라서 이도 저도 아닌 것이 되었다].

이와 마찬가지로, 한편으로는 '식민 과정의 사회학'(예를 들어, 근대 식민화 과정뿐만 아니라 고대를 비롯한 다른 문명의 식민화 과정을 두루 포괄하는 사회학)이 있고, 또 다른 한편으로는 '브라질 형성의 사회학'이 아니라 '포르투갈의 브라질 식민사'가 존재한다고 말할 수 있을 것이다. 사실, 1930년 이전의 '브라질 형성의 사회학'에 대한 여러 시도는 오늘날에는 사실상 잊혔고, 그럴 수밖에 없었다. 브라질 형성의 사회학 혹은 브라질 각 지역의 형성의 사회학은 쁘라두 주니오르가 쓴 『브라질 정치 발전사』의 경우처럼 기껏해야 특정 사회학 이론을 브라질 현실에 능란하게 적용한 것일 뿐이다. 이런 접근은 우리 과거의 중요한 측면들을 밝혀내기도 하겠지만, 어떤 점들에 대해서는 침묵하거나 이해하지 못할 것이다. 브라질 형성의 사회학은 또 아우세우 아모로주 리마Alceu Amoroso Lima의 『미나스의 목소리』*Voz de Minas*나 지우베르뚜 프레이리의 『북동부』*Nordeste*처럼 사회학적 인상주의 수준의 재미있는 저서에 불과할 때도 있다. 최악의 경우에는 이념적 내용을 담은 상투적이고 일반적인 내용에 머물 수도 있다. 사실, '브라질 형성의 사회학'은 사회학이라기보다 에세이에 더 가까웠고, 과학적 분석이라기보다는 스페인 98세대가 그랬던 것처럼 집단적 성찰 노력이었다. 사실 국가의 과거에 대해 결산하려는 병적인 혹은 나르시시즘적인 이 습관은 이베리아반도에서 시작되어 스페인 아메리카로 옮겨 온 지적 유행이었다. 일련의 복잡한 과정을 거치면서 이 에세이라는 장르는 마치 스페인과 포르투갈, 그리고 그들의 옛 아메리카 식민지들이 처한 역사적 소외 자체의 결정판처럼 되었다. 이 장르가 유럽이나 미국에서 성공을 거두지 못했다는 점이 그 징후다.

1930년대 세대(세르지우 부아르끼, 지우베르뚜 프레이리, 까이우 쁘라두 주니오르의 세대)는 초기에는 그 이전 세대와, 즉 '브라질 형성의 사회학'과 대화하려는 유혹에서 벗어나지 못했다. 이는 이전 세대의 창건자들이(몇 사람만 이름을 대자면, 마누에우 본핑Manuel Bonfim이나 올리베이라 비아나가 있다) 서구 과학의 본거지에서는 이미 철지난 사회학을 이용한 것보다 훨씬 더한 일이었다. 그러나 올란다, 프레이리, 주니오르의 저작들은 살아남았다. 위대한 역사가의 징표, 말하자면, '구체적인 것에 대한 긴장'이 있었기 때문이다. 『주인과 노예』와 『이층집과 무깜보』Sobrados e mucambos는 사회학 서적으로 분류되지만, 사실 이 작품들의 독창성과 힘은 사회학 이론보다는 사회사에 기반을 두었기에 생겨났다. 프레이리의 『주인과 노예』 경우에는 브라질 대가족과 그들의 사생활 및 성생활을 분석한 인류학에 영감을 받은 사회사였기에 일부 가톨릭 지식인에게 멸시까지는 아니더라도 냉소의 대상이 되기도 했다. 역사학과 인류학이 서로에 대해 아직 무지하던 당시, 프레이리는 인류학적 방법(즉 원시사회의 이해를 위해 고안된 공시적 방법)들을 빌려 사회를 역사적으로 설명할 수 있다는 사실을 (아날 학파의 제3세대 역사학자들보다 30~40여 년 전에) 발견했다. 당시까지만 해도 사회에 대한 역사적 설명은 관습적으로 역사학이나 사회학의 통시적 방법에 의존하고 있었다.

요약하자면, 『브라질의 뿌리』는 올란다가 지적 전략의 변곡점에서 쓴 책이다. 만일 독자 여러분들이 이를 그리 명료하게 느끼지 못한다면, 여러분의 손에 쥐어진 텍스트가 『브라질의 뿌리』 초판이 아니라, 그 뒤로 10여 년 동안 브라질 사회에서 이루어진 변화를 토대로 저자가 상당히 수정을 가한 1947년의 2판이어서 그럴 것이다. 이 지면을 통해서는 불가능하지만, 이 변화의 범위를 알고 싶다면 1936년 텍스트와 1947년 텍스트를 나란히 놓고 비판적으로 비교할 필요가 있다. 또는 2판 텍스트는 잠시 미루고 1936년 판본을 먼저 읽고 『계절풍』이나 『길과 경계』를 바로 읽을 수도 있다. 그렇게 하면 (좋은 의미의) 사회학적 담론이 어떤 방식으로 구체적인 역사학적 담론에 자리를 내줬는지, 또한 우리 사회가 형성되면서 얻은 상처들의 기원을 포착하려고 시도하기보다 개념적으로 명확히 정의된 주제들을 면밀히 분석하게 된 이유를 알 수 있을 것이다. 앞서 언급한 면밀함은 초기 몇 세기 동안 상파울루 고원의 물질생활이 어떠했는지(주제 자체의 물질성으로 인해 역사학에 더 어울린다) 등과 같은 주제들에만 국한되지 않을 뿐만 아니라, 오히려 『천국의 전망』처럼 브라질 식민화 과정의 신화적 기초와 같은 흔치 않은 주제에까지 손을 뻗는다. 1950년대 당시에는 명칭이 아직 일반화되지 않았지만, 브라질의 사고mentalidade에 대한 가히 최초의 책이다. 예전에는 정치학적이나 사회학적이지 못하고 개괄적인 수준에 그쳤던, 브라질 제국의 제도에 대한 그의 옹호와 비판은 『제국에서 공화국으로』에서 군주제의 작동을 꼼꼼하게 분석하는 것으로 대체된다. 이 현상은 마침내 주니오르까지 이어진다. 그의 역작이라 할 만한 것은『브라질 정치 발전사』보다는『현대 브라질의 형성』이다. 올란 다나 프레이리의 경우와 마찬가지로, 이 책은 사회학 저서라기보다 는 역사서이며 역사에 대한 지속적인 관심을 담보한다.

2판 서문

1936년 처음 세상에 선보인 이 책이 상당히 많은 수정을 거친 끝에 개정판으로 나오게 되었다. 아무것도 손보지 않고 그대로 냈다면 여러 가지 점에서 나를 만족시키지 못했을 것이다. 글을 완전히 뒤엎었으면 하는 생각이 이따금 들기도 했으나 그러자면 책을 새로 쓰는 편이 나았으리라. 어찌 됐든 바로잡아야 할 부분, 명확히 하거나 좀 더 발전시켜야 할 부분이 있다고 생각되면 서슴지 않고 칼을 댔다.

그럼에도 최근 10년 동안 일어난 사건의 결과로 나타난 몇 가지 문제를 책의 마지막에서 다루고 싶은 유혹을 물리치려 애썼다. 특히 전체주의 체제의 시작과 관련된 것들이었다. 하지만 그러려면 이 책을 끌고 나갔던 역사적 맥락을 삭제해야만 했기 때문에 그 작업은 가능하지도 바람직하지도 않을 것 같았다. 다른 한편, 과거 사회적·정치적 현실에 대한 이 책의 분석을 최근 상황에 비추어 재구성할 필요는 없다는 판단도 들었다.

이 책의 외형상 변화에 대해서는 몇 마디 첨언하고자 한다. 3장과 4장은 초판 때는 "농업 중심적 과거"라는 제목으로 한데 묶여 있었으나 이번에는 "농촌의 유산"과 "씨 뿌리는 자와 타일을 까는 자"라는 제목으로 장을 분리했다. 이 제목들은 각 장의 내용을 좀 더 정확하게 반영한다는 판단이다. 내용을 보완하거나 명확히 하는 주석들은 해당 쪽 하단에 각주로 달았다. 다만 길고 독립적으로 읽힐 만한 것들은 보론으로 각 장 뒤에 두었다. 참고 문헌은 책의 목적에 맞게 뒷부분에 간략하게 실었다.

1947년 6월 상파울루에서
세르지우 부아르끼 지 올란다

● 본 26판의 경우 모든 주석이 미주로 편집되어 있으나, 1949년 2판의 경우 각주로 달려 있다.

3판 서문

이번 3판은 2판의 내용을 본질적으로 건드리지 않는 선에서 몇 가지만 수정했다. 여기에 까시아누 히까르두Cassiano Ricardo가 제기한, '친절한 인간'이라는 표현에 대한 두 갈래[*] 논쟁을 첨부했다. 이 저명한 작가의 반론은 물론 그에 대한 답변이, 다양한 비판적 해석을 불러일으켰던 이 개념을 명확히 하는 데 도움이 되기를 바란다. 그 밖에도 3판에는 인명 색인과 주제 색인이 추가되었다.

다른 한편, 참고한 문헌을 다시 각주에서 밝혀 주는 것이 좋겠다는 편집자 조언을 따랐다. 다소 혼란을 가져왔던 2판의 참고 문헌 목록은 삭제했다.[**] 참고한 문헌의 출처는 길이와 특성상 책 뒤에

---

[*] 5판부터는 까시아누 히까르두의 편지가 삭제되고 저자의 것만 남겨 두었다[25판 주석].

미주로 정리했다. 그러나 2장과 4장 뒤에 있던 긴 주석은 본문의 내용과 독립적으로 읽을 수 있다고 판단되어 부록으로 돌렸다.

1955년 10월 상파울루에서
세르지우 부아르끼 지 올란다

● ● 본 26판에서는 저자가 까시아누 히까르두에게 보낸 편지가 삭제되었고, 모든 서지정보는 '주석'이라는 제목하에 책 끝으로 옮겨졌다(편집자 주).

01

유럽의 경계

브라질 사회는, 수천 년간 이어져 온 유럽의 문화를 브라질이라는 광활하고도 척박한 땅에 이식하려는 시도 가운데 태동되었다. 그 결과는 매우 다양하면서도 지배적이었다. 우리의 공동생활, 제도, 사고방식 등을 다른 나라로부터 들여왔고, 그 모든 것을 종종 불리하고 적대적이었던 조건에서 지키려 애쓴 우리는 오늘날까지도 우리 땅에서 뿌리 뽑힌 채 살고 있다. 물론 우리는 누구도 보지 못한 전혀 새로운 것을 만들 수도 있고, 위대한 업적을 통해 우리의 문명을 한층 더 완성시킬 수도 있다. 그러나 분명한 것은 우리가 일궈 낸 이 모든 열매 ― 노고의 산물이든 게으름의 결과이든 ― 가 이질적인 풍토와 경관의 진화 체계로부터 비롯되어 보인다는 것이다.

따라서 그런 시도들이 얼마나 성공할 수 있을지 묻기 전에, 우리가 물려받은 공동생활과 제도와 이념 중 과연 어디까지가 남의 것이고, 어디부터가 우리 것인지를 먼저 살펴보아야 할 것이다.

무엇보다 먼저, 이베리아반도 국가들의 유산을 물려받았다는 사실이 중요하다. 스페인과 포르투갈은 러시아와 발칸반도 국가들(어떤 의미에서는 영국도 포함)과 마찬가지로 유럽을 다른 세계와 연결하는 교두보의 역할을 맡고 있다. 즉, 스페인과 포르투갈은 경계이자 점이지대이기 때문에 다른 지역에 비해서는 상대적으로 유럽주의의 무게가 덜했다. 물론 이 두 나라 역시 본질적으로는 유럽주의 유산의 일부를 구성하고 있지만 말이다.

두 국가가 유럽 무대에 본격적으로 등장하기 시작한 것은 대항해 시대 때다. 이 뒤늦은 등장은 스페인과 포르투갈의 운명에 강렬한 영향을 미쳤으며, 그 결과 두 나라는 역사적·정신적 발전에서 고유한 면모를 갖게 되었다. 이렇게 시작된 두 사회는 어떻게 보면 유럽의 변방에서 발전되어 왔다고 할 수 있는데, 특히 사회가 태동된 시점에 지녔던 것 외에는 그 어떤 유럽적 영향도 받아들이지 않았다.

피레네 산맥에서부터 지브롤터 해협까지 이어지는, 유럽과 아프리카 사이에 위치한 이 미결정 지역에서 삶의 사회적 형식의 기반은 무엇일까? 우리는 이런 삶의 형식들을, 다소 막연한 표현에 의지하지 않고 어떻게 설명할 수 있을까? 그래서 엄격한 객관성이 담지될 수 있도록 설명할 수 있는 방법은 무엇인가?

이 두 나라와 피레네 산맥 너머 유럽을 비교하면 이베리아반도 사람들의 고유한 특징을 알 수 있다. 이런 특징은 어느 이웃 유럽 국가들과도 공유하지 못하는 것이며, 혹은 다른 나라에서 발견된다 해도 그 정도로 강하지 않다. '개성 중시 문화'는 까마득한 아주 옛날부터 이베리아인에게 가장 결정적인 특징이었으며, 그 어느 이웃 국가도 이 문화를 그들만큼 강하게 발전시키지 못했다. 인간 고유의 가치, 그리고 시공간을 공유하는 동료들과의 관계에서 각각의 자율성을 특별히 중요하게 여기는 점은 실제로 스페인과 포르투갈 고유의 민족성에 기인한다고 할 수 있다. 그들이 한 인간의 가치를 재는 척도는 무엇보다도 타인에게 얼마나 덜 기대는지, 얼마나 자족적인지다. 인간 개개인은 자기 자신의 산물, 자기 노력의 산물, 자기 덕목의 산물인 것이다. 이런 사고는 너무나 강력해서 때로는 사람의 태도나 용모에까지 영향을 미친다. 이런 것들은 세네카 시대부터 스페인의 민족 철학의 지위를 지켜 온 스토아주의를 통해 거의 훼손되지 않은 완벽한 형태로 드러났다.

이런 개념은 '오만함'sobranceria이라는 지극히 이베리아적인 단어에 잘 투영되어 있다. 사실 이 단어는 원래 '극복'superação이라는 뜻을 지녔다. 하지만 이 단어가 전제하는 투쟁과 경쟁을 사람들은 암암리에 용인하고 숭배했으며, 시인들은 찬양했고, 도덕주의자들은 권장했으며, 정부는 승인했다.

사람들 사이의 연대 의식과 질서를 가져오는 모든 형태의 조직과 제휴가 취약한 것은 이 의식구조에서 비롯된다. 모두가 남작[•]인 나라에서 합의가 지속적으로 유지되기란 불가능하다. 누구나 존중하고 두려워하는 외부적인 힘이 가해진다면 모를까.

실질적으로 이베리아의 국가들에서는 세습 특권이 결정적인 영향력을 갖지 못했다. 적어도 봉건제도가 뿌리내린 지역에서만큼 결정적이거나 강력하지 않았으므로, 세습 특권을 폐지해 개인 간 경쟁 원칙을 확립할 필요조차 느끼지 못했다. 포르투갈과 브라질을 비롯한 이베리아 문화권 국가들의 역사에서 볼 수 있는 가장 특이한 일화들은 취약한 사회구조와 조직된 위계질서의 부재에서 비롯

[•] 토호나 지역 유지 혹은 실력자 등을 일컬음.

되었다. 제도와 관습의 결합, 혹은 그것의 무력함 때문에 아나키즘적 요소들이 쉽게 출현했다. 각종 구상은 설사 그것이 건설적일 때에도 종국에는 사람들을 통합시키지 못하고 모래알처럼 흩어지게 만들었다. 정부 법령의 우선적인 목적은 으레 순간적인 개인의 격정을 억누르고 제지하기 위함이었지, 사회집단들 간의 영속적인 제휴를 위한 것이 아니었다.

즉, 우리 사회에서 응집력이 부족한 것은 근대적 현상이 아니다. 그리고 우리의 무질서를 극복할 유일한 길이 전통, 그중에서도 특정 전통으로 돌아가는 것이라고 생각하는 이들은 틀렸다. 그 박식한 사람들이 만들어 낸 규칙과 규율은 세상과 유리되고 반反하는 창작물, 정말로 기발한 공상일 뿐이다. 우리의 무질서함이나 조직에 대한 무능력과 관련해, 그들은 (자신들이 필수적이고 효율적이라고 간주하는) 질서의 부재 때문이라고 본다. 하지만 잘 생각해 보면, 그들이 그토록 숭배하는 위계질서란 결국 그 자체를 정당화시키고 관철시키기 위해 그런 무질서를 필요로 한다.

어찌 됐든, 사회의 조직력을 강화하기 위한 동인을 과거에서 찾는 것이 과연 옳은가? 그런 주장은 그저 우리 스스로 창조할 수 없다는 무능력함을 보여 주는 것이 아닐까. 진정 활기찼던 시대는 결코 전통주의 시대가 아니었다. 중세의 스콜라 철학은 창조적이었다. 당대의 흐름에 부합되었기 때문이다. 스콜라 철학에서 사유의 위계질서는 우주적 위계질서에 예속되어 있었다. 지상의 인간은 단순한 우화이고 신국神國의 흐릿한 모사에 불과했다. 그래서 성 토마스 아퀴나스의 철학에서 세 상급 천사들 ― 케루빔, 세라핌, 오파님 ― 은 중세 군주의 최측근들에 비견된다. 이들은 대신이나 참모들로 군주 곁에서 그를 보좌한다. 중급 천사들인 도미니온즈, 버추즈, 파워즈와 신의 관계는, 각 지방을 관리하도록 군주가 임명한 지사들과 군주의 관계와 같다. 마지막으로, 하급 천사들은 속세의 도시에서 왕권의 대리자였던 하급 관리에 해당된다.[1]

중세의 삶이 아름다운 조화를 꿈꾸며 신분 질서에 의거하고 있었으므로 이보다 더 자연스러운 것은 없었을 것이다. 단테의 베아트리체가 말하듯이, 천상의 지복至福에도 등급이 있기 때문이다. 자연의 질서는 영원한 질서의 조악하고 흐릿한 투영에 불과하며 이렇게 설명된다.

만물에는 질서가 있고,
이 질서는 하느님을 닮은
우주를 만들어 낸다오.

이렇듯 지상의 인간 사회는 그 자체로는 목표가 될 수 없다. 인간 사회의 위계질서는 아무리 엄격하다 하더라도 영원히 존속될 수 없고, 세계의 안녕에도 이롭지 못하다. 이처럼 세속적 물질과 이해관계가 팽배한 가운데 지상의 평화를 찾는 피조물들을 위한 곳은 이 세계에 존재하지 않는다. 정의로운 자들의 공동체란 지상에서는 이방인 취급을 당할 뿐이어서, 그들은 필멸의 나그네로 스스로를 여기며 믿음으로만 살게 된다. 성 아우구스티누스는 "믿음으로 살지 않는 지상의 도성cidade terrestre은 현생의 영달을 추구하는 인간들의 의지가 결합된 곳으로 지상의 평화를 구하며, 시민들 사이에서 복종과 지배의 사명을 할당해 질서 있는 조화를 꿈꾼다"고 말한다.

중세는 시민사회를 개혁하고자 하는 염원들을 거의 인식하지 못했다. 세계는 만물을 주관하는 절대자가 부여한, 영원하고 의문의 여지 없는 철칙에 의거해 조직되었다. 여기에 특이한 역설이 존재한다. 사회의 구성 원리가 가장 분명한, 세계와 삶의 적이었던 것이다. 중세 사상가들, 체계를 건설한 위대한 사람들의 모든 작업은 성령과 삶의 대립을 최대한 숨기는 것에 지나지 않았다(은혜는 자연을 파괴하지 않고 오히려 완성한다.Gratia naturam non tollit sed perficit.). 이는 어떤 의미에서는 풍요롭고 숭고한 일이지만, 우리 시대는 그 본질적인 의미를 이해하고 싶어 하지 않는다. 중세의 이 위대한 신분 질서 개념은 연구자들의 열정만 고취시킬 뿐이다.

* * *

사실 우리 브라질인은 신분 질서의 원칙 그 자체를 중요하게 여기지는 않았다. 모든 신분 질서는 특권을 바탕으로 하기 마련이다. 이른바 혁명적 사상이라는 것이 승리하기 훨씬 전에 이미 포르투갈인과 스페인인은 특정 특권들, 특히 세습 특권의 비합리성과 사회적 부당함을 깨달은 것 같다. 이베리아 역사에서 가장 찬란한 순간에도 개인의 명망은 출신 성분과 무관하게 계속 중요했기 때문이다.

최소한 이런 점에서는 포르투갈과 스페인이 근대적 사고의 진정한 선구자라고 자부할 수 있을 것이다. 포르투갈 귀족들이 결코 완고하거나 비관용적인 태도를 취하지 않았음은 이미 익히 알려진 사실이다. 대항해 시대 당시 질 비센뜨Gil Vicente는 타국은 계급 간 분리가 명확하지만 자국은 그렇지 않다고 적고 있다.

> ······ 플랑드르와 독일,
> 프랑스 전역과 베네치아,
> 슬픔 없이 살고자
> 모두가 지혜와 기술로 사는 곳.
> 그곳들은 이곳만 못하다.
> 왜냐하면 농부의 아들은
> 농부의 딸과 결혼할 뿐,
> 신분 상승이라는 걸 모르니.
> 수놓는 남자는
> 수놓는 여자와 결혼하니
> 그것이 법의 명령이다.[2]

포르투갈 고대사에 위대한 족적을 남긴 역사학자 아우베르뚜 삼빠이우Alberto Sampaio는 광범위한 자료를 바탕으로, 귀족이 아무리 우세한 시기에도 폐쇄적인 계급이 되지는 못했다고 강조했다. 그에 따르면, 다양한 계층의 사람들이 같은 이름을 쓰는 현상은 포르투갈에서 이미 흔한 일이었다. 지속적인 계층 순환으로 어떤 사람들

은 성공 가도를 달리는 반면, 어떤 이들은 원래 신분인 서민 계층으로 다시 떨어졌기 때문이다.[3]

나아가 삼빠이우는 산업 관료에서부터 농촌의 토지 임대인까지 모든 직업군에 하층 귀족filhos d'algo들이 포진해 있었음을 당시 포르투갈의 식민지 법령이 증언한다고 강조한다. 기술 노동에 종사하지 않는 한 명예는 유지할 수 있었다. 게다가 평민이 먹는 음식은 귀족의 그것과 크게 다르지 않았으므로 두 계급이 서로 친밀한 유대를 이어갈 수 있었다고 말한다. 귀족들은 평민들과 겸상했을 뿐만 아니라 자녀의 양육을 맡기기도 했다. '아마지구'amádigo 제도가 이를 입증한다. 이 제도를 통해 귀족들은 농민들에게 일정한 특혜와 면제를 제공하는 조건으로 자녀 양육을 맡겼다.

이베리아 민족들이 뚜렷한 유사성을 공유했다고는 하지만, 그것이 불가피한 생물학적 숙명에서 비롯된다고는 할 수 없다. 더욱이 그런 유사성들이 마치 하늘의 별이라도 된 것처럼 지상의 환경과 동떨어져 존재할 수 있었다고도 할 수 없다. 우리는 역사의 특정 단계에서 이베리아반도 주민들이 놀라운 활력을, 또 새로운 형태의 존재에 대한 적응력을 입증해 냈음을 이미 알고 있다. 15세기 말엽 이들은 타 유럽 국가들보다 앞서 있었고, 특히 근대적인 정치·경제 단위를 창출했다. 이처럼 급격하고 조숙한 이행이 크게 성공했다는 사실이, 어찌 보면 그들이 전통적 생활 습관을 끈질기게 고집하게 만든 원인 중 하나가 아닐까?

특히 메스뜨리 드 아비스mestre de Avis ● 시절의 포르투갈은 봉건주의가 순탄하게 퍼져 가던 다른 기독교 세계에 비해 포르투갈 장인과 상인 계급이 부상할 수 있는 여지가 많았다. 그렇기 때문에 상인 부르주아들은 최종 승리에 이르기까지 큰 어려움을 겪지 않아도 됐으며, 일정 지위에 오를 때까지 경제적 원조도 충분히 받을 수 있었다. 그 결과, 전적으로 새로운 행동이나 사유 방식을 도입하거나 새로운 가치척도를 제정할 필요를 느끼지 못하게 된 것이다. 냉철하고 계산적인 이성에 의지하기보다 옛 지배계급의 가치를 대거 수용하고 전통에 따라 행동하려 했다. 귀족 사회의 요소들을 완전히 떨쳐 버리지 못한 그들은 중세 시대로부터 물려받은 생활 방식과 체통을 유지했다.

도시 부르주아뿐만 아니라 평민들조차 궁정 계급의 빛나는 칭호나 명예를 이야기했다.

머지않아 평민은 필요 없으리.
모두가 왕의 사람, 모두가 왕의 사람,

질 비센뜨의 연극 〈노새몰이꾼〉Farsa dos almocreves에 등장하는 몸종의 대사다. 이상하게 들릴지 몰라도, 가문의 문장紋章을 과시하려는 욕구나, 발에 치일 듯 늘어난 귀족들 그리고 족보 등은 오랫동안

● 아비스 왕가의 알폰수 엔히끄스(Alfonso Henriques, 1438~81) 국왕을 가리킨다. '메스뜨리 드 아비스'는 '아비스 기사단의 단장'이라는 뜻이다. 그는 6세 때 군사 조직인 아비스 기사단의 메스뜨리(단장)로 임명되었다.

규정되고 정형화된 사회적 지위의 기준이 여전히 유효한 상황에서 계급 평준화로의 필연적인 이행 경향을 드러낸다. 귀족이라는 신분은 이미 지난 시절의 관습이 되어 당대의 여건과는 더 이상 맞지 않았고, 다만 외형적으로만 남았을 뿐이다. 진정한 고귀함은 이제 신분이 아니라, 각 개인이 가진 능력과 권력에서 비롯되었다. 세습된 것보다 개인의 특출함이 더 중시된 것이다. 모든 위대함의 근원이자 원천이라 할 수 있는 물질적 부富, 위대한 업적, 높은 덕성 등의 자질들이 혈통과 가문의 부족한 부분을 대신해 갔다. 이베리아인들에게 있어 주요 덕목은 개인의 긍지라는 느낌과 직접적인 관련이 있었다. 이런 감정은 귀족과 평민 모두 가질 수 있었지만, 흔히 평민이 아니라 귀족의 윤리로 받아들여졌다. 스페인인과 포르투갈인들에게 이 감정이 불어넣는 가치들은 보편적이고도 영구적이다.

이런 덕목들을 바탕으로 한 개인의 업적은 늘 대단히 중요했다. 이 같은 개념은 신학으로도 퍼져 나가 16세기에는 펠라기우스Pelagius 논쟁이 부활, 몰리노주의에서 가장 두드러지게 표출되었다.[•] 특히 이베리아반도에 기원을 둔 예수회가 결정적인 역할을 했다. 트렌트 공의회 개막과 함께 가톨릭 세계에 자신들의 정신을 주입시키고자 예정설에 맞선 것이다.

자유의지를 거부하는 이론들에 대해, 스페인인과 포르투갈인들

● 펠라기우스(354?~418?)는 로마에서 수도 생활을 한 영국의 수도사, 철학자, 신학자로 인간의 자유의지를 강조했다. 몰리노주의는 예수회 교리로 인간은 신의 은총에 의해 자유롭게 선행을 한다고 주장했다.

은 불신과 반감을 가졌다. 그들은 개인의 공적과 책임이 온전히 인정받지 못하는 세계에 끌려 본 적이 없다.

바로 이런 사고가 프로테스탄트, 특히 칼뱅주의자들의 특징인 자발적 조직의 정신에 이르는 것을 가로막는 가장 큰 방해물이었다. 그 이유는 무엇보다도 자유의지와 개인의 책임을 강조하는 원칙일수록 사람들 간의 유대에 덜 호의적이기 때문이다. 몇몇 프로테스탄트 국가가 이미 경험하고 있던 '삶의 합리화' 경향은 이베리아 민족들의 경우 나타나지 않았으며, 그런 통합의 원리는 늘 정부에서 나타났다. 이베리아 국가의 경우 외부적 힘에 의해 인위적으로 유지되는 정치조직이 항상 우세했다. 근대로 들어서면서는 군사 독재의 형태가 전형적이다.

이베리아인들의 심리를 이해하고자 할 때 간과할 수 없는 또 한 가지 사실은 노동 숭상 정신을 고취하려는 어떤 시도도 완강한 반발을 불러왔다는 것이다. 그들의 이런 일반적인 태도는, 육체노동을 강조하고 이윤을 경시하는 중세의 수공업 체계와 이론적으로 상반된다. 북부 유럽인들의 제도가 더 큰 권위를 얻게 된 최근 들어서야 이런 노동 윤리가 그들 사이에서 비좁게나마 자리 잡을 수 있었다. 하지만 과거부터 현재까지 이어져 온 거부감은 여전히 강하고 끈질겨서, 그런 노동 윤리가 완전한 성공을 거둘지는 여전히 의심스럽다.

'전인'全人, '인간성', '진중', '명예', '분별 있는 처신'과 같이 귀족의 품격을 드높이는 속성들은, 포르투갈 시인 프란시스꾸 로드리게스 로부Francisco Rodrigues Lobo의 표현에 따르면 본질적으로 소극적인 덕목들로, 자기 자신을 돌아보게 할 뿐 세상을 바꾸려는 노력을 포기하게 만들었다. 사물에 대한 행동, 물질세계에 대한 행동은 외부 객체에 대한 복종, 개인에게 생소한 법칙의 수용을 필요로 한다. 이는 하느님이 요구하는 것도 아니며, 하느님의 영광이나 우리의 존엄함을 드높이는 것도 아니다. 오히려 훼손시킨다. 육체노동과 기술 노동은 인간에게 외부적인 목적을 가지며, 인간과 무관한 일 자체의 완성도를 추구한다.

히스패닉인들이 노동이라는 현대적 종교와 공리적 활동의 가치를 받아들이지 못한 것은 이런 의미에서 이해할 만하다. 훌륭한 포르투갈인이나 스페인인에게는 일용할 양식을 위한 건전하지 못한 투쟁보다 존엄한 무위도식이 더 낫거나, 때로는 고상하게까지 여겨졌던 것이다. 두 민족이 숭배하던 이상이란 아무 걱정도 노력도 하지 않는 위대한 귀족의 삶이었다. 그 결과 프로테스탄트 국가의 국민들은 육체노동을 장려하고 숭배한 반면, 이베리아 민족들은 여전히 고대의 고전주의적 관점에서 벗어나지 못했다. 그들에게는, 일보다 여가가 중요하며, 생산 활동은 관조나 사랑보다 가치가 떨어진다는 낡은 인식이 아직도 우세하다.

* * *

노동 윤리의 부재가 사회 조직력의 저하와 관계있다는 것도 이런 관점에서 이해할 수 있다. 이타적이고 겸손하며 스스로를 드러내려 애쓰지 않는 성실함은 이해관계의 연대를 향한 강력한 매개체가 되어 줄 뿐 아니라 인간의 합리적 조직화를 장려하고 그들 간의 결합을 촉진시킨다. 어떤 식으로든 노동 윤리가 널리 퍼져 있는 곳에서는 시민들 사이의 질서와 평온이 존재할 것이다. 서로의 이해관계가 조화를 이루려면 질서와 평온이라는 요소가 필수적이기 때문이다. 한 가지 확실한 것은 이베리아 민족들에게 노동 윤리란 이국적인 열매에 지나지 않았다는 점이다. 그들에게 연대의 개념이 부족했다는 사실은 그다지 놀랍지 않다.

정확히 말해, 그들에게 연대는 이해관계의 영역이 아니라 가족이나 친지의 영역에서 느낄 수 있는 감정이었다. 의무적이고 한정적이고 배타적인 그들의 연대는 조합 또는 국가적 차원의 연대에 적대적일 수밖에 없었다.

개인의 자율성, 극단적인 개성 예찬, 타협을 용인하지 않는 기본적인 열정에는 단 한 가지 대안밖에 없다. 즉, 더 큰 대의를 위해 이 개성을 포기하는 것이다. 드물고 어려운 일이기 때문에, 이베리아 민족들에게 때로는 복종이 모든 덕목 가운데 으뜸으로 여겨질 때도 있다. 그런 식의 복종 — 중세나 봉건제의 충성 개념과는 다른 맹목적 복종 — 이 그들의 유일하게 강력한 정치적 원리가 되었다 해도 이상할 일이 아니다. 지배하고자 하는 욕망과 명령에 순종하는 태도 모두 그들의 속성이었다. 예컨대 독재와 종교재판은 무정부와 무질서를 지향하는 그들의 특징을 전형적으로 보여 준다. 그들의 시각에는, 권력 집중과 순종에 의거하지 않는 다른 완벽한 규율이란 존재하지 않는다.

예수회만큼 이런 순종적 규율의 원칙을 잘 대변하는 이들도 없었다. 우리가 사는 이 남아메리카 땅에서 그들은 선교 부락을 조직하고 교화하는 데에서 기념비적인 사례를 남겼다. 그 어떤 근대의 전제 정부, 프롤레타리아독재 혹은 전체주의 국가의 이론가도 예수회 신부들이 포교를 수행하면서 성취한, 경이로울 정도의 합리화에 근접하지 못했다.

오늘날, 단순한 복종은 규율의 원리로서는 시대착오적이고 무리한 처방처럼 보인다. 특히 브라질 사회가 끊임없이 불안정하다는 점에서 그렇다. 복종이라는 브레이크가 사라진 상태에서, 우리의 타고난 성마름과 무질서함을 극복할 만한 시스템을 수입하거나 그 대용품을 만들고자 하는 노력은 모두 헛수고로 돌아갔다. 모든 문화는 자신의 생활상에 적합하다고 여겨질 때에만 타자의 문화를 받아들이고 동화하며 따라간다. 이것이 바로 경험과 전통이 우리에게 가르쳐 준 것이다. 바로 이 지점에서 우리는 다시 한 번 신세계에 이식된 유럽 문화에 어떤 일이 일어났는지 되짚어 보아야 할 것이다. 토착민이나 외래 인종과의 접촉 및 혼종은 종종 우리가 바란 것처럼 우리를 포르투갈의 선조들과 판이하게 다른 모습으로 변모시켰다고 하기 어려울 것 같다. 몇몇 애국자들의 귀에는 거슬리는 이야기일지 모르지만 사실 브라질의 경우 이베리아반도, 특히 포르투갈과 아직도 긴밀한 관계를 맺으며 유구한 전통을 이어 오고 있다. 물론 포르투갈과 다른 점들도 많지만 어쨌든 이 전통은 우리와 그들의 정신을 하나로 묶어 주고 있다. 따라서 우리 문화의 현재 모습은 그곳에서 비롯되었다고 말할 수 있다. 나머지는 우리가 그 형태를 얼마나 잘, 또는 얼마나 잘못 받아들였는지에 관한 문제일 뿐이다.

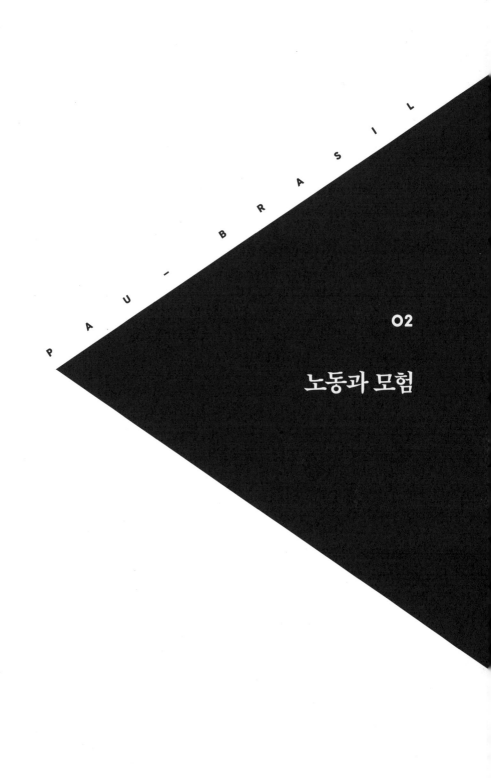

02

노동과 모험

| 보론 |

약탈식 농경의 존속

문명화를 위해 열대지방 정복에 앞장섰던 이들로는 포르투갈인들이 있었고, 이런 측면에서 그들은 역사적 사명을 띠었다고 볼 수 있다. 그들의 업적에 반박할 논거 역시 충분하겠지만, 어찌 됐든 그들이 이 사명의 실질적이고 천부적인 실행자였음은 부인하기 어렵다. 구세계의 그 어떤 민족도 포르투갈인들만큼, 적도 부근의 땅을 규칙적이고 집중적으로 탐험할 준비가 되어 있지 않았다. 16세기 만연했던 관점에 따르면, 그 땅은 사람을 빠른 속도로 퇴화시켰다. 일찍이 프랑스의 한 여행객은 이런 기록도 남겼다. "더운 지역에 사는 사람들은 적도 부근의 열기로 말미암아, 인체 본연의 열을 외부로 내보낸다. 그래서 무더운 날씨에도 체온이 비교적 차갑게 유지된다." 반대로 추운 곳에 사는 사람들은 "외부의 차가운 기온으로 말미암아, 인체 본연의 열을 내부로 집중시킨다. 그래서 추운 지역에 사는 사람들은 강하다. 인체 본연의 열에 따라 신체 능력이 좌우되기 때문이다."[1]

열대지방의 개척은 사실 체계적이고 이성적인 계획에 따라 진행되지 않았으며, 건설적이고 열정적인 의지를 띠지도 않았다. 태만했으며, 어느 정도 방치된 느낌도 없지 않았다. 어떻게 보면, 주도자들의 의지와는 상관없이 진행되었다고도 말할 수 있을 것이다.

하지만 이 사실이 포르투갈이 이룩한 업적의 위대함을 가리지는 못한다. 우리가 오늘날의 지배적인 정치 도덕적 기준으로 평가하려 든다면, 중대한 오점이 너무나 많이 발견될 것이다. 포르투갈인들이 브라질에서 한 행동을 폄훼하려는 이들이 적지 않지만, 그들의 의견 중 그 어느 것도 정당하지 않다. 그들 중 상당수는 네덜란드의 성공적인 식민화 경험을 앞세워 우리도 네덜란드에 의해 개척되었더라면 훨씬 더 훌륭하고 영광스러운 길을 걸었을 것이라고 공공연히 말하곤 한다. 하지만 이 주제를 다루기에 앞서, 먼저 우리 아메리카 땅에서 포르투갈의 식민지 확장 움직임에 깃든 주요 심리적 측면을 찬찬히 살펴보는 것도 유익할 것 같다.

* * *

인간의 집단생활에서 인간의 행동을 다른 방향으로 제어하는 대립적 원칙 두 가지를 꼽아 볼 수 있다. 이 두 원칙은 모험가 유형과 노동자 유형이라 말할 수 있다. 어떤 유형이 우세한가에 따라 여러 사회는 형성 초기에 수렵·채집 민족과 경작 민족으로 나뉘었다. 수렵·채집민들에게는 최종 목표, 즉 모든 노력이 수렴하는 표적, 도착점이 절대적으로 중요했으므로 모든 중간 단계는 부차적이고 때로는 불필요하게 여겨졌다. 그들의 이상은 나무를 심지 않고 과실을 수확하는 것이었다.

이런 종류의 인간은 경계를 모른다. 그에게 이 세상은 광활하고 너그러운 땅일 뿐이다. 자신의 야심적인 목표를 향하다가 장애물을 만나더라도, 그 장애물을 도약판으로 바꾸는 법을 안다. 그들은 한없이 펼쳐진 공간, 웅대한 기획, 끝없는 지평선을 안고 산다.

반면 노동자 유형은 거머쥘 승리보다는 극복해야 할 고난을 먼저 생각한다. 더딘 노력은 변화를 이끌어 내지도, 많은 보상을 해주지도 못한다. 그러나 낭비의 모든 가능성을 재단할 수 있게 하며 사소한 것에서도 최대한의 효용을 이끌어 내도록 하므로 노력은 중요한 의미를 갖는다. 그의 시야는 당연히 제한적이어서, 전체보다 부분을 중요하게 여긴다.

모험의 윤리가 존재하듯이 노동의 윤리도 존재한다. 노동자형 개인은 행동하고자 하는 의지를 불러일으키는 행위에만 도덕적으로 긍정적인 가치를 부여한다. 반대로, 모험자의 특징인 대담함, 예측 불가능함, 무책임함, 불안정함, 유랑 생활 등은 부도덕하고 가증스러운 것으로 여긴다. 즉, 세계가 광활하다는 인식과 관련된 모든 것을 싫어하는 것이다.

반면 모험가들은 즉각적인 보상을 가져다주는 모든 열정과 노력을 찬양한다. 그러나 빠른 물질적 이득이라는 관점과 맞지 않는 여러 덕목들, 즉 안정성과 평화, 개개인의 안위를 도모하는 노력은 고약하고 무시해도 좋을 것으로 여긴다. 한마디로, 그들은 노동자의 이상보다 더 미련하고 궁색한 것은 없다고 생각한다.

그런데 사실 이 두 유형 사이에 절대적 대립이나 극단적인 몰이해는 없다.[2] 정도의 차이만 있을 뿐, 이 두 유형은 다양한 조합을 구성한다. 이데아의 세계 밖에서는 순수한 모험가도, 순수한 노동자도 존재하지 않는다. 하지만 이 두 개념이 인간과 사회 전체에 대한 우리의 지식을 좀 더 명료하게 해주는 것은 분명하다. 두 개념은 개인을 초월해 사회의 형성과 진화를 연구하는 데 있어 더할 나위 없이 중요한 것이다.

신세계를 정복하고 식민화하는 과정에서 '노동자'의 역할은 거의 없었다고 할 수 있다. 그 시기는 대담한 행동과 업적의 시대였고, 높이 날아오르는 사람들을 추켜세웠다. 정복과 식민화가 진행되었던 바로 이곳, 이 대륙에서 노동자 유형에 덜 호의적인 환경의 국가들과 조우하게 되는 것은 우연이 아니다.

이런 점이 포르투갈과 스페인의 진실이라면, 영국도 예외는 아닐 것이다. 지난 세기 영국의 엄청난 산업 발전은 영국인의 실상과는 완전히 동떨어진, 옛 영국인들은 전혀 공감하지 못할 새로운 관념을 만들어 냈다. 사실 전형적인 영국인은 근면하지 않았을뿐더러 대륙의 이웃들이 지니곤 했던 철저한 경제관념도 전혀 없었다. 반대로 영국인들은 나태함과 낭비 성향을 지니고 있었고, 무엇보다 '풍족한 삶'을 높이 평가했다. 빅토리아 시대 이전 대영제국을 방문했던 외국인들이 거의 한목소리로 그렇게 말했다. 오랫동안 영국이 경쟁자들보다 열악했던 환경을 해결하고자 고심하던 도덕가들과 경제학자들조차 같은 생각을 갖고 있었다. 1664년에 쓰인 『외국무역에 의한 영국의 재화』England's Treasure by Foreign Trade라는 제목의 팸플릿에서 토머스 먼Thomas Mun은 동포[영국인]들의 무계획성, 낭비벽, 무절제한 향락과 사치, "하느님의 율법과 다른 국가들의 관습에 반하는" 음탕한 게으름lewd idleness을 꾸짖은 뒤, 이런 악습들 때문에 영국이 네덜란드를 따라잡지 못한다고 말했다.[3] 영국인의 특징을 잘 파악하고 있는 우리 시대의 박식한 역사학자 윌리엄 랠프 잉 William Ralph Inge도 비슷한 인식을 드러낸다. 세인트폴 대성당의 대주교였던 그는 흥미로운 시사점이 가득한 자신의 저서에서, "평균적인 영국인은 쉬지 않고 일하는 독일인의 근면함도, 프랑스인의 알뜰한 절약 정신도 좋아하지 않는다"라고 말했다. 이런 당황스럽고 새로운 이야기에 그는 이렇게 덧붙인다. "태만은 우리가 더운 지역 사람들과 공유하는 것으로, 북유럽의 그 어떤 민족도 이런 특질을 공유하지 않는다."[4]

잉 대주교가 태만이라 말했던, (적어도 즉각적인 보상이 따르지 않는) 노동에 대한 불호는 모험적 행동을 명백하게 고무하는 것은 아니지만 원대한 사업을 일으키곤 하는 정신의 부정적 일면으로 나타날 때가 많다. 그렇지 않다면 이베리아반도의 민족들이 타 대륙에서 재화를 사냥하는 데 보인 재능을 어떻게 설명할 수 있겠는가? 18세기 말엽의 한 여행자는 "포르투갈인에게는 포르투에서 리스본까지 말을 타고 가는 것보다 배를 빌려 브라질로 가는 것이 더 쉽다"라고 말하기도 했다.[5]

힘들이지 않고 손쉽게 번영과 명예, 지위와 부를 얻고자 하는 열망은 주지하듯이 이 땅에 사는 사람들의 특징이다. 이야말로 모험가적 정신의 노골적인 발현이 아니겠는가? 우리는 아직도 수많은 에쉬베게Eschwege●의 후예들과 더불어 살고 있다. 그때는 궁정 악

● 독일의 광업 기술자로 19세기 초 브라질의 지하자원을 조사한 바 있다.

사 자리를 요청하는 것이 부끄러운 일이 아니었고, 서기가 주지사의 자리를 요청했으며, 흡착기 기술자가 제국의 외과의사장 책무를 탐내던 시대였다. …… 종종 우리의 행동력은, 외부의 폭력이나 강한 반발이 없음에도 불구하고 이와 같은 끊임없는 탐색 때문에 스스로 고갈되기도 했다. 우리의 노력은, 저항에 맞닥뜨리기도 전에 탈선해 버리고, 힘이 절정에 달한 순간 사라져 버리고, 어떤 명확한 이유 없이 스스로 소멸되곤 했다.

그리고 이 모든 약점의 원흉인 모험 정신은 브라질의 운명에 결정적인 역할을 했다(물론 유일하게 결정적인 요인이 아니라는 사실은 말해 둘 필요가 있다). 여기서 충돌했던 인종들, 이들이 우리에게 가져다준 관습과 생활 방식, 길고긴 적응 과정을 요하는 생태 조건과 기후 조건 등 그토록 다양한 요소들이 복합적으로 얽혀 있는 가운데 모험 정신이야말로 탁월하기 그지없는 조율자로 기능했다. 게다가 그 정신은 인간으로 하여금 자연의 가혹함과 저항에 대담하게 맞서도록 격려했고, 그리하여 사회적 유동성에 적합한 조건들을 창출했다.

바로 이 점에서 포르투갈인들과 그 직후의 후손들은 타의 추종을 불허했다. 그들은 이곳에서 포르투갈의 환경을 재창조하려고 노력했는데, 어쩌면 역사상 전례가 없을 만큼 너무나 손쉽게 이 일을 해냈다. 그들은 밀빵을 만들 수 없는 곳에서 땅이 제공하는 산물을 먹는 법을 배웠다. 가브리에우 소아리스Gabriel Soares에 따르면, 포르투갈인들은 매일 갓 구워 나온 신선한 카사바* 빵만 먹을 정도로

---

* 브라질이 원산지인 열대성 전분 작물. 타피오카(tapioca) 혹은 만지오카(manioca)라

품위 있게 적응했고, 인지우처럼 그물에서 자는 것에도 익숙해졌다. 바스꾸 꼬우칭유Vasco Coutinho를 비롯한 에스삐리뚜상뚜Espírito Santo의 일부 지주들이 인지우들이 술을 마시는 곳을 드나들거나 담뱃잎을 즐겨 씹었다는 당대의 증언도 있다. 심지어 인지우들에게 사냥과 낚시 도구, 강과 해안의 교통수단인 통나무배, 화전 농업을 전수받기도 했다. 수수하고 음침하고 내향적인 이베리아반도식 저택은 새로운 기후에 상륙한 뒤에는 격식을 덜어냈다. 엄격함을 잃은 대신 베란다, 즉 외부 세계로 통하는 문을 얻었다. 베란다도 동아시아에서 수입된 것이지만 브라질의 자연환경에서는 전통적인 무어식 안뜰pátio을 능히 대체하게 되었고, 이는 얼마 지나지 않아 열대지방에서 유럽식 저택의 기준이 되어 오늘날까지도 이어지고 있다. 사탕수수 농업의 경우, 마데이라 등 대서양의 군도에서 기니 흑인들을 이용해 정착시킨 대규모 경작 방법을 따르기만 하면 됐다.

우리의 대농장들이 갖추게 된 특유의 모습들이 포르투갈 정복자들의 다소 독단적인 창조 의지와 고유의 솜씨를 통해 생겨났다고 생각한다면 오산이다. 사실 대부분은 생산과 시장을 고려하다 보니 우연히 발생한 것일 뿐이다. 게다가 아메리카 대륙의 열대지방과 아열대지방의 거의 대부분에서 기이할 정도로 일률적인 농업 체계가 자리 잡은 것이, 우리가 처한 환경의 특별한 내재적 요건의 결과였다고 확신할 수도 없다. 신대륙은 유럽이 산업화되기 전에 발견

는 이름으로 불린다. 삶거나 튀겨 먹거나 가루, 빵, 알코올음료 등으로 가공하기도 한다.

되었고, 자급할 수 있을 정도의 농산물을 이미 생산하고 있었다. 즉, 당시 유럽에서 부족한 작물이라곤 더운 지방의 것뿐이었으므로 농업 시스템도 그런 필요를 충족시키는 방향으로 발전될 수밖에 없었다.

북미에 위치한 영국 식민지의 경우, 담배·쌀·면화 등 전형적인 '식민지' 작물에 적합한 지역에서만 동일한 농업 시스템이 자리 잡았다는 점은 주목할 만하다. 뉴잉글랜드와 중부 지방은 거의 전적으로 자유노동에 의존하는 상업과 제조업이 팽창하기 전에는 단순 생계형 농업으로 만족해야 했다. 기후 등 열대지방의 여러 물리적 여건은 농업 시스템에 간접적인 영향만을 미쳤다.

포르투갈인들, 그리고 이들보다 정도는 덜하지만, 스페인인들은 분명 대단위 단일경작 모델이 최초로 도입되는 데 일등 공신이었고, 차후 다른 민족들도 이를 차용했다. 그리고 높은 이윤을 가져다주던 사탕수수에는 브라질 북동부의 토양 만한 것이 없었다. 이 지역을 바탕으로 열대지방의 유럽 식민지들이 특유의 농업 조직을 만들어 낼 수 있었던 것도 그 때문이다. 아직 제대로 개간되지 못한 비옥한 토지가 풍부하다는 사실은 대규모 농지가 진정한 생산 단위로 탈바꿈할 수 있도록 해주었다. 유일한 걸림돌은 노동력 문제였다. 초반 인지우 노동력을 사용하는 데 실패하면서 아프리카 노예를 도입하는 것이 더 용이하다는 점이 입증되었다.

식민지 플랜테이션의 발전에서 흑인의 존재는 늘 필수 불가결한 요소였다고 말할 수 있다. 이 땅의 옛 거주자들은 때때로 채집, 사냥, 낚시, 일부 기술 노동 및 목축업 등에 동원되어 상당한 도움을 주었지만, 사탕수수 농업에 필요는 정밀하고 질서 정연한 노동에는 적응하기 힘들어했다. 그들의 천성은 강요된 규칙성이나 타인의 감시와 신체적 제약 등을 받지 않고 할 수 있는 활동, 덜 정주적인 활동에 적합했다. 그들은 대단히 다재다능했지만, 유럽인들에게 제2의 천성 내지 사회적·시민적 삶을 위한 필수 덕목으로 여겨진 질서·지속성·정확성과 같은 개념을 받아들이지 못했다.[6] 그 결과는 상호 몰이해였다. 인지우들은 지배 민족의 강요에 화답하는 방법으로 거의 항상 완고한 저항을 택했다. 침묵을 지키고 수동적인 태도를 보일 때도 마찬가지였다. 이 상황은 프랑스인들과 앤틸리스 제도의 아라와크족이 맺고 있던 관계와도 비슷했다. 프랑스인들은 그들을 흑인들과 비교하며 "토착인을 다룰 때 때리는 것은 잘못된 방법이다. 그들을 때리는 것은 그들을 죽이는 일이다. ― 흑인을 때리는 일은 그들을 살찌우는 일이지만"이라고 기록한 바 있다.[7]

무엇보다 외부 소비를 지향하는 반半자본주의적 성격의 생산방식은 어쩔 수 없이 총량적 기준을 우선시하게 된다. 사실, [사탕수수 농사와 설탕 제조를 겸하는] 제당 농장engenho과 함께 국내에 광범위하게 도입된 일련의 토지 개척 과정에 '농업'이라는 꼬리표를 붙이는 일은 조심스러워야 한다. 개척 과정에서, 유럽의 초보적인 기술은 인지우들의 경작 방법보다 훨씬 더 참담한 결과를 초래했다. 어떤 경우 식민 개척자들의 정착은, 농경민족 농민의 특징인 '땅에 대한 사랑' 덕분이 아니다. 사실 브라질에서는 예전이나 지금이나 대규모 농업이 이루어졌고, 광업 또한 마찬가지였다. 노예노동력과 광활한 땅(세심하게 관리되지 않고 허비되고 망가지는 땅)이 없다면 불가능했던 일이다.

포르투갈인들은 물론 부富를 찾아 이 땅에 왔지만, 노동이 아닌 대담함의 대가로 얻을 수 있는 부를 추구했다. 인도에서 각종 향료와 귀금속으로 손쉽게 부를 거머쥘 수 있었던 것에 익숙했기 때문이다. 식민 개척 초기, 사탕수수를 재배하고 설탕을 만들어 유럽 시장에 내다 파는 일은 투입한 노력보다 과분한 이득을 가져다주었고, 대부분의 노력은 흑인 노예들의 손과 발이 대신해 주었다. 그리고 모든 과정을 최대한 단순화시키고 꼭 필요한 작업만 했다.

그러므로 포르투갈인들이 사탕수수 농업을 통해 브라질에 정착시킨 것은 전형적인 농경 문명이 아니었다. 왜냐하면 첫째, 그들을 아메리카 대륙으로 불러들인 모험가 정신은 그런 결과를 낳을 수 없었다. 둘째, 포르투갈 왕국의 인구가 너무 적어 농민의 대규모 출국을 허용하지 않았다. 셋째, 당시 포르투갈에서 농업은 좋은 대우를 받지 못했다. 두아르치 꼬엘류Duarte Coelho가 뻬르남부꾸Pernambuco에 발을 디딘 1535년 바로 그 해에, 인문주의자 끌레나르두Clenardo는 리스본의 친구 라또니우Latônio에게 조국 농촌의 참담한 상황을 편지에 썼다. "만일 세계에서 농업이 가장 천대받는 지역이 있다면, 그곳은 다름 아닌 포르투갈일 것일세. 무엇보다 한 국가의 중추가 되어야 할 일이 이곳에서는 극단적으로 취약하다는 사실을 자네에게 알려야겠네. 포르투갈인들만큼 게으른 민족이 있을까 싶네. 특히 떼주Tejo 강● 저 너머, 아프리카의 공기를 마시며 사는 이들을

● 이베리아반도에서 가장 긴 강으로, 스페인 까스띠야라누에바의 꾸엥까 산에서 발원

염두에 두고 말하는 것일세." 그로부터 얼마 후 다미앙 드 고이스 Damião de Góis라는 이는 히스패닉 반도 사람들에 대한 세바스찬 문스터Sebastian Münster의 비판에 답하면서, 자신의 동포들이 농업을 해상 모험이나 정복, 전쟁의 영광보다 훨씬 하찮게 여긴다는 점을 인정했다.[8]

우리는 종종, 브라질의 농업이 너무나 오랫동안 틀에 박힌 채 방치되어 있었고, 그 탓에 생산성을 늘리는 데 반드시 필요한 기술을 발전시키지 못했다고 아쉬워하곤 한다. 하지만 이런 상황을 초래한 요인이 무엇인지를 먼저 기억해야 한다. 또한 개량된 기술을 이식하려는 순간, 열대라는 환경이 예기치 못하게 강력한 장애가 되었다는 사실을 염두에 두어야 한다. 만일 포르투갈인들이 이 땅에서 채택한 농업 기술이 수천 년의 역사를 자랑하는 유럽의 그것보다 퇴보한 것이었다면, 정복자들의 무기력함과 수동성 못지않게, 유럽과 다른 자연적 여건과 저항도 그 퇴보에 일조했을 것이다. 예를 들어, 쟁기를 별로 사용하지 않는 브라질 농업 특유의 전통은 숲의 번식력이 이를 방해했기 때문이다. 쟁기가 본격적으로 도입되기 훨씬 전부터 쟁기를 사용하려는 시도가 있었음에도 널리 보급되지 않은 것은 이렇게 이해할 수 있다.

18세기 말엽, 헤꽁까부 바이아누Recôncavo Baiano의 유력 지주들을 중심으로 쟁기가 일반적으로 사용되었다는 증언이 있다. 사용 범위가 사탕수수 농장에 한정되었다는 것은, 달리 말하면 사탕수수

해 포르투갈의 수도 리스본 부근에서 삼각강(三角江)을 이루면서 대서양으로 유입된다.

를 수확할 때만, 즉 사전에 벌채하고, 갈고, 고른 땅에서만 사용했다는 것을 의미한다. 그러나 쟁기질을 위해 보통 10여 마리의 황소를 사용했다는 당대의 증거로 미루어 볼 때, 소들이 브라질에서 힘을 제대로 못 썼을 뿐만 아니라, 토질 자체도 쟁기질하기 쉽지 않았다는 점 또한 알 수 있다.[9]

당시에는 농장주들이 숲속으로 새로운 땅을 찾아 나서는 것이 일종의 관습이었으므로, 두 세대 이상 농장이 한곳에 머물러 있거나 농장 주인이 바뀌지 않는 일이 매우 드물었다. 인지우들의 관습이기도 했던 이런 일시성은 농업의 규칙성을 높이는 데 별 도움이 되지 않았다. 소모된 토양을 비료로 되살릴 생각을 누구도 하지 않았기 때문에, 농업을 개선하기 위한 그 어떤 동기부여도 없었다. 얼마 지나지 않아, 우리 땅에는 파종기와 괭이밖에는 쓸 수 없다는 인식이 팽배해졌다. 사실 상파울루를 비롯한 브라질의 여러 지역에서는 덜 투박한 농사 방식을 채택하려는 시도가, 적어도 식민지가 들어선 다음 세기부터 있었다. 1637년의 한 유산 목록에는 빠르나이바Parnaíba의 한 농장주가 남긴 "철 쟁기 하나"라는 기록이 존재하기도 한다.[10] 그럼에도 불구하고 이런 인식은 빠르게 퍼져 나가 포르투갈까지 확산되었다. 이런 상황은 1766년, 당시 특별자치주 지사cap-itão-general가 오에이라스Oeiras 남작에게 보낸 서한에 분명히 묘사되어 있다. 모두가 말하기를, 브라질의 토질은 겉보기에만 비옥할 뿐 "쟁기를 사용하면 안 됩니다. 시도한 사람들은 모두 쟁기가 망가지고 말았습니다. 이제야 다들 한목소리를 냅니다."[11]

순수한 독일 혈통의 식민 정주자들 사이에서도, 그것도 열대지방인 에스뻬리뚜상뚜뿐 아니라 히우그란지두술Rio Grande do Sul처럼 기후가 비교적 온난한 곳에서도, 그 소모적이고 약탈적인 농사 방식이 오늘날까지도 유지되고 있음을 상기하면, 포르투갈인들이 그렇게 했다는 사실 역시 그렇게 놀라운 것은 아니다.[12] 어찌 됐든, 대다수 식민 정주자의 상업적·도시적 배경, 충분하지 않은 정주자의 수, 이주 시 동원할 수 있는 물질적 자원이 제한적인 점 등은, 그들이 포르투갈계 브라질인들이 기존에 사용하고 있던 농업기술에 쉽게 순응한 커다란 이유이다.[13] 농업 경제에서 '나쁜 방식', 즉 초보적이고 해로우면서도 그 방식을 사용하는 이가 즉각적이고 무절제한 이익을 추구하는 데 도움을 주는 방식은 좋은 방식을 몰아낸다. 브라질 현지 여건은, 최소한 식민 초기에는, 앞서 말한 '나쁜' 방식 가운데 상당수를 거의 강제했다고 볼 수 있다. 그리고 이런 방식들을 대체하기 위해서는 인내심과 체계적인 에너지가 필요했다.

포르투갈인들과 그 후손들에 대해 확실하게 단언할 수 있는 사실 한 가지는, 그들은 이런 에너지가 주는 자극을 받아 본 적이 없었다는 점이다. 우리처럼 노예노동, 단일경작, 대토지 위주 농업 경제가 우세한 타 지역의 식민자들과 비교해 보더라도 그렇다. 우리는 늘 땅에 과도한 요구만 했을 뿐, 보답을 하지 않았다. 양적인 기준만 적용한다면 모를까, 그들이 브라질에서 구축한 방식이란 인지우들이 기존에 실행해 오던 수준에서 어떤 본질적 진보도 이룩하지 못한 것이었다.

심지어 지난 세기 후반에도 브라질과 미국 남부의 통상적인 농업 여건은 비슷한 점보다는 다른 점이 두드러졌다. 비록 몇몇 역사가들은 유사성을 즐겨 지적하고, 이를 과장했지만 말이다. 1866년경 브라질로 이주한 연방 주州 출신 지주들은(맞는 말인지는 모르겠지만, 상파울루 일대 농촌에서 쟁기, 경작기, 서까래, 써레 등의 농기구를 사용하게 된 것이 이들 덕분이라고들 한다) 이 역사가들과 의견이 아주 달랐다. 당대의 증언을 살펴보면, 많은 사람들이 브라질의 농업 방식이 심각하게 미개하다는 사실에 놀랐음을 알 수 있다. 어떤 사람은, 목화를 재배하는 브라질 노예가 북미의 인디언이 옥수수를 재배하던 것과 정확하게 같은 방식으로 일하고 있었다고 증언했다.[14]

브라질에서 아스라한 식민화 시대 초기부터 부의 창출을 인도한 원칙은 농업 생산에도 늘 작용했다. 모두가 최소한의 노력으로 막대한 이득을 얻고자 했다. 한 초기 역사가가 말하듯이, 모두가 주인이 아닌 사용권자처럼 행동하며 땅을 "이용해서 결국 땅이 파괴되기에 이르렀다."[15]

이런 상황에서 그들은 인지우들의 조악한 농업 방식을 굳이 바꿀 필요가 없었다. 브라질 식민자들은 대규모 생산의 편리함에 안주했고, 곧 최소 노력의 법칙이 힘을 얻기 시작했다. 무엇보다도, 수동적이었던 식민자들은 이 땅의 특질과 인지우들의 성향에 맞추려 했을 뿐만 아니라, 그들에게 고정된 규율을 강제하려 애쓰지 않았고, 새로운 풍토에도 쉽게 적응했다. 이런 점은 스페인인들과 비교해도 두드러진다. 아메리카 대륙에 있는 스페인 영토 대부분의 지역에서, 스페인인들은 현지의 땅이나 사람들에게 동화되려는 시도를 조금도 하지 않았다. 다만 현지인들과 중첩되어 있었을 뿐이다. 브라질에서 유럽의 지배 양식은 전반적으로 유순하고 유약했으며, 규율과 규칙보다 자연의 법칙을 더 따랐다. 이 땅에서의 삶은 비교할 수 없을 정도로 온화했고, 사회적·인종적·도덕적 불협화음을 더 잘 포용하는 모습을 보였다. 우리의 식민자들은 무엇보다도 이미 고착되거나 관례적인 일을 되풀이할 줄 아는 사람들이었다. 땅에 안정적으로 정착한 그들은 정신적으로 심오한 것을 바라지도 않았다. 그들에게 있어 천국은, 일상적인 일에 개입하기에는 너무나도 영적이고, 멀리 있고, 내세적인 것처럼 보였다.

이쯤 해서 우리에게 인종적 자부심이 완전히 부재한다는, 혹은 사실상 부재한다는 매우 전형적이고 특별한 포르투갈인의 유연성을 떠올려 볼 수 있다. 적어도 완고하고 타협하지 않는 북방 민족들의 자부심보다는 약하다. 포르투갈인의 이런 특징은 여타 라틴계 민족과도 비슷할 뿐만 아니라 아프리카의 무슬림들과도 닮아 있다. 이는 포르투갈인들이 브라질을 발견한 시점에 이미 혼혈 민족이었기 때문이다. 오늘날 우리 시대의 한 인류학자는 흑인의 피가 더 많이 섞였다는 이유를 들어 포르투갈인을 이웃이자 형제인 스페인인과 인종적으로 구분한다. 이런 생각에는, 동아프리카 원주민들이 포르투갈인들을 거의 자신들과 같은 인종이라고 여기고, 다른 문명 민족들에 비해 덜 존중한다는 사실이 한몫했다. 이 학자에 따르면, 스와힐리인들은 포르투갈인들을 유럽인들과 구별하기 위해 늘 '유럽인'과 '포르투갈인'이라는 단어를 나란히 사용했다.[16]

이런 측면에서 브라질은 새로운 현상이 나타나는 무대가 아니었다. 유색인들과의 혼합은 이미 식민 본국에서는 만연한 현상이었던 것이다. 이미 1500년 전에 해외에서 데려온 흑인 노동력 덕택에 포르투갈 왕국은 숲을 개간하고, 늪을 메우고, 황무지를 농지로 바꾸는 등 경작지를 늘려서, 이를 토대로 새로운 정착촌들을 만들 수 있었다. 미천한 직업이 업신여김을 받는 나라에서, 흑인 노동력이 가져다준 즉각적인 이득은 물질적 번영의 수단으로서 노예노동에 대한 수요를 폭발적으로 증가시켰다.[17]

가르시아 드 헤젠드Garcia de Resende라는 인물이 1536년경 토로한 내용은, 당시 이렇게 고요하면서도 비밀스럽게 진행된 침략, 즉 포르투갈 사회의 전통적인 생물학적 기반을 뒤흔들지 모를 위협에 대해, 생각 있는 이들이 느끼고 있던 불안감을 잘 보여 준다.

왕국에 들어온다,
그토록 많은 포로들이.
그들은 불어나고 있고,
토박이들은 떠나고 있다.
이런 식이라면, 내가 보기에,
우리보다 그들이 더 많아질 것이다.[18]

앞서 언급한 끌레나르두가 라또니우에게 보낸 편지는 당시 포르투갈 국내에서 노예의 숫자가 얼마나 급등했는지를 알려 준다. 모든 허드렛일을 흑인들과 무어인 포로들이 도맡아 했는데, 겉모습만 사람이지 영락없는 가축이었다. 끌레나르두는 "리스본에는 포르투갈인보다 노예들이 더 많다"라고 적고 있다. 각 가정마다 최소한 흑인 여성 노예 한 명이 있었다. 부잣집에서는 남녀 노예를 모두 소유하는 것이 일반적이었고, 심지어 그들의 자녀를 내다 팔아 짭짤한 수익을 올리는 사람들도 있었다. 이 인문주의자는 이런 상황에 대해 "시장에 내다 팔 비둘기를 기르는 것처럼 보인다. 음탕한 짓을 일삼는 여자 노예들에 대해 불쾌하게 생각하기는커녕 좋아하기까지 한다. '과실은 [여성의] 배에서 비롯되기 때문이다.' 이웃 사제도, 내가 아는 그 누구도 아프리카 노예에 대해 불평할 수 없다"[19]라고 덧붙인다.

왕국 내 노예의 도입과 관련된 통계가 전반적으로 부족하고 막연하긴 하다. 그러나 문스터의 날선 비판으로부터 1541년에 스페인과 포르투갈의 명예를 지키겠다고 나선 다미앙 드 고이스는 나이지리아 노예들이 매년 1만에서 1만2천 명이 입국하고 있다고 추산한다. 그로부터 약 10년 후, 호드리게스 드 올리베이라Rodrigues de Oliveira의 『요약』Sumário에 따르면 리스본에는 시민vizinho이 1만8천 명인 데, 노예는 9,950명이었다.● 이는 총인구의 5분의 1을 의미하는 것이었다.[20] 1578년부터 1583년까지 포르투갈을 돌아다닌 필리포 사세티Filippo Sassetti의 보고서에 따르면, 이 비율은 16세기 후반에도 유지되었다.[21]

세월이 흘러도 이방인의 피는 끊임없이 유입되어 도시 이외의 지

● 저자가 여기서 언급한 숫자는 원 인용문의 것과는 다르다. "총인구가 25만 명이었고 노예 인구가 5분의 1을 차지했다고 한다. …… 30여 년 전에는, 한 저명한 작가가 리스본 총인구 10만 명 중 노예가 9,950명이라고 추산하기도 했다." 작가의 기재상 착오로 추측된다.

역에도 퍼져 갔다. 1665년, 마누엘 세베링 드 파리아Manuel Severim de Faria는 많은 농장주들이 [백인과 흑인의 혼혈인] 물라뚜mulato와 기니 출신의 노예들을 사용하는 현실을 개탄했다. 그리고 다음 세기 후반 리스본에서 거행된 그 유명한 빠수스Passos 행렬*은 흑인계 비중이 높은 브라질 도시들의 모습과 맞먹는 장관이었을 것이다. 1798년 한 외국인 여행객은 그 행렬에 참가한 "4, 5천 명의 사람들 가운데 다수가 흑인 또는 물라뚜"라고 말했다. 또한 이보다 70년 전에 기록된 다른 증언에서는 포르투갈인들이 기후는 물론 "주로 사회 하층에서 성행한 흑인들과의 혼혈"로 인해 황갈색 피부를 갖게 되었다고 주장한다.

브라질에서 유색 피부를 가진 종들과 주인 사이에 거리감이 덜한 것은 이런 맥락에서 이해할 만하다. 플랜테이션과 광산의 노예들은 단순한 에너지의 원천이 아니었다. 산업화 시대에 다른 에너지원으로 대체될 운명을 지닌 일종의 인간 석탄이었다. 그들이 주인들과 맺은 관계는 종종 예속과 후견 사이를 오갔고, 심지어는 연대와 지인의 단계에 이르기도 했다. 그들의 영향력은 각 가정에 깊숙이 침투해, 계층적·인종적 차별, 혹은 이런 차별에 입각한 규율을 희석하는 용해제의 역할을 담당했다. 사실 식민지 내 유색인종의 과도한 영향력 행사에 대비한 일련의 조치들을 굳이 막지 않는 것이 일반

● 예수의 수난과 부활을 기념하기 위한 가톨릭의 종교 행사. 십자가를 진 예수상을 들고 행렬을 이루어 도시 곳곳을 돌아다닌다. 포르투갈에서 시작된 전통으로 이후 브라질 등 포르투갈 식민지 국가로도 전파되었다.

적인 룰이었다. 물라뚜의 후손은 4대에 이르기까지 미나스제라이스Minas Gerais 시청의 관직에 앉지 못하게 했던 1726년의 왕명이 바로 그러했다. 이 명령은 워낙 광범위해서, 유색인 여성과 결혼한 백인 남성에게도 적용되었다.[22] 하지만 그 특별자치주capitania의 흑인과 물라뚜들이 그보다 수년 전 일으킨 모반 행위에서 비롯된 이런 방침은 사실 종이 쪼가리에 그칠 운명이었을 뿐, 백인과 유색인, 자유인과 노예 간에 존재하는 모든 사회적·정치적·경제적 장벽을 버리고 싶어 하는 식민지 주민의 성향에는 영향을 끼치지 못했다.[23]

포르투갈 왕실 역시 이런 경향에 적대적이었던 일부 관리의 경계심을 무마하는 데 주저함이 없었다. 상황이 이랬기 때문에 1731년, 뻬르남부꾸 총독은 학사 안또니우 페레이라 까스뜨루António Ferreira Castro를, 출신이 물라뚜라는 논란에도 불구하고 법무상 직책에 앉힐 수 있었다. 동 주앙 5세가 당시 훈령을 내려 "피부가 어둡다는 단점은 우리 내각을 운영하는 데 전혀 방해되지 않는다. 그대들은 내가 지명한, 제대로 교육받은 학사를 외면하고 오히려 학위가 없는 사람을 데려다 놓으려 했다. 하지만 학식 있는 학사가 엄연히 있는데도 학위 없는 그 사람을 공직에 올려놓는다면 그것이야말로 위법일 것이다"라고 밝히고 있다.[24]

이런 자유가 일반적인 법칙은 아니었다는 점을 말해 두기는 해야겠다. 그러나 어찌 됐든, 오늘날 말하는 '인종차별적' 배타주의는 단 한 번도, 순수 백인이 특정 지위를 누리는 데 결정적인 역할을 하지는 않은 듯하다. 이 같은 배타주의보다 훨씬 더 결정적이었던 것은 미천한 일들과 관련된 전통적인 낙인이다. 이런 일들은 노예에게 강요되었으며, 이와 관련된 노동에 종사하는 사람들은 물론 후손들에게까지 영향을 끼쳤다. 게다가 포르투갈인들은 늘 천부적인 자격을 중시했다는 점도 어느 정도 작용했을 것이다.

법에 의해 흑인과 물라뚜가 강제로 배제된 노동의 자리를 원주민과 [백인 남자와 흑인 여자 사이의 혼혈인] 마멜루꾸mameluco들이 채워나간 이유를 이보다 더 잘 설명할 수는 없을 것이다. 인지우들의 시민적 자유 — 법률가들의 교묘한 차별로 말미암아 그 자유에 '후견'이니 '보호'니 하는 수식어가 붙었을지언정 — 는 이들로 하여금 노예제도와 관련된 사회적 낙인과 무관하게 만들었다. 흥미로운 점은, 우리의 인지우들에게 일반적으로 부여되는 특징들, 즉 그들과 노예제도가 양립될 수 없는 것으로 보이게 하는 특징들 — 예컨대 그들의 '게으름', 규율이 필요한 모든 노력에 대한 반감, '예측 불가능성', '방종', 생산적인 일보다 약탈을 더 좋아하는 성향 등 — 은 귀족계급의 전통적 생활양식에 아주 정확하게 들어맞았다는 것이다. 바로 이 때문에, 유럽 낭만주의 특유의 중세관을 브라질의 국가적 언어로 차용한 지난 세기의 작가들, 가령 곤사우비스 지아스 Gonçalves Dias나 주제 지 알렌까르José de Alencar 같은 이들은, 인지우들에게 옛 귀족과 기사들이 가졌던 통상적인 덕목을 부여했다. 반면 흑인은 기껏해야 순종적인 피해자 또는 폭도로 그려질 뿐이었다.

포르투갈 정부는 인지우와 백인 간의 결혼을 정죄하기는커녕 여러 차례 장려했다. 특히 1755년에 내려진 칙령은 이런 혼인의 경우

각 배우자가 "어떤 치욕도 겪지 않고, 거주하는 곳이 어디든지 자녀와 후손들이 있는 곳에서 일할 수 있어야 한다. 어떤 허가를 받지 않고도, 지위와 명예와 존엄성을 보장받을 수 있어야 한다. 따라서 그들을 까보끌루caboclo●를 비롯한 그 어떤 멸칭으로도 불러서는 안 될 것이며, 만일 그런 사람이 있다면 법에 따라 처벌될 것"이라고 규정했다. 그러나 적어도 일부 공문서를 보면 흑인들과 흑인의 후손들은 평판이 낮은 일, 이른바 '검둥이들의 일'에 여전히 투입되었다. 이런 일은 그 일에 종사하는 개인뿐만 아니라 후손 전체를 피폐하게 만들었다. 브라질 부왕副王이 1771년 8월 6일자 포고령을 통해 인지우 대위를 면직하면서, "흑인과 결혼해 의식 수준이 매우 낮음을 스스로 증명하고, 자신의 혈통을 더럽히고, 따라서 이 직책을 수행하기에 부적절한 자"라는 이유를 든 것도 이런 배경에서 비롯된 것이다.[25]

* * *

노예제, 그리고 비대해진 대농장은 다른 나라들, 심지어 스페인 아메리카와도 정반대인 결과를 우리의 식민지 경제구조에 가져왔다. 그것은 바로 생산 활동 가운데 진지한 협력 의지를 사라지게 만들었다는 점이다. 우리에게는 페루의 한 역사가가 언급한 길드들, 즉 이미 정복 첫 세기에 리마에 존재했을 뿐만 아니라 번영을 구가

● 백인과 흑인 사이에서 태어난 혼혈인에 대한 멸칭(蔑稱).

했던 기술자 길드와 비견할 만한 것이 극히 드물었다. 이들 길드는 시장 및 감독관들과 함께 최저 일급, 자격시험, 사업자 등록, 일요일 의무 휴무, 장인들 간의 다양한 협력을 도모하기 위한 상호공제회 등의 제도를 이끌어 냈다. 페루의 수도에 있는 한 자선단체는 '왕의 도시'[리마]의 은 세공인들의 회칙 문서를 오늘날까지 보존하고 있다. 대부분이 인지우거나 메스치수였던 이 기술자들은 산 아구스틴 성당 본당 좌측에 부속 예배당을 갖추고 있었다. 그들은 회원 가족을 위한 혜택과 노령연금 제도를 조직하기도 했다. 구두장이와 무두장이들은 1578년에 길드를 결성하고, 대성당에 성 크리스핀과 성 크리스피니아노를 수호 성자로 하는 부속 예배당을 두었다. 그리고 이곳에서 자신들의 직업의식을 고양하고 축제를 열었다. 이 길드들은 브라질과 마찬가지로, 아니 좀 더 흔히, 소속 상점들(때로는 주거지까지)이 들어선 지역의 도로와 광장에 이름을 붙였다. 단추장이, (챙 없는 모자를 만드는) 모자장이, 양탄자장이, 모포장이, 선술집 주인들, (비쿠냐 털이나 짚으로 모자를 만드는) 모자장이, 도검장이, 기타장이, 토기장이, 비누장이, 대장장이 등이 좋은 예다. 당시에는 검대劍帶를 만드는 직업도 있었는데, 주로 백인·인지우·메스치수들이 이 일을 했다. 반면 외과 의사나 이발사 일은 주로 흑인과 물라뚜들이 도맡았다. 이들 외에도 마구馬具장이, 제련공, 흑단 세공장이, 목수, 벽돌장이, 무두장이, 밀랍장이, 장갑장이, 구두장이, 재봉사(흔히 위대한 성 프란시스코 길드에 속한 백인들), 제과사 및 제빵사 등도 길드를 조직했다. 프란시스코 데 톨레도Francisco de Toledo 부왕이 조직화에 결정적인 역할을 했던 이 길드들은, 광산업의 부침과 스페인 식민 제국의 쇠퇴에도 불구하고, 오랜 세월 부왕령의 번영과 부와 안정의 상징으로 여겨졌다.[26]

포르투갈 왕국으로부터 도입한 틀을 바탕으로 브라질에서 각 직업군을 만들어 나가는 일은 순탄치 않았는데, 특히 몇 가지 지배적인 조건들 때문에 더욱 그러했다. 바로 노예노동의 절대적 우위, 부자들로부터 어느 정도 독립이 보장되지만 다른 한편 바로 그 때문에 판매에 한계가 있는 가내 수공업, 그리고 자유직 기술자들이 대부분의 도시와 촌락에 존재하지 않았다는 점 등이 그것이다.

옛 시청 문서들을 살펴보면, 직업 규율을 위반하거나 자비심 넘치는 판사의 비호 덕택에 정해진 시험을 회피하는 기술자들을 고발하는 일이 흔했음을 알 수 있다. 보증인을 세우고 받는 자격증 한 장만 있으면 얼마든지 직업을 가질 수 있었기에, 직업 규율은 겉보기에는 엄격했지만 구멍이 숭숭 뚫려 있었다. 일정 수준의 부를 축적하는 데 성공한 이들은 기술자에게는 허락되지 않는 특권을 누리기 위해 미련 없이 자신의 직업을 포기하곤 했다. 1639년, 상파울루의 마누에우 아우비스Manuel Alves의 경우가 좋은 예다. 그는 '귀족'의 지위에 오르고 국가 관료로 일하기 위해 마구장이라는 직업을 포기했다.[27]

때로는 이렇게 극적인 행동을 취할 필요도 없었다. 많은 경우, 귀족 신분을 가진 이들이 생계를 이어가기 위한 방편으로 기술직에 종사했지만, 그렇다고 해서 귀족으로서의 혜택을 상실하지는 않았다. 다만 이것이 일반적인 법칙은 아니었다. 비록 오랫동안 용인되어 온 관습이었지만 법규 위반이라는 점은 분명했다. 그렇지 않다면 지난 세기 초에 마르띵 프란시스꾸Martin Francisco가 겪은 일을 이해할 수 없을 것이다. 그는 이뚜Itu의 많은 주민들이 "모두들 적어도 귀족임에도 …… 왕국의 법에 의해 귀족 신분을 박탈당하는 바람에"[28] 기술직에 종사하게 되었다는 사실에 놀라워했다.

비록 여러 종류의 육체노동 간의 위계질서를 법으로 정해 놓지는 않았지만, 관습적인 차별의 존재는 부정할 수 없었으며, 게다가 사회적 평판이 낮은 직업들에 대한 불관용도 팽배했다. 1720년, 마라냥Maranhão 주의 베르나르두 뻬레이라 지 바헤두Bernardo Pereira de Barredo 총독은 마누에우 가스빠르Manuel Gaspar라는 사람이 감독관으로 선출되었음에도 불구하고, "섬기는 일을 한 지 오래여서 고귀함과는 거리가 있다"는 이유를 들어 그의 이름을 병사 명부에 올리라고 명령하기도 했다. 시의회는 곧바로 이 결정을 받아들였으며, 나아가 같은 자리에 선출된 또 한 명을 "정어리와 베림바우berimbau● 를 팔던 자"라는 이유로 선출을 무효화했다.[29]

브라질 농업에 만연했던, 쉬운 이익을 추구하는 성향과 우유부단함은 도시의 직업에서도 확연히 드러났다. 이런 상황은, 식민지 시대 말기에 누군가가 관찰한 대로, 이 세상의 온갖 잡동사니를 파는 상점에서 잘 드러났다. 또한 약사에게 말굽을, 대장장이에게 구토제를 사는 일은 식은 죽 먹기였다.[30] 겉으로 드러나는 이익을 좇는 대신 한 우물만을 평생에 걸쳐 끈질기게 파는 장인은 극히 소수였다. 사회 계층화가 일정 수준을 넘어서 안정된 곳들과는 반대로, 세

● 입에 물고 손으로 타는 악기.

대를 넘어 대물림되는 가업을 찾아보기란 더욱 어려웠다.

　이것이 바로 브라질에서 진정한 장인 정신이 형성되는 데 심각한 장애 요인으로 작용했다. 이뿐만 아니라 확고한 소명 의식을 고취하는 일과 오랜 숙련을 요하는 직업에도 걸림돌이 되었다.[31] 또 다른 장애 요인으로는, 이른바 '프리랜서 흑인'negros de ganho의 존재였다. 이들은 주인이 경제적 혜택을 얻을 목적으로 바깥일을 허락한 노예들이다. 이처럼 귀족의 행색을 조금이라도 갖춘 사람은 자신의 손을 더럽히거나 지위를 잃지 않고도 비천한 노동의 결실을 누릴 수 있었다. 요한 밥티스트 폰 스픽스Johann Baptist von Spix와 칼 프리드리히 폰 마르티우스Carl Friedrich Philipp von Martius는 이런 관습이, 19세기 초까지만 해도 유럽 각지에 존속하던 중세의 장인 길드 개념과 근본적으로 양립할 수 없음을 역설한 바 있다.[32]

　포르투갈의 전통 가운데 — 물론 식민 본국에서도 대단히 엄격한 수준에 이르지 못한 것들이 태반이기는 하나 — 적대적인 브라질의 환경에 맞추어 변하거나 적응하기를 거부하고 오롯이 살아남은 것은 별로 없다. 짐작할 수 있듯이, 개중에 가장 잘 보존되었던 전통은 각 직업군마다 휘장과 깃발을 내걸고 왕실 행렬에 참여하는 것이었다. 이는 우리 식민지 사회의 고유한 특징인 화려한 허례허식을 좋아하는 성향을 잘 설명해 준다.

　우리가 다양한 생산적 노동 형태를 만들어 내지 못한 가장 큰 이유는 분명 기업가적 요소들을 서로 이어주는 자유롭고 영속적인 능력이 국가 전체에 부재했기 때문일 것이다. 집단적 성격의 노동은 대부분 특정 감정과 집단적 정서가 동시에 충족될 때에만 비로소 받아들여지곤 했다. 종교와 어떤 식으로든 연관된 직업의 경우처럼 말이다. 17세기 말 이구아뻬Iguape의 옛 대성당을 건설할 때를 예로 들면, 당시 마을 유지들은 평민들과 힘을 합쳐 바닷가에서 공사장 까지 돌을 실어 날랐다.[33] 1679년 건립된 이뚜 구대성당의 경우에 도, 주민들은 아주 멀리서부터 큰 돌이 섞인 흙을 머리에 이고 나르 는 순례를 했고, 그들이 가져온 흙은 벽을 쌓는 데 쓰였다.[34] 이 사 례들은 브라질에 이식된 포르투갈의 관습, 적어도 또메 지 소우자 Tomé de Sousa와 사우바도르Salvador 시의 건축 시대로 거슬러 올라가 는 관습의 생존을 보여 준다.

숲을 뒤엎는 일이나 씨뿌리기, 수확, 주택 건설, 면사 방적 등에 서 소농민들이 서로서로 품앗이를 하는 소위 무시랑muxirão 또는 무 치랑mutirão이라는 관습은 분명 이 땅의 원주민들로부터 넘어왔으 며, 상부상조뿐만 아니라 그 일에 반드시 수반되기 마련인 새참, 가 무, 놀이 등에 대한 기대를 바탕으로 하고 있었다. 18세기의 한 관 찰자에 따르면, 만일 사람들이 서로 도왔다면 "노동을 사랑해서라 기보다 [사탕수수로 만든 술인] 까닝야caninha를 좋아해서"[35]였을 것이 다. 물론 이런 설명은 여러 사실들 가운데서 가장 예외적이고 두드 러진 것만을 전제하고 있다. 즉, 투박한 사실주의이자 캐리커처인 것이다.

다른 한편, 이런 집합적 활동의 존재를, 규율이 잘 잡히고 지속적 인 협력의 경향과 연결시키려는 시도는 쓸데없는 일이다. 사실, 이 경우에는, 도움을 필요로 하는 이웃이나 친구를 도우려는 개인 또는 개인들로 이루어진 집단의 감정과 성향에 비해, 함께 일하는 것이 추구하는 물질적 목표가 지나치게 경시되었다.

공동의 노동이 갖는 정확한 의미를 규정하려면, 무엇보다도 최근 인류학적 연구들이 다양한 부족의 행동 표준 분석 및 대조를 토대로 순수한 '협력'cooperação과 '조력'prestância을 구분하고 있는 점을 주목할 필요가 있다.[36] 이 구분은 어떻게 보면 이전 연구자들이 설정한 '경쟁'competição과 '적대'rivalidade의 구분과 유사하다.

비록 방식은 다르지만 경쟁이든 협력이든 결국 공통의 물질적 목적을 지향하는 행동이라 볼 수 있다. 무엇보다도, 경쟁/협력과 이런 목적 간의 관계가 각 개인들을 분리 혹은 단결시킨다. 그러나 적대의 경우 조력과 마찬가지로, 공통의 물질적 목적이 갖는 중요성은 사실상 부차적이다. 가장 중요한 것은 한쪽이 다른 한쪽에게 피해를 끼치거나 이익을 줄 수 있다는 점이다.

우리 사회처럼 애초부터 인격주의적인 사회에서는, 사람과 사람 사이에 형성된 단순한 연줄(개인들끼리의 진정한 협력과는 거리가 멀다)이 늘 결정적인 역할을 했다 해도 과언이 아니다. 불확실한 어떤 인간적인 관계나 모임도, 그리고 다른 한편 파벌 간, 가족 간, 지역 간의 갈등 같은 것들도 두서없고 무정형적인 협력으로 귀결되었다. 당대 브라질인들의 생활에서 독특하게 나타난 것이 있다면 바로 정서적이고 비이성적이며 열정적인 특징은 활발하게 고양된 반면, 질서, 규율, 이성과 관련된 자질은 퇴화하고 말았다는 사실일 것이다. 다시 말해, 정치적 조직화의 도상에 있던 민족과는 정반대였다.

흑인들, 무엇보다 노예로서의 그들에게 브라질인들은 부정적인 영향력을 미치지 않았다. 그들의 달콤한 유연함만이 일찌감치 식민지 생활 전반에 파고들어 갔을 뿐이다. 특히 18세기부터 로코코 양식을 통해 예술과 문학의 영역에서도 이런 특징이 표현되기 시작했다. 이국적인 것, 교활한 관능성, 추파와 아첨, 감정적 변덕 등을 선호하는 취향은 브라질을 선택받은 약속의 땅처럼 보이게 했다. 이런 특징이 바다 건너 리스본에서는 까우다스 바르보자Caldas Barbosa라는 한 물라뚜의 관능적인 춤과 노래로 표현되었다.

저 브라질 땅에서
우리의 친절함은
설탕처럼 달콤하다,
너무나 달콤하다.
아! 그렇다! 바로 그러하다.
　　너무나 맛좋은 이 꿀
　　정말 맛좋고, 정말 달콤하다.
　　⋯⋯⋯⋯⋯⋯⋯⋯⋯⋯⋯
아, 아가씨, 이리 와 들어 보세요
순수하고 진실된 사랑,
게으른 달콤함이 있는 그것이 바로,
브라질식 사랑이랍니다.[37]

완곡한 폭력을 행사하고, 사회적 덕목들을 부정하고, 진정 생산적이라 할 만한 에너지가 발현될 때마다 이를 마취시키는 "노예 숙사塾舍의 도덕"moral das senzalas은 당대 사람들의 행정, 경제, 그리고 신앙심을 지배하게 되었다. 그들은 심지어 천지창조도 신의 유기 내지는 방만으로 이해했을 것이다.

반면 네덜란드식 식민지가 성공할 수 있었던 까닭은 그런 해체적인 원칙들로부터 정복자 사회를 지키는 데 효과적인 시스템을 조직해 냈기 때문이다. 하지만 그런 시스템이 우리 사회에서도 작동할 수 있었을까? 네덜란드인들은 유연성은 부족한 반면, 체계적이고 통합적인 사업 기질, 노동 능력, 사회 응집력이 강했다. 그러나 네덜란드인들이 브라질 북동부를 지배하던 시기에 보낸 사람들은 형성 단계에 있는 국가에 전혀 적합하지 않았다. 전 유럽에서 온 각양각색의 탐험가들, 즉 "박해에 넌더리가 난" 사람들은 그 땅에 강력하게 뿌리내리는 쪽을 생각하기보다는 불가능한 부를 좇아 왔을 뿐이다.

17세기 아메리카 대륙의 여러 식민지 실험에서 네덜란드가 실패한 이유는 부분적으로는 모국에 대규모 이주를 촉발할 만한 불만이 없었기 때문이라는 지적이 있는데, 설득력 있는 이야기다. 역사가 H. J. 프리스틀리Herbert J. Priestley에 따르면, 식민지 실험에서의 좌절은 네덜란드 공화국이 국가 공동체로서 거둔 성공을 반증하는 것이었다.[38] 실제로, 네덜란드연합주는 독립 투쟁 이후 엄청난 정치적·경제적 번영을 구가했다. 그래서 브라질의 네덜란드 식민지를 연구한 역사가 카스파르 바를라외스Caspar Barlaeus에 따르면, 서인도회사에서 브라질행 표를 문의한 이들 대부분이 30년 전쟁으로 갈 곳을 잃은 퇴역 군인, (그의 표현으로는) '게르만 난민', 소小장인, 도 제, 상인(일부는 유태계 포르투갈인들이다), 선술집 주인, 교사, 매춘부, 그리고 '기타 길 잃은 자들'이었다. 뻬르남부꾸에서 싸우던 서인도 회사의 군대는 주로 독일·프랑스·영국·아일랜드·폴란드 출신의 군 인들로 구성되어 있었다.[39]

그 가운데 가장 유명세를 떨친 장군들로는 폴란드의 귀족 크리스 토퍼 아르치셰브스키Cristopher Arciszewski와 독일인 지크문트 폰 슈 코프Sigmund von Schkopp가 있다. 기록에 따르면 아르치셰브스키는 소치니파적이고 반유대적인 사상을 갖고 있다는 이유로 쫓기는 신 세였기 때문에 조국을 떠났다. 한편 폰 슈코프의 전력前歷은 오늘날 까지도 확실히 알려진 바가 없다.

다양한 국적, 그래서 불안정한 성격의 주민들, 도시적 성향이 뚜 렷한 주민들이 당시 안또니우베스Antônio Vez 섬에서 성장하기 시작 한 모리츠슈타트Mauritsstad, 즉 오늘날의 헤시피Recife에 정착했다. 그리하여 사탕수수 농장과 도시, 지주와 상인이라는 고전적 구분이 발생하기 시작했다. 훗날 거의 뻬르남부꾸 전 역사를 지배할 구분 이었다.

이런 도시의 발전은 브라질에서는 새로운 사건이었다. 또한 '플 랑드르' 식민자들과 포르투갈 식민자들을 구분하는 중요한 지표가 되었다. 나머지 브라질 전역의 도시들이 빈곤한 상태로 그저 농촌 의 지배에 종속되어 있었던 반면, 뻬르남부꾸의 도시는 "스스로의 힘으로 살고" 있었다. 그 도시에서는 손지흐트Schoonzicht나 브레이 부르흐Vrijburg 같은 웅장한 궁궐들이 으리으리한 위용을 자랑하고 있었다. 그리고 화려한 공원들에서는 실로 다양한 종류의 토착 동식물을 볼 수 있었다. 이 공원들에서 빌렘 피소Willem Piso와 게오르그 마르크그레이브Georg Marcgrave는 『브라질 자연사』*Historia naturalis brasiliae*에 필요한 표본을 구했으며, 프란츠 포스트Franz Post는 열대 자연의 화려한 색채를 캔버스에 옮겨 담았다. 과학 연구소와 문화 연구소들, 갖가지 자선사업, 주요 정치·행정 기구(서반구 최초의 '의회'가 1640년 헤시피에서 소집되었다는 사실을 언급하는 것만으로도 충분하다)는 신네덜란드 수도에 찬란함을 더해 아메리카의 하찮은 현실과 대비되었다. 하지만 대미는 헤시피가 어느 시대에나 도시의 삶이 갖는 어둡고 전통적인 측면들을 지니고 있었다는 점이다. 1641년에 이미 헤시피의 항만 구역은, 깐깐한 칼뱅주의자들의 표현을 빌리자면, 진정 '파멸의 소굴'이라 부를 만한 곳이었다.[40]

하지만 네덜란드인들이 특출한 식민 사업에서 보여 준 활기와 열의는 도시의 벽을 넘어 우리의 북동부 농촌으로 전파될 때쯤이면 변질되고 타락하기 일쑤였다. 신네덜란드는 이렇게 두 개의 서로 다른 세계, 인위적으로 병렬된 두 지역으로 나뉘어 있었다. 네덜란드 정복자들의 노력은 겉모습만 그럴싸했고, 어지간히 무딘 사람들이 아니라면 그들이 봉착해 있는 혹독한 경제 현실을 눈치 챌 수 있었다.

유럽에 있는 조국을 열대지방인 브라질로 확장하려던 네덜란드인들의 시도는 재앙에 봉착했다. 브라질의 자연 환경에서 토지를 활용하는 데 무능력했기 때문이다. 이는 포르투갈인들의 경우 방향이 옳든 아니든 간에 이미 성취한 것이었다. 사실 포르투갈인들의 성공은 자신들이 추구했던 미지의 세계와 현재 정착한 현실의 세계를 구분할 줄 몰랐기 때문이 아닌가 싶다. 이는 포르투갈인들의 약점이자 곧 강점이었다.

네덜란드인들은 농업에서 포르투갈인들과 경쟁하기 위해 노력을 아끼지 않았다. 하지만 그들의 기질과 방식은 농업 생활에 걸맞지 않았다. 이따금 한두 명 정도만이 도시를 떠나 사탕수수 재배에 뛰어들었다. 그리고 1636년, 신네덜란드에서 부의 주요 원천이 포르투갈인과 포르투갈-브라질인들의 수중에 있는 것을 보고 불길한 예감이 든 정치평의회Conselho Político 위원들은 모국의 많은 농가들을 수입하자는 해결책을 내놓았다. 이것만이 앞으로 일어날 문제를 사전에 방지할 방법이었다. 총독과 평의회는 1638년 1월, 서인도회사에 "농업에 종사하는 포르투갈인들과 더불어 살아갈 네덜란드의 아들들이 도착해야만 시민들을 불안하게 하는 요소를 완전히 장악할 수 있을 것이다"라고 보고했다. 그리고 이를 위해 암스테르담으로부터 1천 명에서 3천 명 가량의 농부들을 보내 달라고 요청했다. 하지만 이런 기대는 헛된 것이었다. 농민들은 고국을 떠나지 않았다. 위험천만하고 미심쩍은 모험은 그들을 설득하지 못했다.[41]

네덜란드가 브라질에서 경험한 실패는 사실 오늘날 일부 인류학자 사이에 팽배한, 북유럽인들은 열대지방에 맞지 않는다는 주장을 한층 더 뒷받침해 준다. 이 주제를 다룬 어느 권위 있는 학자에 따르면, 개인은 그런 지역에 개별적으로 적용할 수 있을지 모르나 인종 차원에서는 결코 그렇지 못했다. 심지어 남유럽에도 적용하기 어려운 사람들이 북유럽인들이다. 네덜란드인들과는 달리, 포르투갈인들은 유색인종들과 긴밀하고 활발하게 교류했다. 그리고 그 어떤 유럽 민족들보다 토착민과 흑인의 관습·언어·종교에 대해 소통의 접점을 발견하려고 노력했다. 이들은 필요에 따라 아메리카화되었다가 아프리카화되었다가 했다. 아프리카 연안 지대에서 금과옥조가 된 표현처럼 '포르투갈인들은 흑인으로 변했다.'[42]

포르투갈어 자체도 네덜란드어와 견주어, 이 덜 개화된 사람들의 호감을 얻는 데 성공한 듯 보인다. 여러 세기가 지난 뒤 마르치우스 Spix e Martius라는 사람이 내놓은 분석에 따르면, 우리의 인지우들에게 북유럽 언어의 음성학적 특성은 넘지 못할 산과도 같은 반면, 포르투갈어는 스페인어와 함께 접근하기 훨씬 쉬웠다.[43] 서인도회사와 함께 온 프로테스탄트 선교사들은, 아프리카인들 사이에서뿐만 아니라 이 땅의 토착민들 사이에서도 네덜란드어를 사용하는 것이 교리 교육에 그리 도움이 못 된다는 사실을 깨닫는 데 오래 걸리지 않았다. 늙은 흑인들은 사실상 네덜란드어를 한마디도 배우지 못했다. 반면, 포르투갈어는 그들 상당수에게 더할 나위 없이 친근하게 느껴졌다. 따라서 설교와 강론에 포르투갈어를 사용하는 것이 더 좋은 결과를 가져다준다는 것을 알게 되었다.[44] 그래서 그들은 흑인과 원주민들을 대할 때 패배자의 언어를 종종 사용했다. 이는 인지우들, 특히 따뿌이아tapuia족을 상대하던 예수회 사제들이 교리를 가르치기 위해 공통어lingua franca를 사용한 것과 비슷하다고 볼 수 있다.

그 밖에도, 네덜란드인 침략자들이 들여온 신교는 구교와 달리 사람들의 상상력이나 감각을 자극하는 면이 전혀 없었기 때문에, 원주민들의 종교성을 기독교적 사상에 뿌리내릴 만한 토양이 제공되지 못했다는 점도 중요하다.

신네덜란드에 정착한 이 네덜란드 칼뱅주의자들은 북미의 청교도들과도 달랐다. 성경의 영감에 따라 스스로를 이스라엘 백성과 동일시하지도 않았고, 신네덜란드에 거주하던 다른 계층, 다른 신앙, 다른 피부색의 사람들을 하나님이 파괴하고 복속시키라고 명한 구약의 가나안 민족으로 여기지도 않았던 것이다.[45] 오히려 네덜란드인들은 끊임없이 이 나라의 흑인과 인지우들을 개종시키려 노력했고 어느 정도 성공하기도 했다. 하지만 이 접촉에서 부족했던 것이 있다면, 그것은 개신교보다 더 보편적이고 덜 배타적이었던 가톨릭교회의 유연하고 소통 지향적인 태도였다. 물론 그렇다고 가톨릭교회가 맺은 관계가 결코 완벽한 것은 아니었지만 말이다.

네덜란드인들이 열심히 노력했음에도 불구하고 개종의 성과가 크지 않았던 배경에는 바로 이런 사정이 있었다. 포르투갈인들이 적은 노력으로 가톨릭을 쉽게 퍼트릴 수 있었던 것과는 대조적으로 말이다. 브라질의 네덜란드인들이 포획한 노예 원주민들을 사들이곤 했던 서인도제도의 일부 식민자들의 증언에 따르면, "포르투갈인에 의해 개종된 이들은 교회에서의 자비심과 경건함, 신을 섬길 때의 헌신적인 모습, 외적으로 훨씬 조신하고 겸손한 모습 등에서, 네덜란드인들과 함께 헤시피에 살았던 이들과 쉽게 구분된다."[46]

이런 이점들에 더해, 앞에서도 말했던 인종적 자부심의 부재는 포르투갈인들에게 대단히 유리하게 작용했다. 포르투갈인들이 열대 기후에도 정착할 수 있도록 해준 주요 요인인 혼혈이 산발적인 현상에 그치지 않고 지극히 정상적인 과정으로 자리매김할 수 있었던 것도 바로 그 때문이다. 즉, 포르투갈인들이 고국과 동떨어진 곳에 제2의 조국을 건설할 수 있었던 것도 결국, 초인간적인 노력 때문이 아니라, 혼혈 덕택이었다.

약탈식 농경의 존속

20년 넘게 브라질 제정 시대를 경험한 북미의 관찰자 루벤 클리어리Reuben Cleary의 증언은 그 의미가 깊다. 그는 남북전쟁을 피해 산따까타리나Santa Catarina 주 라지스Lajes 시로 이민 와서 의사로 생활했다. 현재 미국 의회 도서관에 소장된 미출간 저서의 원고에서 클리어리는 상레오뽀우두São Leopoldo의 독일인들에 대해 다음과 같은 증언을 남겼다. 그는 독일인들이, 새로 정착한 이 나라에 그 어떤 새로운 것도 가져오지 않았으며, 기존의 브라질인들이 이미 심어 오던 작물을 똑같이 원시적이고 투박한 방식으로 재배했다고 말한다.

뽀르뚜알레그리에서 아일랜드인을 한 사람 만났다. [……] 그는 독일인들이 쟁기를 사용하도록 유도하려 했으나 전혀 효과가 없었다. 그들은 괭이나 삽을 선호했는데, 대부분의 경우 간단한 나무 막대기로 구멍을 파고 씨를 뿌렸기 때문이다. 이 마지막 사안에 대해서는 좀 더 설명이 필요하다. 이곳 농부들이 삽보다 주로 괭이를 사용해 농사를 짓는다고 하면 우리의 농민들은 분명 신기해 마지않을 것이다. 심지어 기존의 관습에 저항할 만큼 계몽된 지주들조차 나무 막대기로 구멍을 파서 씨앗을 심고 있다. 앞서 말했듯이, 매우 소수만이 삽을 사용한다. 하지만 그것들은 두발가인Tubalcain(세계의 구원자)*의 마지막 작품이며 문명의 위대한 상징인 쟁기의 미천한 대체재에 지나지 않는다.[47]

클리어리가 이 글을 쓴 그때부터 지금까지, 옛 토박이들로부터 물려받은 농경 방식의 전복을 의미하는 고급 기술의 습득은 이루어지지 않았다. 기술의 발전은 전반적으로 토지의 생산성을 증대시키는 쪽보다 노력을 줄이는 방향으로 이루어졌다.

그러나 또 한편으로는, 농사 방식이 재앙 수준이나 다름없었던 농업의 개척기가 지나고 난 뒤, 독일 또는 이탈리아 이민자의 후손들이 포르투갈계 브라질인들보다 열린 태도로, 개선된 기술 집약적 농업을 받아들일 의지를 보였다는 점은 부정할 수 없는 사실이다.

이는 우리로 하여금 이 글에서 다루고자 하는 주제에 더 가까이 다가갈 수 있도록 해준다. 도대체 왜 브라질에서는, 아니 라틴아메

● '대장장이 두발'이라는 뜻으로, 금속으로 각종 날카로운 기계들을 제작하는 대장장이의 조상으로 여겨지는 신화 속 인물이다.

리카 전역에서는, 유럽 식민자들이 쟁기에서 괭이로 후퇴했을까? 인지우들의 미개한 농업 방식에 그저 안주해 버린 것일까?

필자는 이 책에서 이베리아 이민자들의 농업 노동 의지가 약했기 때문이라고 설명했다. 하지만 유럽의 다른 나라에서 온 이민자들조차 포르투갈·스페인 출신자들보다 더 진보적인 모습을 보이지 않았으므로, 우리는 이면에 또 다른 요인이 있었는지 분석해야만 할 것이다. 이는 전쟁 중 독일에서 발표되었으나 큰 주목을 끌지 못한, 허버트 빌헬미Herbert Wilhermy 박사의 세심한 연구의 주제이기도 했다.[48]

이 연구에 따르면, 아무것도 없던 처녀지에 정착한 정주자들에게 화전 농업은 너무나 당연한 농사 기법이었고, 다른 개간 방식을 생각해 낼 필요조차 못 느꼈으리라는 것이다. 그들은 불의 도움 없이 개간된 땅은 생산성이 너무 낮아 농사에 쏟는 노력을 보상해 주지 못한다고 여겼다. 더욱이 베어 낸 목재를 팔 만한 시장도 너무 멀리 떨어져 있었다.

하지만 빌헬미는 정주자들의 생각이 틀렸다고 지적했다. 그는 각 노동 방식의 장단점을 저울질할 때, 그 경제적 기준은 비용만이 아니라고 생각했다. 훨씬 더 결정적인 것은 다른 방법으로 조성된 경작지의 헥타르당 소출과의 비교였다. 예를 들어, 이런 비교는 "화전 기법을 사용하지 않은 땅에서 옥수수가 두 배 더 많이 수확되었다"는 사실을 보여 준다.

화전 농업은 비옥한 토양을 훼손할 뿐만 아니라, 식물의 자연 식생지를 광범위하게 파괴함으로써 악영향을 미쳤다. 예컨대 새들의 보금자리를 빼앗았다. "그리고 조류가 사라진다는 것은, 모든 종류의 전염병 퇴치에 중요한 한 가지가 사라진다는 것을 의미했다. 삼림이 대규모로 파괴된 지역에서는 재배하던 [차의 일종인] 예르바 마떼에 전염병이 돌아 줄기부터 가지까지 썩어 들어가 결국 고사시킨다. 숲의 규모가 줄어들면서 심지어 애벌레의 개체 수도 급속히 증가했다."

어찌 됐든 독일인 농민들은 60년간 화전이 아닌 덜 파괴적인 방법을 사용했지만 결국 브라질식 시스템에 안주해야 했다. 왜냐하면 — 당대의 증언에 따르면 — 뿌리들을 제거하려고 땅을 팔 때마다 작물의 생장을 방해하는 광물 조각들이 지표면에 올라왔기 때문이다.

일단 개간을 끝내고 나면, 정주자들은 (각자의 출신 국가에서 한 번이라도 접해 보았을 것이므로) 쟁기를 사용하는 데 별 문제없었을 것이다. 하지만 예외적인 경우가 아니라면 이런 일은 일어나지 않았다. 빌헬미가 찾아 낸 예외 사례는 단 한 건으로, 1927년에서 1930년 사이 파라과이 차코 지방에 정착한 캐나다 메노파 교도들과 독일계 러시아인들의 사례였다. 그들은 대규모 부지에 쟁기를 사용해 농사를 짓겠다는 강한 결단을 가지고 건너왔을 뿐 아니라, 종교적인 이유로 화전 농업 방식에 적대적이었다. 이런 그들의 고집은 브라질의 삼림 지역인 산따까따리나 주로 이주하라는 제안을 포기하게 만들기도 했다.

빌헬미는 브라질 남부 독일인 정착지에서 가장 원시적인 경작 방법이 고수되었던 이유를 설명하는 데 두 가지면 충분하다고 주장했다. 첫째, 독일인 정착지가 주로 산악 지대에, 언덕에서 계곡으로 내려가는 경사면에 위치해 있었다는 사실이다. 이 경우, 지리적 구조가 쟁기의 사용을 막았다고 볼 수 있다. 평지에 정착한 일부 이주민들은 유럽식으로 땅을 경작했지만, 모두가 그런 것은 아니었다. 이들 중 많은 사람이 여전히 괭이를 사용했다. 바로 이 지점이 원시적인 경작 방법이 고수되고 있던 상황을 설명하는 두 번째 원인이다. 많은 농민들의 경험에 따르면, 열대지방과 아열대지방에서 쟁기를 사용하는 것은 대체로 생산성이 떨어지는 일이었다. 특히 가장 진보적인 정주자들 가운데 많은 사람이 이와 유사한 경험으로 비싼 대가를 지불해야 했다. 1887년 파라과이 북부에 만들어진 누에바헤르마니아Nueva Germania라는 정착지가 좋은 예다. 완전히 파산하지 않은 이들은 괭이를 다시 잡았고, 삼림의 토양이 '불뿐만 아니라 쟁기로도 상할 수 있다'는 사실을 너무나 확신한 나머지 다시는 괭이를 포기하지 않으려 했다.

그러나 이런 실패[49]를 일상적인 습관에 대한 고집과 관성으로 이해해서는 곤란하다. 농업 기술을 개선하려는 시도에 앞서 각 토양의 특징을 조사할 필요가 있다는 점을 고려할 필요가 있다. 위에 언급된 경험들은, 쟁기질을 너무 깊이 할 경우 안 그래도 식물 재배에 필요한 미생물과 유기질이 부족해 척박한 토양에 그나마 남아 있는 부엽토 층을 파묻어 버릴 수 있기 때문에 쟁기질이 악영향을 미칠 수 있다는 사실을 지적할 뿐이다.

다른 대륙에서 진행된 연구들도 자퍼와 빌헬미가 아메리카 열대지방에서 수행한 연구를 뒷받침한다. 라이프치히의 한 대형 섬유

공장은 중앙아프리카의 사다니Sadani에서 근대적 방식으로 면화를 재배하려 했는데, 이때의 상황도 비슷했다. 이를 위해 30~35센티미터 깊이로 쟁기질을 했는데, 그 결과 곧바로 생산성이 참담할 정도로 감소했다.

실패의 원인을 알고 나자 쟁기질을 깊이 하지 않게 되었고 결과도 훨씬 나았다. 그렇다면 예수회가 파라과이에서 처음부터 쟁기를 사용해 좋은 결과를 이끌어 냈다는 사실은 어떻게 설명할 수 있을까? 그것은 스페인 사람들이 아메리카 대륙으로 가져왔던 쟁기로는 쟁기질을 깊이 할 수 없었기 때문이다. 자퍼는 그들의 쟁기가, 콜럼버스가 도착하기 전의 아메리카 농업기술에서 가장 위대한 발명이었던 케추아인들의 타크야(발 쟁기)와 크게 다르지 않았다고 설명한다.[50] 장점은 같은 시간 안에 두 배에서 세 배 넓은 면적을 개간할 수 있다는 것이었다.

18세기 중반 무렵의 기록에 따르면, 우리는 예수회가 사용하던 투박한 나무 쟁기가 지표면으로부터 약 4분의 1바라vara● 까지만 파고들었고, 파종하는 씨앗마다 건강하게 자라났다는 사실을 알 수 있다. 플로리안 파우케Florian Paucke 신부는 유럽의 기준에 의거해, "우리 독일에서처럼" 철로 만든 쟁기를 사용할 수만 있다면 작물들이 더 잘 자라고 열매를 많이 맺을 수 있을 것이라고 주장하기도 했다.[51]

● 스페인의 여러 지역과 스페인 식민지에서 사용되었던 길이의 단위. 1바라는 대략 768밀리미터에서 912밀리미터 사이로, 국가 또는 지역별로 차이가 있다.

포르투갈 아메리카에는 스페인 아메리카에 속한 예수회 선교 부락의 인지우들이 누리던 이와 같은 그리고 또 다른 기술 발전이 도입되지 못했다. 여전히 우리에게 농사란 삼림을 희생시키고 이루어지는 무언가였다. 1766년, 상파울루 특별자치주 지사 동 루이스 안또니우 지 소우자D. Luís Antônio de Sousa는 이렇게 말하기도 했다. 농민들은 "처녀림을 찾아다녔고, 이 도시에서 7레구아◉ 떨어진 곳에 있는 꾸치아Cutia 주민들이 오늘날에는 꾸치아에서 20레구아 떨어진 소로까바Sorocaba 주민이 되었다." 그들은 토착민들과 마찬가지로, "처녀림을 좇아 옮겨 다니면서 아무데나 정착할" 줄밖에 몰랐기 때문이다.[52]

◉ 당시에 통용되었던 거리 단위. 1레구아는 약 5,572미터다.

03

농촌의 유산

브라질 식민지 사회의 구조적 특성 가운데 하나는 도시에 기반을 두지 않았다는 점이다. 당시의 조건들이 오늘날까지 여전히 이어지며 우리에게 직간접적인 영향력을 행사하고 있다. 비록 정치적인 독립은 이뤄 냈지만 식민지 시절의 그림자가 여전히 드리워져 있는 것이다.

앞장에서 밝힌 대로 포르투갈인들이 브라질에 세운 것은 엄밀히 말해 농경 문명이라고 할 순 없지만 적어도 농촌에 뿌리를 두었다고는 말할 수 있다. 실제로 초기 몇 세기 동안 식민지의 모든 삶은 농촌을 중심으로 이루어졌고, 도시는 사실상 농촌에 종속되어 있었다. 조금 과장하자면, 이런 상황은 노예제도가 폐지될 때까지 근본적인 변하지 않고 유지되었다. 1888년은 두 시대를 가르는 분수령이다. 브라질의 발전에서 이 연도는 특별하고 무엇과도 견줄 수 없는 의미를 지닌다.

제정 시대에는 노예 소유 농장주들과 자유 직업인으로 성장한 이들의 아들들이 정치를 독점했다. 이들은 스스로 정계에 진출하거나 자신들이 내세운 후보를 통해 의회, 정부 부처 등 모든 고위직을 전반적으로 장악했으며, 이렇게 구축된 도전받지 않는 지배력을 바탕으로 안정적인 기틀을 마련했다.

너무 도전받지 않다 보니 구농장주 계층의 많은 대표자들이 종종 반反전통주의 성향을 표출하는 사치를 부리기도 하고, 심지어 우리 역사에서 가장 중요한 몇몇 자유주의 운동을 일으키기도 했다. 이는 어느 면에서는 물질적 진보 덕분에 가능하기도 했다. 이 진보는 자신들의 계급과 그 중요한 버팀목 가운데 하나인 노예노동을 점차 잠식했다.

19세기 중반, 특히 1851년에서 1855년 사이에 일어난 짧지만 강렬한 개혁의 열기는 공화정이 들어서고 난 후 아마 처음 있는 일이었을 것이다. 주식회사를 설립하려는 움직임도 1851년 즈음 시작되었다. 1829년 청산된 바 있던 브라질은행Banco do Brasil●이 같은 해에 다시 설립되었고, 3년 후에는 조직 개편을 통해 통화 발행 독점권을 지니게 되었다. 또한 1852년에는 리우데자네이루에 처음으로 전신선이 놓였다. 1853년에는 농업융자은행Banco Rural e Hipotecário이 설립되었는데, 브라질은행에 필적하는 특권을 누리지는 못했지만 훨씬 높은 배당금을 지불하게 된다. 1854년에는 마우아 항구와 프라고주 역을 오가는 14.5킬로미터 구간의 국내 최초의 철도가 놓였다. 이어 궁정과 상파울루를 잇는 두 번째 철도 구간의 공사가 1855년에 시작되었다.

최초의 브라질은행이 1829년 청산된 후 사실상 존재하지 않던 신용 대출이 체계를 갖추고 팽창했고, 그것에 자극을 받아 민간투자도 확대되었으며, 정보 유통 속도가 빨라지면서 창업이 간소화되

● 브라질의 국영 은행.

는 동시에 늘어났다. 또한 이런 요인들이 결정적으로 작용해 제국의 농업 생산 중심지와 판매 거점을 연결하는 근대적 운송 수단이 마련되었다. 이런 수단들은 이제껏 없었던 새로운 종류의 투자를 이끌어 냈고, 이로 인해 창출된 부는 전통적 농업 활동의 이윤을 갉아먹은 것은 물론이거니와 비용 또한 상승시켰다. 즉, 이런 변화가 열어젖힌 길은 우리의 옛 농업 유산과 식민지 유산이 어느 정도 빠르게 청산되는 쪽으로 이어질 수밖에 없었다. 다시 말해, 노예노동과 광범위하고 방만한 농지 개척에 입각한 풍요는 소멸의 길로 접어들 것이 자명했다.

노예제 폐지의 첫걸음이었던 노예 매매 금지 정책을 시행한 직후에 각종 사업이 유례없이 활기를 띠면서 농촌에 기반을 두지 않은 투자자들의 주도로, 또 이들에게 유리한 방향으로, 발전해 나간 것도 결코 우연이 아니다.

상호간에 강력하게 얽힌 상업적 이해는 물론이고 뿌리 깊은 국민 정서와 편견까지 고려한다면, 〈에우제비우 지 께이로스 법〉Lei Eusébio de Queirós° 이 직면한 단계는 가장 결정적이자 진정 영웅적인 첫걸음이었다. 깔로제라스Calógeras는 영국 의회의 서류를 바탕으로 당시의 저항과 불복 양상에 대한 인상적인 연구를 수행한 바 있다. 브라질의 항구에서 우리 국적의 배를 나포하는 영국 순양함의 폭력에 반발해 브라질인들의 애국심을 고취시키는 시위가 여러 차례 일어났다. 또한 현상 유지를 맹목적으로 숭배하는 자들은 미래에 대한

° 1850년 9월 4일 통과되어 노예무역을 금지한 법.

불확실성 때문에 노예 매매가 지속되어야 한다는 궤변을 쏟아 냈다. 이런 사람들은 브라질처럼 인구밀도가 낮은 신생국가에서 흑인 노동력을 수입하는 것은 어쩔 수 없는 필요악이라고 보았다. 왜냐하면 그들은 노예제도의 해악보다도 노동력 부족으로 야기될 빈곤의 문제를 더욱 심각하게 여겼기 때문이다.

또 한편에서는, 노예무역이 창출해 낸 막대한 부가 브라질이 아닌 포르투갈에 귀속되던 당시의 상황이 노예 수입 반대 운동에 불을 지폈고, 따라서 섭정 체제에서 아직 많은 수를 차지하고 있던 까라무루caramuru●들의 후손들과 결연히 맞설 용의가 있는 정부에 협력하게 만들었다. 결국 포르투갈 혐오증과 토착주의가 노예무역 철폐 운동에 직간접적으로 상당한 영향을 미치기에 이르렀다.

노예 매매의 이해 당사자들은 사업을 계속하기 위해 광범위한 대책을 마련했다. 노예선이 해안에 접근하는 데 위해가 될 어떤 징후도 사전에 알릴 수 있는 경보 체계를 개발하고, 신문사를 후원하고, 공무원을 매수하는 등 온갖 방법으로 적대자들에 대한 정치적 또는 사법적 탄압을 조장했다. 그들은 이런 방법을 통해 처벌을 면하고 사업도 계속 영위했다. 깔로제라스는 다음과 같은 상세한 설명을 덧붙인다. "브라질과 포르투갈이 요구하는 항해 허가증은 배의 종류에 따라 80만 헤이스Reis●●에서 1꼰뚜Conto●●● 사이면 구할 수 있

● 1820~30년대의 반동주의자들을 가리킴.

●● 당시 통용되던 화폐단위 헤알(Real)의 복수형. 포르투갈에서 도입되어 사용되다가 1942년 10월 5일 크루제이루(cruzeiro) 화폐로 교체되었다.

었다. [노예선은] 아프리카 연안에서 돌아와 노예를 하역한 뒤 전염병이 있다는 신호를 보낸다. 그러면 보건 업무를 맡은 공무원에게 50만 헤이스를 주고 확인 서류를 받은 뒤 산따히따로 옮겨 검역 과정을 거치게 된다. 그런데 사실 산따히따의 관할 판사는 그들과 공범이기 때문에, 노예무역 혐의를 확증할 수 있는 모든 증거를 폐기한 뒤 60만 헤이스에 깨끗한 보건 서류를 발급받을 수 있게 도와준다. 결국 이렇게 혐의를 세탁 받은 노예 무역선은 예정대로 문제없이 정박할 수 있게 된다. 이따금은 배가 하사Rasa 섬 인근에 정박하면서 등대지기의 눈에 띄기도 했지만 200꼰뚜면 손쉽게 입막음할 수 있었다."[1]

이런 장치를 통해 노예 무역상들은 1845년 아버딘 법령Bill Aberdeen 이후에도 사업 수익성을 점점 더 높였을 뿐만 아니라, 제정 브라질의 큰손으로 등극할 수 있었다. 그러나 〈에우제비우 지 께이로스 법〉이 노예제도에 가한 일격이 얼마나 중요했는지는 수치를 통해 추정해 볼 수 있다. 1845년 국외에서 수입된 노예의 수는 1만9,363명이었는데, 1846년에는 5만354명, 1847년에는 5만6,172명, 1848년에는 6만 명, 1849년에는 5만4천 명에 이르렀다. 그러다 1850년에는 2만3천 명을 기록했다. 이 같은 갑작스런 감소세는 9월 4일 통과된 〈에우제비우 지 께이로스 법〉뿐만 아니라, 영국이 노예무역에 대한 감시를 강화했기 때문이다.

─────────

● ● ● 1꼰뚜는 100만 헤이스를 가리킨다. 1833년 당시 기준으로 1꼰뚜는 약 1.4킬로그램의 금에 상응하는 가치가 있었다.

당시 취한 조치들의 효율성은 1851년의 수치만 보아도 확인된다. 이 해 브라질 국내에 유입된 흑인 노예는 3,287명에 불과했는데, 1852년에는 700명으로 감소폭이 더욱 확대된다. 이후에는 소규모 유입이 관찰되었으나 그나마도 정부 당국에 발각되어 노예를 빼앗기는 경우가 많았다. 뻬르남부꾸 주의 세리냐엥Serinhaém이나 에스삐리뚜상뚜 주의 상마떼우스São Mateus에서 500명 이상의 아프리카인이 승선하고 있는 것이 발각된 바 있다.

당대의 여러 해외무역 사업 중에서도 브라질에 가장 탄탄하고 거대한 자본이 집중되어 있던 노예무역이 사라지면서 그동안 노예 수입에 투입되던 자본을 사용할 수 있게 되었다. 그리고 일부 개화된 이들은 이 자본을 다른 사업 영역으로 돌릴 가능성을 궁리했다. 예를 들어, 1851년에 브라질은행이 설립된 이면에는 이 자본을 활용해 제대로 된 융자 기관을 만들려는 계획이 깔려 있었다. 이를 주도했던 마우아 남작은 30년이 지난 뒤 자서전『채권자들에 대한 설명회』Exposição aos credores에서 당시를 이렇게 회상했다. "나는 깊은 관심을 가지고 이 중대한 문제를 지켜보았는데, '국민의 뜻'이 노예무역 폐지령을 내린 정부의 노력과 다르지 않았기 때문에 노예 밀매가 재개되는 것은 불가능하다는 사실을 깨달았다. 이 상황을 되돌릴 수 없다는 확신을 갖게 되자, 불법 노예무역에서 이탈한 자본을 어딘가 한곳으로 결집시켜 국가의 생산 동력에 자양분을 제공해야 한다는 생각이 떠올랐다."[2]

즉, 노예무역의 잔해 속에서 브라질 무역사에 전례 없는 호황의 시대가 도래한 것이다. 이런 갑작스런 변화의 온도는 제정 브라질의 대외무역과 관련된 수치만 보아도 확인할 수 있다. 1850년대까지 브라질의 대외 무역량은 연 6만 꼰뚜를 밑돌았다. 하지만 1850~51년에는 7만6,918꼰뚜를 달성했고, 1851~52년에는 9만2,860꼰뚜까지 도달했다. 이때부터 1864년까지 몇 차례 퇴조하기도 했으나 전반적으로는 교역량 및 교역 금액이 꾸준히 상승했다.[3]

신용 대출 장벽이 과도하게 낮아지면서 부를 향한 욕망이 사회전 계층에 전염병처럼 퍼져 갔다. 이 점이 바로 이 '번영'의 시대에 가장 두드러진 특징 가운데 하나다. 은행이 발행하는 지폐나 기업의 주식 따위보다 더 개인적이고 실체적인 자산에 재산 개념이 직결되어 있던 이 땅에서 이는 매우 새로운 현상이었다. 농장주들은 도시로부터 노예를 공급받기 위해 지속적으로 빚을 늘렸지만, 이 임시 처방이 뿌리 깊은 전통 위에 세워진 자신들의 위신을 해칠 수도 있다는 의심은 버리지 않았다. 상파울루에서는 농촌융자은행 설립 계획을 둘러싸고 사회주의 논쟁이 일어나기도 했다. 지역 의회의 한 의원은 사회주의자들이 "부동산 재산의 주요 적"이고, "이들 사유지를 자본으로 전환하려 한다"고 성토했다."[4]

무한히, 자유롭게 제공되는 신용 대출로 인해 빠르게 부를 축적한 이들의 주체할 수 없는 낙관주의는 또 다른 이들의 곤경과 불만을 의미하기도 했는데, 특히 노예무역 금지로 말미암아 가장 큰 피해를 입은 사람들이 그러했다. 나부꾸Nabuco의 증언에서 우리는, 투기 과열이 낳은 새로운 관습에 대해 보수파가 가진 불평을 읽을 수 있다. "그때만 해도 착한 흑인들이 있었다. 그들은 자기 고향에서는 결코 찾을 수 없을 행복을 찾기 위해, 또 우리의 행복을 일궈

주기 위해 아프리카 해안을 떠났다. 그러나 그 노예들은 영국의 불건전한 자비심에 홀려 스스로 주인 없는 노예가 되었고, 백인 형제들을 고통 속으로 내몰았다. 진정한 자비의 의미를 퇴색시킨 영국의 위선과 우둔함이 결국 우리 노예들의 운명이 되고 만 것이다. 그때만 해도 착한 흑인들이 있었다. 그들은 오우비도르Ouvidor 길의 아름다운 여인네들보다, 1꼰뚜50만 헤이스짜리 여성용 드레스보다, 비옥한 이 땅의 선물인 개당 8만 헤이스짜리 오렌지보다, 옥수수와 쌀보다, 외국 생활을 영위하는 데 필요한 그 어떤 물품들보다 우리 땅을 일구는 것을 소중히 여겨 아프리카 해안을 떠났다. 그뿐만 아니라 합법적인 국가권력 바깥에 존재하던 분별력 없는 기업들보다도 우리 땅을 소중히 여겼다. 이런 기업들은 결국 우리 사회의 관계들을 교란시키고 노동력의 이동을 조장하면서 생필품의 품귀 및 물가 상승이라는 결과를 가져오고야 말았다."[5]

작은 입김에도 무너질 만큼 불안정했던 이 새로운 부富는 가부장적인 농경 브라질에 대한 향수鄕愁에 타당성을 부여했다. 이 두 세계는 서로에 대한 증오를 키워 갔다. 이성/전통, 육체 및 감성/추상, 세계주의적 도시/교구적 지역 등이 서로 대립하듯이, 두 세계 역시 서로가 대척점에 있던 사고였다. 이런 분열의 존재는 노예제 폐지 이전의 브라질이 심층적인 구조 변화를 이뤄 낼 만큼 성숙하지 못했음을 의미하기도 한다. 노예무역 폐지는 상인들과 투자자들의 결정적인 승리를 방해하는 장벽을 제거하는 첫걸음이었음은 분명했다. 그러나 1850년 시작된 이 작업은 1888년에 이르러서야 완료되었다. 40년에 가까운 시간 동안, 완고한 노예주의로 대변되는,

공공연히 시대착오적 발상을 갖고 있던 이들은 물론이고, 흔들리는 균형을 회복하기를 원했던 세력도 이 흐름에 반발했다. 아무리 현상을 극복하려고 노력한들, 그 현상을 뒷받침해 주는 전통적 가치들이 명맥을 유지하는 국가에서 어찌 근본적인 사회변혁을 기대할 수 있단 말인가? 식민지 시대부터 이어져 내려온 경제적·사회적 규범이 노예노동력에 전적으로 의지하는 대농장에 고스란히, 그리고 강력하게 남아 있는 한, 아무리 과감한 변혁이라도 피상적이고 인위적으로 전개될 수밖에 없을 것이다.

이런 측면에서 당시 '신용 짜내기의 최고봉'obra-prima de arrocho em matéria de crédito이라 불리며 공분의 대상이 되었던 〈페하스 법〉Lei Ferraz(1860년 8월 22일 제정) * 은 현실에 대한 호소였다고도 볼 수 있다. 이 법은 1864년의 심각한 교역 위기를 초래했다기보다 가속화하는 역할을 했다고 보는 것이 타당하다. 제정 브라질 사상 처음으로 내부적 정치 소요나 대외적 요인 없이 발생한 위기였다. 노예경제에 묶여 있던 당대의 브라질이 위대한 부르주아 민주주의라는 근대적 의복을 걸치겠다는 야심에서 초래된, 절대 지속될 수 없었던 당시의 상황을 고려한다면 이런 위기는 당연한 귀결이었다.

어떤 측면에서 볼 때, 마우아 남작의 실패는, 사회적으로 진보한

● 기계류, 공구 및 각종 철물 수입에 부과되던 수입세를 감액해 준 조치다. 이로 인해 브라질의 최대 자본가였던 마우아 남작의 사업이 영국과 미국의 경쟁자들에게 밀리면서 쇠락의 길을 걷게 된다.

국가들로부터 모방한 삶의 방식이, 수 세기 동안 우리 사이에 고착되어 온 세속적인 가부장주의 및 인격주의와 양립될 수 없다는 설득력 있는 증거로 볼 수 있다. 이리네우 에반젤리스따 지 소우자 Irineu Evangelista de Sousa가 촉발한 위대한 진보적 시도들 가운데 다수는 그 존중받던 규범을 훼손하지 않는 범위 내에서 용인되고 심지어 예찬되었다. 하지만 불가피한 충돌도 없지는 않았다. 그리고 너무나도 손쉽게 관용은 불신으로, 불신은 극렬한 반대로 변했다.

1872년, 히우 브랑꾸Rio Branco 장관을 지지하는 뜻을 밝힌 자유주의자 시우베이라 마르친스Silveira Martins는 마우아 남작이 파벌에 대한 충성보다 "장사꾼의 이익"을 우선시했다고 비난했는데, 이런 그의 행동은 가장 넓은 의미에서 보수적이자 전통주의적인 태도였다. 특정 정당에 소속되면 탈당하지 않는 한 당을 충실히 따라야 한다는 생각은 이를 점점 폄하하기 시작한 도시 부르주아의 이상이나 원칙과는 전혀 다른 것이었다. 이 논리에 따르면 혈연, 특히 가부장적 가치가 강조하는 혈연으로 맺어진 파벌은 그 어떤 상황에서도 우선시되어야만 했다. 이 파벌에는 생물학적 연결 고리나 온정주의가 강조되며, 파벌의 수장 아래 직계·방계 가족들은 물론 각종 연줄로 이어진 이들이 모이게 된다. 즉, 이 파벌은 불가분의 하나로 여겨졌으며 파벌의 각 구성원들은 이해관계나 사상이 아닌 감정과 의무를 공유하며 서로가 묶여 있다고 생각했다.

우리의 정치 메커니즘을 일부 외국인들이 이해하지 못했던 것은 틀림없이 이런 시스템과, 외국, 특히 앵글로색슨 국가를 중심으로 산업혁명의 영향을 강하게 받은 국가들의 시스템이 겉보기에는 유사해 보일지라도 근본적으로는 전혀 달랐기 때문이다. 그런데 뜻밖에도 한 외국인만큼은 이런 차이의 진정한 원인을 날카롭게 포착했다. 미국의 자연주의자 허버트 스미스는 1885년 "브라질에서"No Brasil라는 글에 이렇게 적었다. "자신의 당을 저버리는 일은 명예롭지 못한 일이라는 생각이 사회에 만연하며, 이를 실행에 옮길 경우 배신자라는 낙인이 찍히고 만다"라고 설명하며 "충성심이라는 것 자체는 좋다고 할 수 있으나, 그 방향이 잘못되면 나쁘다고 할 수밖에 없다. 부모나 친구, 또는 대의명분을 저버리는 사람은 옳지 않다. 하지만 정당을 저버린다고 해서 반드시 잘못된 행동을 하는 것은 아니다. 오히려 특정 정당을 고집하는 것이 나쁜 행동의 동인이 되기도 한다"라고 덧붙인다.[6]

이런 파벌 정신의 기원은 바로 브라질 농경 귀족 사회의 전통적인 속성이었던 귀족들의 덕목 또는 성향이었다. 18세기 말에 누군가는 사회 전반에 만연한 신념을 대변하듯, 다음과 같이 말한 바 있다. 브라질의 사탕수수 지주, 자유농, 지주에 의무를 지고 있는 농민, 심지어 소작농까지 "그 어느 나라에서도 찾아볼 수 없는, 태생적으로 고결한"[7] 하나의 몸을 구성하고 있다고 말이다. 농경 귀족의 지위가 워낙 확고했기 때문에 정주지 안에서 실질적인 부와 권력의 실세임은 물론이고, 생산·상업·항해 그리고 모든 예술과 공예 활동의 실질적인 추동자로 여겨졌다.

농촌 지역에서는 토지 소유주가 무소불위의 권위를 지니고 있었다. 자신의 뜻대로 모든 일을 할 수 있었는데, 많은 경우 포악하고 변덕스러웠다. 사탕수수 농장은 자급자족이 가능한 하나의 완벽한 유기체였다. 미사를 드리기 위한 작은 예배당도 있었고, 교사 겸 신부가 글을 가르치던 학교도 있었다. 사탕수수 농장에 거주하는 사람들과 방문자들이 먹던 음식은 그곳의 농작물, 가축, 사냥, 낚시의 산물이었다. 농장 내에서 사용하는 주택용 목재, 제당 농장용 기구, 가구 등을 생산하는 목공소도 있었는데, 여행자 톨레나레Tollenare는 "그 완벽한 솜씨"에 경탄하는 글을 남기기도 했다. 지우베르뚜 프레이리에 따르면 오늘날에도 몇몇 지역, 특히 북동부 지역에서 발견되는 "사탕수수 농장에서 제작된 의자·벤치·벽장 등은 일관성이나 빼어난 문양에서 촌스러움이라고는 없다."[8]

브라질 농촌만의 이 독특한 자립 경제에 대해 비센치 두 사우바도르Vicente do Salvador 수도사는, 스페인 합스부르크 왕조의 명령으로 브라질에 왔던 도미니크 수도회 소속의 어느 투쿠만 주교의 흥미로운 일화를 소개한다. 교회법에 정통했을 뿐만 아니라 분별력 있고 현명한 사람이었던 이 투쿠만 주교는 닭 한 마리, 계란 네 개, 생선 한 마리를 사오라고 사람을 보냈다. 그런데 그 사람이 빈손으로 돌아오면서 하는 말이, 광장은 물론 정육점에서도 그런 물건을 찾지 못했다는 것이었다. 하지만 같은 물건을 일반 가정집에 부탁하자 너무나 쉽게 얻을 수 있었다. "투쿠만 주교는 '이 땅에서는 정말 만사가 왜곡되어 있다. 전체로 놓고 보면 나라도 아닌데, 각각의 가정이 하나의 나라를 이루고 있다'고 말했다." 이 주교와 동시대인이었던 비센치 수도사는, "사실 부자들의 집(많은 농장주들이 자신의 재산만큼 빚도 지고 있었기 때문에 남의 돈으로 떵떵거리는 경우도 많았다)

에는 필요한 모든 것이 있었다. 그들에게 고기·생선·와인·식용유 등을 대령하는 노예와 낚시꾼과 사냥꾼들이 있었기 때문이다. 다른 사람들에게는 팔지 않았던 이런 것들을 부자들은 마을에서 한꺼번에 사들였다."[9]

1735년 마라냥 주의 주지사는 사람들이 공동체다운 공동체를 이루어 살지 않는다고 불평했다. 당시 각 거주민 혹은 소왕小王들은 석공, 목공, 이발사, 외과 의사, 어부 등을 거느리고 있었기 때문에, 말 그대로 집이라는 하나의 나라에 군림하며 살고 있었다.[10] 이런 상황은 독립 훨씬 이후까지 별다른 변화 없이 지속되었다. 우리 모두 잘 알고 있듯이, 리우데자네이루의 위대한 커피 시대에도 철·소금·화약·납만 사면 된다는 것을 자랑스럽게 생각하는 농장주들이 넘쳐 났다. 그 밖의 것들은 자신의 땅이 넘치도록 베풀어 주고 있었기 때문이다.

농경 지역의 가족 형태는 유구한 정통 로마법이 정해 놓은 전통적인 규범에 따라 구성되었다. 이는 이베리아반도에서 여러 세대에 걸쳐 고수된 것으로, 모든 조직의 토대와 중심이 되어 왔다. 농장과 지주 저택에 상주하는 노예들은 물론, 기타 딸린 사람들까지 가족이라는 범주 안에 포함되었으므로 가부장적 권위는 더욱 강화되었다. 매우 특징적이라 할 수 있는 이 가족 단위는 모든 면에서 고대의 가족 모델과 같은 양상을 보인다. 라틴어 단어 '파물루스'famulus 에서 파생된 포르투갈어 단어 '파밀리아'família가 의미하는 '가족'이라는 개념은 노예제도와 아주 밀접한 관계를 맺고 있었다. 가부장적 권위에 완전히 예속된 가족이라는 이 광대한 몸에서 오직 자녀들만이 자유로운 구성원이었다.

우리 식민지 사회의 여러 영역 가운데 권위의 원칙을 접하기 가장 어려운 곳이 가정의 범주 안이었지만, 오히려 그 원칙을 다방면에서 공격하고 부식시킬 수 있는 힘 또한 이곳에서 관찰되었다. 가족이라는 집단은 항상 자신의 내부에 침잠하고 외부의 압력을 허용하지 않으며, 어떤 제한이나 동요에도 끄떡하지 않았다. 스스로를 외부로부터 감추고 분리시키기 때문에 아무리 상위 원칙이라 하더라도 가정을 혼란하게 만들거나 억압할 경우에는 무시할 수 있다.

이런 환경에서 가부장적 권력은 사실상 무제한적이고, 전횡을 일삼더라도 이를 막을 제동장치가 거의 존재하지 않는다. 실제로, 불륜이 의심된다는 이유로 가족회의에서 며느리에게 사형을 선고하고 집행한 베르나르두 비에이라 지 멜루Bernardo Vieira de Melo 사건과 같은 사례는 결코 드물지 않았다. 멜루 본인이 이 같은 선고를 내렸음에도 불구하고, 당시의 사법부는 살인을 예방하거나 범죄자를 처벌하려는 일말의 의지도 보이지 않았다.

이렇게 가족이라는 단위가 막강한 영향력을 지니고 있었기 때문에, 개인들은 가족 밖의 영역에서도 가족의 그늘에서 벗어나지 못했다. 사적 범주가 공적 범주보다 항상 우선이었던 것이다. 응집성, 유일성, 폐쇄성을 갖는 이런 조직에서는 필연적으로 정서적 유대감이 우선시된다. 그리고 이런 형태의 조직에 향수를 느낀다는 사실은 결국 우리의 사회, 우리의 공적인 삶, 우리의 모든 활동에 흔적을 남기지 않을 수 없었다. 우리가 지금까지 살펴보았듯이, 권위가 서슬 퍼렇게 살아 있던 유일한 영역인 식민지 시대의 가족은 권력,

존중, 복종, 사람들 사이의 단결 등에 대한 가장 일반적인 개념을 제공했다. 그 결과, 사회생활 전반에 걸쳐 가족 공동체 고유의 감성들이 만연하게 되었다. 이 감성들은 태생적으로 개별주의적이고 반反정치적이었다. 그리하여 공적 영역이 사적 영역을, 가족이 국가를 침범하게 되었다.

1808년 포르투갈 왕가의 브라질행과 뒤이은 독립은 옛 대농장의 쇠퇴와 도시의 부상을 동시에 가속화했다. 그리고 농장주들은 그동안 향유해 온 특권을 내려놓아야 하는 지경에 이르렀다. 이제 정치 집단, 관료 집단, 자유직 등과 같은 명백한 도시적 직업군이 그들과 동등한 위상을 주장했다.

이런 직업들이 이 나라의 주요 인사들에게 먼저 돌아갔으며, 그 인사들이란 다름 아닌 대농장주들과 제당 농장 소유주들이었다는 사실은 그리 놀랍지 않다. 갑작스레 도시로 이동한 이들은 특유의 사고·편견·생활양식을 그대로 가져갔다.

이쯤 되면 이 상황을 우리 사회의 영속적 특징과 연결 짓는다 해도 그리 허무맹랑하지 않을 것이다. 바로, 실용적 혹은 긍정적 정신 대신 상상력과 '지성' 등의 자질이 독보적인 위치를 차지한다는 점이다. '재능'이라는 단어는 많은 지역, 특히 브라질 북동부 지역의 식민지 농장과 노예제도에 큰 족적을 남기면서 남다른 의미를 갖게 되었다. 그것은 육체적 노력을 요하는 활동에는 전혀 해당 사항이 없고, 오직 머리만 쓰는 사람들을 치장하기 위한 단어였다.

손을 더럽히지도, 몸을 혹사시키지도 않는 지적인 노동은 과거 노예를 부리던 이들과 그들의 후예에게 여러모로 걸맞은 직업으로

부상했다. 그러나 그들이 사변적 사고를 사랑했다고 반드시 생각할 필요는 없다(사실, 그렇다 한들 우리는 지적 사변에 높은 가치를 부여한 적이 없다). 그저 유려한 문장, 달변, 박학다식, 특이한 표현 등을 사랑했을 뿐이다. 이는 우리가 일반적으로 생각하는 '지성'과 일치한다. 그것은 지식과 행동을 위한 도구가 아니라 장식품이자 소양일 뿐이다.

우리 사회처럼 특정한 귀족적 덕목들이 아직 크게 신뢰받는 곳에서는 정신적 가치가 작위를 대체하는 경우가 꽤 잦으며, 졸업 기념 반지나 학위증과 같은 물질적 상징이 정통 귀족 가문의 문장과 동등하게 여겨질 수 있다. 사실 돌이켜 보면 다른 시대에도 몸이 아닌 지식을 쓰는 일은 귀족이나 자유인들에게 걸맞은 일이라 여겨졌다. 분명 이 때문에, 천한 계층의 일로 여겨졌던 '기술적'mechanical 일과 대척점에 있던 몇몇 학문에 '자유'liberal 학문이라는 이름이 붙었을 것이다.

19세기 초반 몇 십 년간 새로운 경제사상의 붐을 일으켰던 그 위대한 시우바 리스보아조차 육체노동이 정신 활동에 비해 품위가 떨어진다고 여기던 당대의 일반적인 시각을 공유하고 있었다. 이 미래의 까이루 자작visconde de Cairu은 1819년 출간된 『공동선에 관한 연구』Estudos do Bem Comum에서 그의 동포들, 즉 브라질인들과 포르투갈인들에게 자신이 생각하는 경제학의 목적을 제시했다. 그는 사회가 기술 노동, 육체노동, 힘든 노동으로만 채워져서는 안 된다고 주장한다. 그리고 애덤 스미스Adam Smith의 한 구절을 혼란스럽게 인용하며, 국가의 부와 번영에 과연 노동의 양과 지성의 양 중 무엇이 더 기여하며, 얼마나 더 기여할 것인지를 질문한다.

그런데 이 질문은 스미스의 원 구절에는 없다. 틀림없이 오역에서 비롯되었을 것이다. 이렇게 우리의 경제학자는 원작자가 아닌 번역가의 정신을 이어받아 확고하게 [노동이 아니라] '지성'의 편을 든다.[11] 그의 사유 방식에 따르면, 지적 능력은 "창조주의 율법과 위업 연구를 통해" 육체적 활동을 줄이는 데 크게 기여함으로써 "모든 인간이 최소한의 노동으로 최대한의 부를 향유할 수 있게" 할 것이다.[12]

바이아 출신의 이 경제학자는 자신의 동포들이 그토록 숭상해 마지않던 바로 그 '지성'이, 마땅히 국가의 부와 번영을 만들어 낼 물질적 재화를 증대시켜야 한다고 여겼을 것이다. 이것이 그의 저서의 핵심이다. 시우바 리스보아는 이렇게 자신의 저서를 통해 아담 스미스의 생각을 교정 내지 완성하려 했다. 그는 모두가 우러러보던 '지성'이 대단히 장식적이며 육체노동과의 대비를 위해 존재할 뿐이라는 생각을 전혀 하지 못했다. 귀족적이고 인격주의적 색채가 강한 사회에서 지성은 배제하거나 보완될 수 없는 것이다. 마치 귀족 혈통처럼 선천적이고 양도 불가한 덕목을 내세워 무리 가운데에서 두드러지고자 하는 개인의 욕망과 필요에 부합하기 때문이다.

시우바 리스보아가 제안한 시스템의 근간이 되는 '지성'은, 따라서 근본적으로 반근대적antimodern 원칙이다. 그는 기계학의 법칙이나 수학의 용어로 환원될 수 없는 어떤 주관적 요인들에 중요성을 부여했지만, 그의 사상은 혁신적 기계의 도입을 중시하는 산업혁명 이래의 경제 사상과 대치되는 것이었다. 한 날카로운 관찰자는 기록하기를, "기계는 노동이 노동자에 적응하기보다 노동자가 노동에 적응하기를 바란다"[13]라고 했다. [근대 경제학에서] 수공업 경제의 기본 덕목인 예술적 취향, 손재간, 개성 등은 부차적 차원으로 밀려났다. 생산의 모든 과정을 감시할 수 있게 됨으로써 개인의 세심함, 창조적이고 창의적인 재능이 차지하던 영역은 가능한 한 제한되는 경향을 띠었다. 이는 테일러주의나 포드주의 같은 오늘날의 합리적 노동조직 시스템에서 가장 분명하게 드러나서, 노동자들의 완전한 비인격화라는 극단적인 결과를 야기했다.

근대 경제의 특성으로 말미암아 점점 우세해지고 있는 비인격적 활동, 다시 말해 '비지성적' 활동과 양립할 수 없는 것이 있다면, 그것은 바로 까이루가 당대 브라질인들에게서 높이 샀던 장식적이고 웅변적인 재능이다. 『공동선에 관한 연구』의 저자는 영국 경제학자들의 영향을 받았으면서도 우리 경제 사상을 혁신하는 데 피상적인 차원을 넘어서는 기여를 하지 못했음이 분명해 보인다. 1819년의 그는, 식민지적 농경 사회에 뿌리를 둔 과거 인식과 생활양식을 청산하는 시도에 반발하고, 그것을 좌절시키려는 과업에 사로잡힌, 이미 과거의 인간이 되어 있었다고 할 수 있다.[14]

그의 철학적 사유, 권력에 대한 끊임없는 복종, 그리고 무엇보다도 시민사회와 정치(이들은 가족 공동체의 확장 또는 연장으로 여겨졌다)에 대해 지닌 독특한 개념에 확연하게 반영된 것도 이런 열망이었다고 할 수 있다. 그의 개념은 라이트모티브leitmotiv로서, 그의 저서 전반을 관통해 표명되었다. 그는 "정치경제학의 첫 번째 원칙은 각 국가의 위정자들이 자신을 대가족의 족장 또는 우두머리라고 인식하고, 따라서 모든 구성원을 자식으로 여기며 조직의 행복에 기여하는 자들로서 보호해야 한다는 것이다. …… 시민 정부가 이처럼 가부장적 특성에 가까워질수록, …… 그리고 이 관대하고 인자한 이상적 국가를 실현하기 위해 전력을 다할수록, 정부는 더욱 정의롭고 강력해진다. 그리하여 좀 더 마음에서 우러나오는 자발적 순종을 이끌어 낼 수 있을 뿐만 아니라 국민들이 진심으로, 또 한없이 만족할 수 있을 것"이라고 주장했다.[15]

가부장적 가족은 이렇게 지배자와 피지배자, 군주와 신하 간의 관계를 어떻게 정치에 반영할지에 대한 사례를 제공한다. 인간의 모든 계산과 의지를 뛰어넘는 완고한 도덕률은 사회체를 더욱 조화롭게 만들기 때문에 더욱 엄격히 존중받고 준수되어야 하는 것이다.

이 엄격한 가부장주의는 시우바 리스보아가 신랄하게 '정치적 아편'이라고 부른[16] 프랑스혁명의 이상은 물론, 미국인들로 하여금 위대한 공화국을 건국하도록 이끈 원칙에도 반대되었다. 그 미국인들 가운데 한 명인 제임스 메디슨James Madison ● 이야말로 도덕적·종교적 동기로 시민들 간의 갈등을 막을 수 없다는 무용론을 펼치면서, 정부의 주된 목표(정부의 본질적 속성은 분명 이 목표에서 비롯될 것이다)는 다양한 경제적 이해들을 관리하고 조율하는 것이라고 주장한 사람 아니었던가?[17]

● 미국의 제4대 대통령(재임 1809~17).

                              * * *

　　브라질에서 권력과 정부 제도가 갖는 위신은 물질 만능주의적인
취향趣向이 갖기 시작한 과장된 중요성과 양립하기 어려워 보였는
데, 한편 이 물질 만능적인 기호는 당대 일반적인 사고방식에 따르
면 멸시받을 만하고 저급한 것이었다. 권력기관이 존경을 받기 위
해서는 무엇보다도 오랫동안 관습과 여론이 숭상해 온 원칙에 따라
제도를 마련할 필요가 있었다. 이뽈리뚜 다 꼬스따Hipólito da Costa
마저 자신의 신념 가운데 가장 대담한 것 몇 가지는 고대와 전통에
기대지 않고서는 옹호할 시도조차 하지 못했다. 이렇게 그는 그 유
명한 "라메고 법원 의사록"처럼 위작임이 분명한 문서를 부활시키
기에 이르렀다. 이는 왕권이, 포르투갈의 첫 군주와 백성들 사이에
맺은 일종의 계약에서 비롯되었다는 내용의 문건이었다.[18] 당대 반
동 세력이 증오해 마지않던 사회계약의 원칙에 숭고함을 부여하고
포르투갈 고유의 것이라는 점을 부각시키기 위해서였다.

　　전통주의자들과 우상 파괴자들은 사실은 동일한 사상의 궤도를
돌고 있었다. 양쪽 진영 모두 식민 유산의 충직한 보호자였다. 서로
다른 점이 있다면 형식과 표면적인 특징뿐이다. 1817년의 뻬르남
부꾸 혁명Revolução Pernambucana● 자체도 비록 '프랑스적 이념'으로
물들었다고는 하나 대체로 토박이와 외지인, 사탕수수 농장주와 행
상인 간의 오랜 다툼의 재판再版이라 볼 수 있다. 승리를 거뒀다고

─────────────

● 1817년 3월 6일 당시의 뻬르남부꾸 행정구에서 일어난 계몽주의 성격의 혁명.

122

는 하나 이 혁명이 우리의 정치경제적 구조에 근본적인 변화를 불러일으키기는 힘들었다. 우리 모두가 잘 알고 있듯이, 이런 운동을 주도한 자들 대부분이 실질적으로는 토지 귀족계급에 속해 있었다. 또한 자신들의 행동이 불러일으킬 결과, 즉 과거로부터 이어져 내려온 특권과의 작별을 온전히 받아들일 준비가 되어 있지 않았다. 소요에 가담했다는 이유로 바이아의 법정에 섰던 안또니우 까를루스Antônio Carlos라는 자의 자기변호는 재판관들의 환심을 사는 것이 목적이었기 때문에 자신의 의견을 정확히 담아내지 못했을지도 모른다. 그러나 그렇다고 해서 관련 문건에 그의 진심이 전혀 담겨 있지 않다고 보기도 어렵다. 이 문건에 따르면 그는, 이론적으로나마 모든 사회적 장벽을 허물어 상류계급 사람들과 최하층 국민들을 평등하게 만드는 혁명에 대해 날카로운 거부감을 드러냈다. 안또니우 까를루스의 말에 따르면, 혁명은 "내가 속해 있던 귀족계급에서 나를 끌어내려 온갖 피부색의 밥버러지 같은 폭도들과 동일한 부류로 치부하고, 후일의 진보와 명예를 향한 근거 있는 희망의 꽃망울을 꺾어 버릴 시스템"을 부정할 것이었다.[19]

1817년에 진실이었던 것이 정치적 독립 이후에 진실이 아닐 리가 없었다. 1847년, 나부꾸 지 아라우주Nabuco de Araújo는 뻬르남부꾸의 몇몇 농장주 가문의 압도적 우위에 반발해 일어났던, 정당하지만 실패로 돌아간 쁘라이에이루praieiros●들의 운동을 날카로운 시선으로 관찰해 냈다. 그는 농장주 가문들의 반사회적이고 위험한

● 뻬르남부꾸 혁명 가담자.

정서가 "과거의 사회조직에서 비롯되었고, 우리의 혁명과 문명이 종식시킬 수 없었던" 패악에서 비롯되었다며, 다음과 같이 덧붙였다. "당신들은 인기와 승리를 위해 관용적인 이념을 부추겼다. 하지만 훗날 돌이켜 보니, 당신들은 자신의 봉건주의를 용인하고 존중했으며, 봉건주의의 적들하고만 싸웠을 뿐이다. 당신들은 영토를 지배지와 피지배지로 구분했다. 그리고 정작 상대방에게 비난하던 것들을 자신들은 차지하기 위해 갖은 노력을 기울였다. 당신들은 부정적인 반발을 부추기고 조장했다. 즉, 애국심과 정당政黨적 견해를 보여 주는 대신 파벌적 살기殺氣와 증오를 부추기고 만 것이다."[20]

독립 전후 수없이 발생한 소요 사태들의 이런 표피적인 특징만 보아도, 포르투갈에 의한 식민화라는 특수한 조건이 우리 정치에 남긴 한계를 뛰어넘는 것이 얼마나 어려운 일이었는지를 잘 보여 준다. 브라질에 일종의 도시 부르주아가 예기치 못하게 생겨나면서, 당시까지만 해도 농촌 귀족 사회의 전유물이라고 여겨졌던 특정한 행동 양식이 모든 계급이 공유하는 이상적 행동 규범으로 바뀌어 버렸다. 유구한 세월 속에 정형화된 대저택°의 사고는 이렇게 도시를 침범해 모든 사회계층에 전염되었다. 가장 비천한 직업도 예외가 없었다. 리우데자네이루의 존 루콕John Luccock이라는 사람의 증언이 대표적이다. 평범한 목공도 삼각모三角帽를 쓰고 버클 슈즈를 신는 등 귀족처럼 차려 입었고, 공구에 직접 손을 대기보다 흑인 노예의 손을 빌어 작업했다.[21]

● 대지주들의 저택을 가리킴.

우리의 공공서비스가 오래전부터 제대로 작동하지 않은 것도 분명 같은 원인 때문이다. 존재하기 시작했을 때부터 오랫동안 주인과 노예의 땅이었던 나라, 부와 서작敍爵을 탐하는 외부인들이 거의 무역을 틀어쥐고 있는 나라에서는 공공서비스를 책임지기에 적격인 두터운 중산층의 형성을 기대하기란 불가능할 것이다.

이런 조건들은, 도시와 (수출 산품에 집중하는) 농촌 사이를 중개하는 집단이 브라질에 사실상 존재하지 않았다는 점을 고려하면 더 쉽게 이해할 수 있다. 이는 비교적 최근에 식민 지배의 역사를 겪은 나라들 대부분이 유사하다. 농업의 안정성이 늘 자연 상태의 토지 생산성에 달려 있던 우리를 비롯한 라틴아메리카 대부분의 국가들이 특히 그렇다. 무엇보다도, 땅을 낭비하는 경작 방식은 종종 정착촌들을 해체시켰으며, 인적 드문 광막한 벌판과 토지에 산개된 농촌 주민들은 애착심을 갖기 어려웠다.[22]

결과적으로 브라질, 아니 아메리카 전역에서 도시와 농장fazenda의 구분은 지극히 유럽적이고 고전적인 의미에서의 도시와 부락aldeia의 구분에 상응한다. 수 세대에 걸쳐 고향에 정착해 살고 있는 사람을 가리키는 말인 '농촌 사람'camponês과 마찬가지로, '부락'이라는 단어는 지극히 예외적인 경우를 빼고는 신세계의 현실에 상응하지 않는다.[23] 바로 이런 이유에서, 도시의 성장과 더불어 농촌인구가 흡수되는 과정에서 유럽 국가들보다 저항을 훨씬 덜 받았던 것이다.

본 장을 통해, 도시가 농업 지역에 종속되는 전통이 어떻게 전개되어 왔는지 적어도 그 초기 상황에 대해 설명하고자 했다. 독립적인 도시 부르주아가 존재하지 않는 상황에서 새로 창출된 자리들은 어쩔 수 없이 옛 농장주들로 채워졌으며, 따라서 그들의 사고와 특징, 성향도 그대로 이어질 수밖에 없었다. 그래서 제정 시대는 물론, 그 후의 공화정에 이르기까지 브라질의 모든 행정 기구는 과거의 대농장주 체제와 밀접하게 연관된 모습을 띨 수밖에 없었다.

이런 조건들은 식민지 체제에서 매우 실질적이면서도 두드러졌던 한 가지 상황의 연장선상에 있다고 볼 수 있다. 오랫동안, 어찌 보면 리우데자네이루에 포르투갈 왕가가 도착할 때까지, 우리는 매우 독특한 구조를 형성했다고 할 수 있다. 심지어 우리와 마찬가지로 노예노동에 경제활동을 전적으로 의지했던 일부 아메리카 국가들과 견주어도 그렇다.

이 법칙은 어느 시대의 어느 나라에서든 항상 대립의 형태로 드러났다. 도시의 번영 이면에는 늘 농업 생산지의 희생이 있었다. 도시가 추가로 만들어지지도, 비농업 종사 계급도 더 형성되지 않는 상황에서, 도시에 거주하며 농업 생산품을 소비하는 계층의 손에 토지가 점점 집중되기 시작했다. 하지만 토지를 손에 넣은 이들은 상응하는 경제적 대가를 토지 공여자들에게 지불하지 않았다.[24]

브라질의 경우 도시와 농촌이 동전의 양면처럼 완전히 정반대라고 말할 수 없다. 그러나 이는 식민지 시대 전반에 걸쳐 우리 도시들의 성장세가 상대적으로 매우 둔했기 때문이라고도 볼 수 있다. 그렇지만 당시 브라질의 주요 도시들은 농촌의 '독재'에 늘 강한 유감을 가졌다는 의미 있는 사실을 기억해 둘 필요가 있다. 왜냐하면

이 상황을 토대로 우리는 식민지 도시들의 특성을 포착할 수 있기 때문이다. 도시에서 요직을 차지하는 이들은 사실 대지주였다. 우리의 식민지 역사에서 농장주들이 시의회를 독점하는 것에 대해 상인과 도시민들이 항의하는 모습을 찾기란 그리 어렵지 않다. 연대기 작가에 따르면 당시 '농장주'라는 지위는 포르투갈 왕국의 귀족 지위만큼이나 높게 생각되었기 때문에, 농장주들과 어깨를 나란히 하겠다는 상인들의 야심은 주제넘은 것으로 여겨졌다. 심지어 리스본 왕궁은 이를 허무맹랑한 야심으로 치부하기도 했다.

그러므로 식민지에서 그들만이 유일하고 진정한 '시민'이었으며, 유럽 ― 심지어 중세 유럽 ― 에도 없던, 고전고대古典古代에나 있을 법한 상황이 연출되었다는 점은 그리 놀랍지 않다. 고전고대의 전형적인 시민은 무엇보다도 자신의 땅에서 노예들이 경작하고 재배한 작물을 소비하는 이들이었다. 시민은 보통 경작지에 거주하지도 않았다. 막스 베버에 따르면, 지중해 연안 일부 지역, 가령 시칠리아에서는 농촌 지역이 지속적인 불안과 극도의 위험에 노출되어 있어서 농민들은 절대 성벽 밖에서 살지 않았다. 로마의 '전원 저택' villa들은 사치품에 가까워서 소유주의 일상적인 거주지보다는 휴가용 별장으로 사용되는 일이 빈번했다.[25]

그러나 식민지 시대 브라질의 경우, 농경지는 농장주들의 일상적인 거주지로도 사용되었다. 이들은 축제나 각종 경조사가 있어야만 도시로 나오곤 했다. 도시에는 일부 행정 관료, 기술자, 여러 직종의 상인들만 거주할 뿐이었다. 주스투 만실라 판 수르크Justo Mansilla van Surck가 과이라Guaira 정착촌의 강도 사건에 대해 예수회 총장 신부에게 보낸 편지에서, 우리는 17세기 당시 삐라치닝가Piratininga 주민들이 겪던 극심한 가난을 짐작할 수 있다. 이 문서는 삐라치닝 가의 비참한 상황이 계속되는 이유가 거주민이 없기 때문이라며, "축제가 서너 개밖에 되지 않고, 남자든 여자든 참여하는 사람들의 수도 너무 적은데, 그 이유는 사람들이 자기 땅에만 머물러 있거나 숲과 들판을 오가면서 인지우들을 찾아다니"기 때문이라고 설명하고 있다. 또한 까삐스뜨라누 지 아브레우Capistrano de Abreu에 따르면, 식민지 시기 대부분 동안 브라질의 행정 중심지였던 바이아의 저택들은 거의 1년 내내 문이 닫혀 있었고, 사람들이 북적이는 경우는 축제 때밖에 없었다. "도시가 느린 일상에서 벗어나는 일은 1년에 몇 번 안 되었다. 가브리엘 소아리스Gabriel Soares는 때때로 소떼가 뛰어놀곤 하던 한 소박한 광장에 대해 다음과 같이 이야기한다. 광장에서는 각종 제례·연극·합창 등이 뒤섞인 기독교 축제가 반복적으로 열렸다. 교회 안에서는 희극이 공연되는가 하면, 한 증인에 따르면, 특별히 복식을 갖추지 않은 사람도 제단에 앉을 수 있었다. 그럴 때면 제당 농장은 텅텅 비었다. 당시 사람들은 오늘날과는 달리 성별에 구애받지 않고 자신의 부를 마음껏 과시했다."[26] 이 역사가는 한편 16세기 사우바도르 시에 대한 기록을 다른 곳에 남기기도 했다. "[……] 주민이 없는 이상한 도시였다. 왜냐하면 지주들은 자신의 농지에서 주로 시간을 보내면서 축제 기간에나 모습을 드러냈기 때문이다. 도시민이라고는 기술자, 상인, 법관, 농업관, 군무관 등 어쩔 수 없이 도시에 거주해야 하는 사람들뿐이었다."[27]

그 밖의 여러 증언을 통해 우리는 식민지의 다른 도시들과 마을도 상황이 다르지 않았음을 알 수 있다. 많은 지주들은 이렇게 시내의 거처를 내버려 둔 채, 자신의 부와 사치품을 갖추어 놓고 방문객들을 허세 어린 관대함으로 맞을 수 있는 농지 저택에 열을 쏟았다. 이는 르네상스 시대 피렌체에서 벌어진 일과 동일하다. 조반니 빌라니Giovanni Villani는 토스카나 들판에 있는 부자들의 '전원 저택'이 도시의 가택들보다 훨씬 아름다웠으며, 그 아름다움을 유지하는 데 적정 수준 이상의 돈이 쓰였다고 말한다.

앞서 인용된 문헌들은 주로 식민의 처음 두 세기에 관한 기록들이다. 세 번째 세기에 들어서면서는 일부 도시에서 포르투갈 상인들이 번성하는 등 도시 생활이 고유한 특징을 갖추기 시작했다. 1711년 안또닐Antonil이라는 사람은 제당소에서는 "개, 말, 소 같은 단어밖에 쓰지 않기 때문에 [자녀들이 그곳에서 자란다면] 얼간이가 되기 십상이다. 아이들을 도시로 보내 혼자 살게 하는 것도 문제다. 나쁜 짓을 배우는 것은 물론, 치료하기 쉽지 않은 온갖 질병에 걸려서 올 것"이라고 말했다.[28]

그러나 브라질의 첫 부왕인 꾸냐Cunha 백작이 1767년 포르투갈 왕에게 보낸 편지를 읽어 보면, 도시는 여전히 농촌에 비해 불리한 위치에 있었다고 보아야 할 것이다. 그는 이 편지에서 리우데자네이루를, 기술자, 어부, 선원, 물라뚜, 우둔하고 벌거벗은 흑인, 그리고 극히 소수의 상인 등이 살고 있는 곳으로 묘사한다. 귀족이나 명망가 사람들이 농장과 제당 농장에 칩거해 살고 있어서 시의회 의원이나 공직을 맡을 사람이 리우데자네이루에는 없었다는 설명도 덧붙였다.

이 증언은, 초기부터 식민지 생활의 특징이었던 여러 양태들이 18세기 후반기에도 분명하게 남아 있었음을 말해 준다. 도시의 초라함과 대비되는 농촌의 위세는, 포르투갈인들의 정착과 더불어 이 땅에 뿌리내린 한 가지 현상을 대변한다. 이런 특이함은 네덜란드인들이 뻬르남부꾸에서 한 일과 비교할 때 더욱 두드러진다. 동인도회사는 브라질의 북동부 지역을 점령하고 있는 동안 농촌으로의 이민을 장려했지만, 오히려 정착민들이 도시로 유입되어 인구가 증가했다. 이미 앞 장에서 이런 현상이 어떻게 일어났는지는 설명한 바 있다. 도시 생활은 비정상적이고 설익은 상태로 전개되었다. 1640년, 포르투갈인들이 정착한 남쪽 특별자치주에서는 인구가 적다는 점이 '도시 방어'라는 점에서 심각한 문제로 대두되기도 했다. 이는 헤시피의 경우와는 정반대였다. 헤시피는 이주민들이 끊임없이 유입되어 집이 모자랄 지경이었다. 네덜란드의 관련 문서들에 따르면, 당시 식민지에 갓 도착한 이들은 되는대로 만든 간이침대를 이용하곤 했다. 견디기 힘든 더위였지만, 그들은 단칸방에 세 명에서 많게는 여덟 명까지 함께 지냈다. 네덜란드 당국이 이들의 거주 문제를 해결할 강력한 대책을 내놓지 못할 경우 예상되는 결과는 단 한 가지, 항구에 있는 여인숙에 묵는 것뿐이었다. 한 네덜란드 보고서에 따르면 "이 여인숙들이야말로 가장 흔히 볼 수 있는 매음굴 중 하나였다. 아, 그곳에 가게 될 청년이여! 필경 역경에 처하리라."[29]

농촌주의의 압도적인 우위는 환경적인 요인에서 비롯되었다기보다는, 우리의 식민자들이 만들어 낸 현상이다. 이 점을 주목해야 하는 까닭은 더 흥미롭기 때문이고, 그리고 아마도 일부 사람들의 국가적 허영심, 가령 아메리카 특유의 환경이 빚어낸 신비한 '원심력'에 대한 브라질인들의 믿음을 충족시켜 주기 때문이다. 원심력이 우리의 농촌 귀족들로 하여금 도시를 버리고 제당 농장의 고립된 삶과 땅을 경작하는 시골의 삶을 선택하게 만들었다는 것이다.

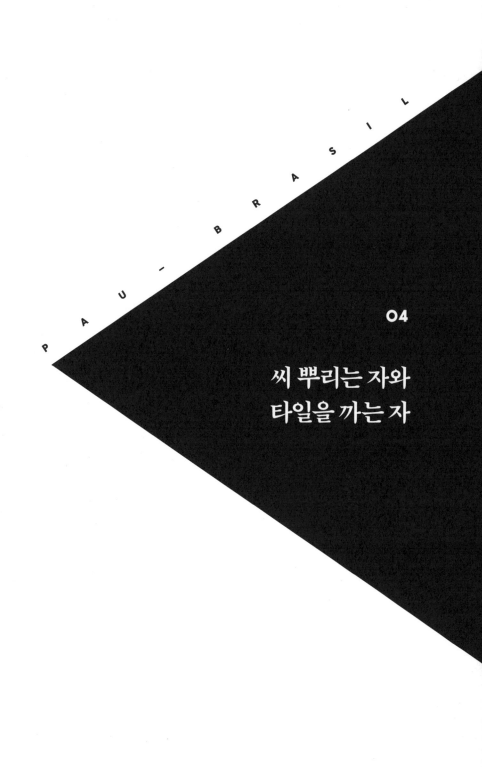

PAU-BRASIL

04

씨 뿌리는 자와
타일을 까는 자

농촌 생활의 두드러진 우위는 지상至上 규범, 절대적인 규범을 거부했던 포르투갈의 지배 정신과 잘 맞아떨어진다. 포르투갈 지배자들은 그때그때의 편의에 따라 움직였으며, 기반을 구축하고 계획하고 다지기보다 손쉽게 얻을 수 있는 부에만 관심을 가졌다.

도시 생활이란 자연을 거부하는 정신과 의지의 발현이며, 따라서 본질적으로 반자연적이다. 많은 정복 국가에서 도시 건설은 그들이 알고 있는 가장 결정적인 정복의 도구였다. 막스 베버는 근동, 특히 헬레니즘 세계와 로마제국에서 도시 건설이, 현지에 권력 기구를 형성하는 특별한 방식 가운데 하나였음을 훌륭하게 설명해 낸 바 있다. 더불어 그는 지난 세기말 중국에서도 같은 현상이 있었다는 사실에 주목하기도 했다. 당시 묘족苗族의 땅에서 일어난 도시화는 그들이 한漢문화에 종속되는 과정과 그 궤를 같이했다. 사실 도시화가 이런 수단으로 사용된 것은 일리가 있었다. 그것이 다른 무엇보다 영구적이면서 효과적이라는 사실을 인간은 경험을 통해 깨달았기 때문이다. 로마제국에 도시가 등장하면서 시공간을 가로질러 그었던 경제적 경계는 이후 고대 문화유산을 물려받은 세계의 경계가 되기도 했다.[1] 농촌은 도시의 영향으로부터 자유로울수록, 즉 도시와의 경계에서 멀어질수록, 중요성을 획득할 수 있었다.

하지만 역사 지리적인 측면에서 그렇게까지 멀리 거슬러 올라갈 필요도 없다. 우리 대륙만 보더라도, 스페인의 식민화는 포르투갈의 식민화에는 없는 한 가지 특징을 갖는다. 그들은 안정적이고 질서 정연한 대규모 정착지들을 건설해, 정복된 땅에 본국의 군사적·경제적·정치적 우위를 고착화시키기 위해 끊임없이 노력했다. 세심하고 사려 깊은 노력이 아메리카 대륙에서 스페인 도시들의 건설을 주도했다. 정복 초기에는 개개인에게 광범위한 자유가 부여되어, 이들이 위대한 업적을 이룸으로써 스페인 왕실에 새로운 영광과 땅을 가져다주었다. 하지만 얼마 지나지 않아 국가가 강력하게 개입해 아메리카의 새로운 거주자와 옛 거주자들 사이에 규율을 부과했고, 그들 사이의 경쟁과 불협화음을 누그러뜨렸으며, 식민 정주자들의 거친 열정이 더 많은 본국의 이익으로 귀결되도록 이끌었다. 정착과 건축이 모두 끝난 뒤에(결코 그 이전이 아니라), 총독들과 정착민들은 — 1563년의 '새로운 발견과 정착 관련 법규'Ordenanzas de descubrimiento nuevo y población가 명시적으로 조언하는 대로 — 이 땅의 토착민들 모두를 평화스럽게 교회로 거두어들이고 행정 당국에 복종시키는 일에 매진하고 헌신해야 했다.

스페인 아메리카의 도시 계획은 한눈에 보아도 야생적인 경관이 야기하는 변덕스러운 환상을 극복하고 바로잡으려는 노력이 드러난다. 인간의 의지가 명백히 작용했던 것이다. 도로에는 곡선을 허용하지 않고 직선화하려는 일념이 보인다. 에르투리아의 제례를 따른 라티움의 도시들이나 그 후의 로마 식민지들과는 달리, 스페인 아메리카의 규칙적인 계획은 적어도 종교적 이념의 산물이 아니었다. 정복한 세계에 질서를 부여하고 지배하려는 열망의 승리였을 뿐이다. 스스로 선택한 예고된 목표의 지향점을, 곧게 그려진 직선이 너무도 확실하게 드러낸다. 스페인인들이 만든 모든 도시를, 나아가 유럽인들이 우리 대륙에 건설한 최초의 '추상적' 도시들을 직선이 결연히 지배하고 있는 것은 우연이 아니다.

도시를 건설하는 데 있어, 카스티야 정복자들의 후손은 그 어떤 환상이나 변덕도 사전에 예방하고자 수많은 법규에 의존했다. 〈인지아스 법〉Leis das Índias에는 아메리카의 도시 창건을 규정한 조항들이 있는데 그 세세함에 있어 관료주의적 성향을 가졌는데, 그 성향은 마치 당대의 결의론자들이 양심의 문제 같은 복잡한 일들을 열거하고 규정하고 평가하며, 고해 신부들을 계도하고자 했던 모습과도 같다. 식민 정주자들은 정착할 곳을 물색할 때 무엇보다도 땅의 건강함을 중요하게 생각했다. 질병이 없고, 좋은 안색과 심성과 피부색을 지닌 사람들이 많이 살고 있는지, 동물의 크기와 건강은 양호한지, 식량이 풍부하고 과일이 실한지, 독이 있거나 유해한 것들이 없는지, 별자리가 행운을 나타내는지, 하늘은 깨끗하고 온화한지, 공기는 부드럽고 상쾌한지 등을 따졌다.

해안 지대의 경우, 항구에 피난처로 기능할 만한 자연조건, 수심, 방어력이 있는지를 고려했다. 그리고 가능한 한 파도가 남쪽이나 서쪽에서 들이쳐서는 안 됐다. 내륙 지방의 정착지라면, 바람에 노출되어 있거나 접근하기 어려울 정도로 너무 높은 곳은 피했다. 너무 낮은 대지도 질병에 노출되기 쉬우므로 안 되었다. 남북으로 바람이 통하는 중간 지대가 가장 적합했다. 만일 산맥이 인접해 있다면, 동서로 펼쳐져 있어야 했다. 선택한 곳이 강가라면, 아침 해가 정착촌을 먼저 비춘 후에 물을 비추어야 했다.

도시의 건설은 항상 소위 대광장praça maior에서부터 시작했다. 해안가라면 이 광장은 항구의 하선 장소와 맞닿아 있게 되며, 반대로 내륙이라면 정착촌의 가장 중앙에 위치한다. 광장은 사각형을 띠는데, 축제 때 말이 달릴 수 있도록 광장의 폭은 길이의 3분의 2 이상이 되어야 했다. 크기는 주민의 수에 비례했는데, 인구 증가를 고려해 폭은 최소 200피트, 길이는 최소 300피트를 넘어야 했다. 하지만 폭으로는 800피트, 길이로는 532피트의 최대치 제한도 준수해야 했다. 중간 정도로 비율 좋은 광장은 길이 600피트, 폭 400피트 정도였다. 광장은 도로 설계의 기준이 되었다. 네 개의 주요 대로가 광장의 각 변에서부터 출발했다. 모서리에서 두 개의 도로가 더 시작되었는데, 이때 네 모서리는 바람의 네 방향을 고려했다. 더운 곳이라면 도로가 좁아야 했고, 추운 곳이라면 넓어야 했다. 말이 있는 곳이라면 일단은 도로를 널찍하게 만드는 편이 좋았다.[2]

정착촌은 이처럼 확연히 중심으로부터 시작되었다. 여기서 대광장은 로마 도시로 치면 '카르도'cardo나 '데쿠마누스'decumanus의 역할을 수행했다. 고대 로마에서는 도시 건설자의 리투우스lituus● 가 그린 두 개의 선, 즉 북남과 동서를 가로지르는 두 개의 도로가 향후 도시망 설계의 기준이 되곤 했다. 하지만 로마 도시의 질서가 우주의 질서를 지상에 재현한 것이라면, 히스패닉 아메리카의 도시

● 로마의 점쟁이들이 사용한 막대기로, 훗날 교황의 홀(笏)의 기원이 되었다.

계획은 인간이 만사에 자의적으로, 또 성공적으로 개입할 수 있다는 생각, 나아가 역사는 '일어나는 것'일 뿐만 아니라 유도되고 심지어 만들어질 수 있다는 생각을 표출했다.[3] 이런 사유는 예수회의 선교 부락에서 가장 잘 표현되었을 뿐만 아니라 절정에 이르렀다. 예수회는 과라니 선교 부락의 물질문화에 이런 생각을 주입시켰으며, 목재가 풍부하고 석재는 극히 부족한 지역에서 가공된 돌과 어도비 벽돌을 사용해 기하학적 도시들을 '제작'했고, 그 생각을 확장시켜 표준화하기까지 했다. 모든 것이 너무나 질서 정연해, 오늘날의 볼리비아 지역에 위치한 어느 선교 부락에 대한 증언에 따르면, "자정에 종이 울리면, 인지우 부인들은 성관계를 맺기 위해 잠에서 깨어나야"[4] 하기까지 했다.

그러나 예수회가 포르투갈 아메리카에서 펼친 사업은 예외적이다 못해 가히 기적적이라 할 만했다. 예수회의 사업은 의지와 지성에 기반을 두고 경이롭게 펼쳐졌다. 그들은 스페인의 식민 사업까지도 영감을 불어넣을 정도였지만, 포르투갈의 사업은 그런 예수회에게도 지나치게 소심하고 무질서해 보였다. 스페인인들의 정복과 비교해 보았을 때, 포르투갈인들의 노력은 무역 개척 정신에서만 돋보였다. 이는 고대의 식민화 사례, 특히 페니키아와 그리스의 예를 답습한 것이라고 할 수 있다. 반면, 스페인인들은 식민지를 자국의 유기적인 연장延長으로 만들고 싶어 했다. 이런 의도를 계속 철저하게 고수하지는 못했다 하더라도 최소한 초기에는 그랬다는 사실 만큼은 논란의 여지가 없을 것이다. 새로운 땅을 단순한 무역 기지 이상의 것으로 만들고자 한 스페인인들의 열망은 식민지 건설

초기에 돔 형식의 건축물로 구현되기도 했다. 1538년에는 이미 산토도밍고대학교가 설립되었다. 리마의 산마르코스대학교는 프란시스코 피사로Francisco Pizarro가 페루 정복에 나선 지 불과 20년 뒤인 1551년 왕의 인가를 받고 설립되었는데, 스페인 살라망카대학교와 동일한 특권, 면제권 그리고 한계를 가졌다. 멕시코시티대학교도 같은 해에 설립되어 1553년부터 학생들을 받기 시작했다. 그 밖의 많은 고등교육 기관들이 16세기는 물론 뒤이은 두 세기 동안도 꾸준히 설립되었고, 식민지 시대가 끝날 때쯤에는 무려 23개의 대학이 스페인 영토 내에 설립되었는데 그중 여섯 곳(멕시코와 리마의 대학을 제외하고도)은 일류로 평가받기도 했다. 스페인이 지배하던 시기만 해도 아메리카의 아들 수만 명이 대서양을 건너지 않고도 공부를 마칠 수 있었다.[5]

이런 예는 스페인 식민화의 한 단면에 불과하지만, 그들을 부추겼던 창조적 의지를 잘 드러낸다. 물론 이 창조적 의지가 스페인의 노력을 항상 돋보이게 했다고 말하기는 어렵다. 또한 그들이 인간의 무기력함을 선한 의지를 통해 항상 극복해 냈다고 보기도 어렵다. 그러나 포르투갈이 브라질에서 한 일에 비한다면 충분히 돋보일 만 했다. 포르투갈 정부에나 백성들에게나 브라질 식민지는 결국 거쳐 가는 땅이나 다름없었다고 할 수 있다. 사실, 이는 코스터Koster가 19세기에 이 땅에서 받은 인상이기도 하다. 스페인인들은 또한 이교도들을 상대로 한 수 세기 동안의 투쟁을 신세계에서도 이어갔다. 콜럼버스가 아메리카에 도착한 바로 그 해는 이베리아반도의 마지막 사라센 성채가 함락된 해이기도 하다. 마치 두 종류의 노력이 연장선상에 있다는 사실을 증명하기 위해 신의 섭리로 철저히 계산된 것 같다. 스페인인들은 본국에서 모하메드의 추종자들을 축출하고 그 땅을 차지할 때 사용한 방법을 아메리카 식민화 과정에서도 당연히 재연했다. 더구나 본국에서의 경험에 비추어 개선하기까지 했다. 여기에 우리의 대륙 내에서 그들이 자리 잡은 지역 대부분이 기후적으로 큰 어려움이 없었다는 중요한 사실까지 더해진다. 이 지역의 상당 부분은 열대지방에서 벗어나 있었고, 일부는 고산지대에 있었다. 정확히 적도선 위에 위치한 키토에서도 안달루시아 출신 이민자들은 늘 일정하면서도 자신의 출신지와 크게 다르지 않은 기후를 만날 수 있었다.[6]

스페인 사람들이 신대륙에 건설한 대규모 정착지는, 유럽인들이 열대에서도 본국과 비슷한 기후 조건을 누릴 수 있을 정도의 고도에 건설되었다. 포르투갈 정착지는 대부분 열대 해안 지방에 세워진 반면, 스페인인들은 바다에서 일부러 멀리 떨어진 내륙 지방과 고지대를 선호한 듯 보인다. 사실, 당시 스페인 정부가 정한 신대륙 발견과 정착에 관한 법규는 이런 조언을 명시적으로 담고 있다. 한 입법관은 해안 지대는 해적이 빈발하고 건강하지 못한 땅일 뿐만 아니라, 원주민들이 땅을 경작할 줄 모르고 관습도 성숙하지 못했다며 정착하지 말라고 주문한다. 좋은 항구가 있을 경우에 한해 해안가를 따라 정착하는 것이 허용되었지만, 이럴 때에도 진입·무역·방어 등을 위해 정말 불가피한 경우에만 가능했다.

*   *   *

포르투갈인들은 해안 지방의 인구가 감소할 것을 두려워한 나머지 내륙 진입을 차단하는 갖가지 장애물을 만들어 냈다. 브라질의 첫 총독, 또메 지 소우자Tome de Souza 시절에는 그 누구도, 총독 또는 왕국 재무 관리자의 특별 허가 없이 내륙으로 갈 수 없다는 명시적인 규정이 존재했다. 이 허가를 받으려면 "확실한 이유, 그리고 통행과 업무에 있어 어떤 문제도 일으키지 않겠다는 보장"이 있어야 했다. "그 경우에도 특별자치주 지사나 관리자의 허가 없이 특별자치주들 사이를 넘나들 수 없고, 오직 평화로운 땅으로만 다녀 그 어떤 사고도 일으켜서는 안 된다. 이 사항을 위반하는 경우 농민은 매질, 더 높은 신분의 사람은 20끄루자도Cruzado●의 벌금에 처할 것이다. 벌금의 절반은 그를 잡은 사람에게, 절반은 신고자에게 지불될 것이다."[7]

해안가에 인구를 집중시키기 위한 또 다른 조치는 특별자치주 하사 문서에, 이를 하사 받은 이들은 왕의 허가 없이도 해안가와 항해 가능한 강 인근에 마음대로 마을을 만들 수 있다는 조항을 집어넣는 것이었다. 그러나 "내륙에 건설되는 정착지는 서로 6레구아는 떨어져 있어야 했고, 정착지들의 경계 사이에는 최소한 서로 3레구아의 간격이 있어야 했다. 정착지들이 하나 둘 만들어지고 경계선이 그어지면, 경계선들 사이에 왕의 사전 허가 없이 다른 정착촌을 만들 수 없었다."[8]

1554년, 상비센치São Vicente의 아나 삐멘뗄Ana Pimentel이라는 여

● 당시의 화폐 단위.

142

인은 남편인 특별자치주 지사가 해안가 주민들에게 내린, 내륙 지대 빠리치닝가에서 거래를 금하는 내용의 금지령을 돌연 취소했다. 이 소식은 지방의원들에게 큰 당혹감을 안겨 주어, 이 새로운 조치가 포함된 칙령을 보여 달라고 삐멘뗄 부인에게 요구하기에 이르렀다. 삐멘뗄의 조치가 얼마나 경솔해 보였던지, 18세기 후반까지도 이에 대한 비판은 식을 줄 몰랐다. 수도사 가스빠르 다 마드리 지데우스Gaspar da Madre de Deus나 감찰관 끌레뚜Cleto 같은 사람들은 이 폐기 절차로 인해 특별자치주의 해안가 토지에 손실이 발생한 사실을 아쉬워했다

산뚜안드레Santo Andre 마을이 보르다두깜뿌Borda do Campo에 세워지고 이후 상파울루가 창건되면서 상비센치는 몰락의 길에 접어들었으며, 산뚜스Santos조차 당초 기대보다 더디게 발전했다. 베르치오가Bertioga의 북부와 이따냐엥Itanhaem 남부 사이의 해안 지대에는 계속 거주민이 없었다. 해안가의 제당 농장들은 작동을 멈추었고, 수송할 것이 없어지자 앙골라나 포르투갈행 항해도 중단되었다.

파울리스타들[상파울루의 주민들]이 넘치는 활력과 야심으로 토르데시야스 조약(1494년)을 뒤엎고 정착촌을 내륙으로 확장한 뒤에도, 가스빠르 수사는 마르칭 아폰수Martim Afonso의 방침들이 여전히 포르투갈 왕국의 안녕과 총사령관구의 발전을 도모한다고 보았다. 브라질 최초의 주지사이기도 한 그는 그 어떤 미래의 총독들보다 국가의 진정한 이익을 잘 파고들 줄 알았다. 그의 목표는 전쟁을 막는 것뿐만 아니라 해안가의 인구 증가를 도모하는 것이었다. 만

일 백인들이 아무 제약 없이 인지우 마을에 출입할 수 있게 된다면 결국 끝없는 분쟁으로 이 땅의 발전에 꼭 필요한 평화가 뿌리째 흔들릴 것임을 잘 알고 있었다. 그는 주앙 3세가 이 먼 땅에 식민지를 건설하려 한 목적, 즉 브라질에서 나는 재화들을 수출해 본국에 최대한의 이익을 가져다주는 일을 잊지 않았다. 바다에서 나는 상품들은 유럽으로 쉽게 운반될 수 있는 반면, 세르땅Sertão에서 나는 제품은 배가 정박해 있는 항구로 옮기기 어렵다는 점, 그리고 운반하더라도 운반 비용이 큰 까닭에 농민들이 공공연히 "해안가의 사람들에게 파는 값으로는 안 파느니만 못하다"라고 말한다는 사실 또한 잘 알고 있었다.

이 이야기는 가스빠르 다 마드리 지 데우스 주교가 1세기 반 전에 말한 것인데, 그는 이어 이렇게 덧붙였다. "이런 이유 때문에 내륙 지방보다는 해안 지방의 정착지가 선호되었던 것이다. 그리고 그들은 해안 지방의 인구를 분산시켜야 한다는 생각을 전혀 하지 못했거나 뒤늦게 했다. 그래서 내륙으로 진입하는 일도 항구 인근 지역에 인구가 넘치고 잘 개간된 뒤의 미래로 미루었다."[9]

포르투갈인들이 선호했던, 연안 지방 위주의 식민화는 오늘날에도 지속적으로 그 영향력을 행사하고 있다. 오늘날 '내륙'interior이라는 말은 16세기 당시와 마찬가지로, 인구가 희박하고 도시 문화가 미처 다다르지 못한 곳으로 이해된다. 상파울루 반데이라Bandeira들의 업적에 대해서는 반론의 여지가 없다. 그들은 각종 법칙과 위협에 도전하며, 현재 브라질의 지리적 형태를 형성했다. 즉, 반데이라들의 업적을 속속들이 알고자 한다면 포르투갈의 노력과는 다소 분리해서 생각할 필요가 있다는 것이다. 물론 이들은 감히 본국과의 연결 고리를 끊을 용기를 내지는 못했다. 하지만 모든 법과 위험에 도전하며 오늘날 브라질의 지리적 윤곽을 만들어 냈다. 식민지에서 처음으로 자치권을 주장한 '아마도르 부에누Amador Bueno의 환호'●가 상파울루에서 일어난 것은 우연이 아니었다. 18세기 당시 상파울루의 학교들은, 오늘날의 학교들이 라틴어를 가르치듯, 포르투갈어를 가르칠 정도였다. 상파울루는 그만큼 포르투갈과의 접촉이 적고 외부인과 인지우들 간의 혼혈이 일반적인 곳이었다.[10]

삐라치닝가 고원에서 우리는 역사상 전무한 새로운 순간을 맞이하게 된다. 바로 그곳에서, 식민지 주민들 사이에 만연한 타성을 극복하고 독자적이고 조직적인 목소리를 내게 된 것이다. 상파울루 개척가들의 팽창은 대서양 건너편에 뿌리를 두고 있지 않았다. 따라서 그들은 모국의 영향을 배제할 수 있었고, 종종 모국의 의지나 즉각적인 이익에 반하는 행동을 하기도 했다. 게다가 대담한 인지우 사냥꾼, 탐험가, 부를 쫓는 개척자였던 그들은 누구보다도 진정한 모험가였다. 그들은 어쩔 수 없는 상황에서만 정주자가 되었다. 원정이 그럭저럭 나쁘지 않게 끝날 경우, 자신의 마을이나 농장으로 돌아가는 것이 일반적이었다. 광맥이 발견되기 전까지 그들은

● 브라질에서 일어난 반(反)포르투갈 혁명 가운데 하나. 1640년, 스페인으로부터 독립한 포르투갈에 동 주앙 4세가 왕위에 올랐지만 상파울루 남부 주민들은 그를 왕으로 받아들이지 않고 지방 유지인 '아마도르 부에누'를 왕으로 추대했다. 그러나 정작 당사자인 아마도르 부에누는 포르투갈 왕실에 충성을 맹세하며 피신했고, 상파울루 주민들은 할 수 없이 동 주앙 4세를 왕으로 받아들였다.

산발적으로만 식민지를 개척했다.

포르투갈의 지배 후 3세기 만에 미나스제라이스에서 금맥이 발견되자 비로소 이주자들이 내륙으로 활발하게 유입되었다. 당대의 한 연대기 작가는 금에 대해 "사금이나 동전의 형태로 외국 왕국들로 유출되었다. 극히 일부만이 포르투갈이나 브라질 도시들에서 팔찌와 귀걸이 등 오늘날 귀부인보다 물라따들이 곧잘 착용하는 장신구로 만들어졌다"[11]라고 말했다. 이주는, 정부가 인위적으로 만든 강력한 장애물들에도 불구하고 광범위하게 일어났다. 외국인들은 이주가 강력히 제한되었다(영국이나 네덜란드 등 우방 국가의 국민들만 가까스로 이주 허가를 받을 수 있었다). 왕실의 결정을 가장 크게 위반하는 이들로 여겨지던 수도사들, 직책이 없는 신부들, 상인들, 여인숙 주인들을 비롯해, 모국의 끝없는 욕심을 채우는 데 전념하지 않을 가능성이 큰 모든 개인은 어김없이 이주가 제한되었다. 포르투갈 정부는 1720년, 브라질행 금지라는 최후의 결단을 내리기도 했다. 공직을 수행하는 사람들만 식민지행 선박에 몸을 실을 수 있도록 한다는 것이 그 결단의 골자였다. 꼭 필요한 최소한의 하인들만이 그들과 동행할 수 있었다. 종교인 중에는 주교와 선교사, 또는 브라질에서 회심한 이들 가운데 자신의 수도원으로 돌아가야 하는 경우에만 배를 탈 수 있었다. 일반인의 경우, 정해진 기간 안에 돌아온다는 맹세를 전제로, 정말 중요한 사업이 있음을 증명할 수 있는 사람만 예외적인 허가를 취득할 수 있었다.

포르투갈은 바로 그때서야 해외 영토 문제에 좀 더 강력하게 개입하기 시작했다. 그러나 영구적인 무엇인가를 창출하려 했다기보다, 가능한 한 최대의 즉각적 이익을 차지하기 위해, 순전히 강압적인 경찰력을 사용했다. 이는 특히 일종의 국가 안의 국가였던, 이른바 '다이아몬드 구역'Demarcação Diamantina에서 확인될 수 있다. 이 구역의 경계선은 엄격하고 명확하게 그어져 있어서 관계 당국의 허가 없이는 누구도 넘을 수 없었다. 특별법의 제한을 받던 주민들은 총감독관의 전제적 통치하에 하나의 가족을 형성했다. 마르치우스Martius는 "그 땅을 고립시켜 시민의 모든 권리를 왕실의 독점 재산 운용에 예속시키려던 그 생각은 …… 역사상 전무후무한 것이다"[12]라고 말하기도 했다.

1771년부터 이 구역의 주민들은 좀 더 엄격한 감독을 받게 되었다. 당국이 판단하기에 신분이나 자격이 적합하지 않을 경우, 즉시 그 지역을 떠나야 했다. 추방된 뒤 다시 돌아오는 이들에게는 금 50 오이따바*의 벌금형과 6개월의 금고형이 내려졌다. 다시 잡힐 경우, 앙골라에서 6년 동안 유배 생활을 해야 했다. 그리고 자신의 거주 목적을 면밀히 신고하지 않으면 누구도 다이아몬드 구역에 거주할 수 없었다. 인근 지역도 감독관의 사전 허락을 받아야만 정착할 수 있었다. 한 역사가는 "감시가 만연한 상태였다"면서 "미스터리한 밀고로 지탱되는, 마치 지옥처럼 옭아매는 거대한 거미줄 같았다. 그 거미줄은 피해자를 얽기 위해 칠흑 같은 어둠 속에서 만들어지곤 했다. 그리고 재무 관료들의 비방, 사적인 보복, 이해관계와 야망이 그 재료였다"[13]라고 말했다. 광산, 특히 다이아몬드 광산이

---

* 당시의 금 계량 단위.

발견되면서 포르투갈은 마침내 식민지에 질서를 확립하기로 마음 먹었다. 그리고 이 질서 유지의 책무는, 큰 노력을 기울이지 않고도 모든 혜택을 향유하기 위해 브라질의 모든 경제력을 쥐어짜려 했던 전제적 세력에게 주어졌다.

광맥이 발견되지 않았더라면, 해안 지방 식민화라는 손쉬운 방법에 계속 의존했을 것이다. 스페인의 에르난 코르테스Hernán Cortés가 자신이 누에바에스파냐로 타고 온 배를 해체해 건축 자재로 사용했다는 사실을 생각해 보면, 포르투갈에서 온 선장 가운데 어느 누구도 코르테스보다 더 어려운 처지였다고 말하기 어려울 것이다. 그러나 막 태동된 새로운 식민화 체계에서 코르테스의 상징적인 행위만큼 더 스페인적인 것은 없었다. 나중에 프란시스코 피사로Francisco Pizarro가 1535년에 그를 답습했다. 페루에서 5만 명의 인지우 군대에게 포위당했을 때, 그는 배들을 떠나보냄으로써 부하들이 도망가겠다는 마음을 품지 못하게 원천 봉쇄했다. 그 결과 위대한 제국 타완틴수유Tahuantinsuyu[•] 정복에서 승승장구했다.

이 사람들에게 바다란 존재하지 않았다. 다만 극복해야 할 장애물이었을 뿐이다. 그들에게는 해안 지대도 존재하지 않았다. 그저 내륙, 온대 지대tierra templada, 한대 지대tierra fría^{••} 등으로 가는 관문이었을 뿐이다.[14] 중앙아메리카에서는 해안 도시들이 가장 발전되고 인구가 많았던 것이 사실이다. 하지만 정복과 교역의 도로 역할

• 잉카를 가리킴.

•• 온대 지대와 한대 지대는 안데스에서 고도에 따라 달라지는 기후대를 가리킨다.

을 한 것은 대서양이 아니라 태평양이었다. 스페인 사람들은 서부 해안에 인접한 고원지대의 온난한 기후에 매료되어 그곳에 최초의 정착지들을 마련했다. 그리고 오늘날까지도 역사가들과 지리학자들은 옛 정복자들이 유카탄 반도와 파나마 사이의 앤틸리스 해안을 점령하려고 전혀 시도하지 않았다는 사실에 놀라움을 금치 못한다. 이 해안 지대는 스페인 왕실의 영토였던 섬들과 인접해 있었다. 또한 그곳에 사람을 살게 하면 모국과 태평양 연안 정착촌들 간의 거리를 상당히 좁힐 수 있었다. 그러나 스페인인들은 그 지역을 모기와 호전적인 인지우들과 영국 밀수꾼들에게 내맡기는 편을 선택했다. 중앙아메리카의 최대 인구 밀집 지역 가운데 여러 곳이 오늘날까지도, 침투할 수 없을 정도의 처녀림이 만들어 낸 장벽 때문에 동부 해안과 유리되어 있다.[15]

해상이나 강을 통한 통신의 용이함을 스페인인들은 종종 소홀히 여겼지만 포르투갈인들의 식민 사업에 있어서는 떼놓을 수 없는 일부였다. 바닷가 이외의 지역에 포르투갈 왕이 부여한 특권과 통치권에 따르면, 상프란시스꾸 강과 같이 항해 가능한 커다란 강 유역에만 정착촌을 건설해야 했다. 반면 스페인 법규는 강을 통한 항해를 통신수단으로 삼지 않았다. 그들은 육지를 통해 사람과 물자를 옮겼다.

브라질의 연안 지역 개척을 더 용이하게 해준 요인이 있었다. 브라질 해안 지대에는 단 하나의 인지우 종족이 거주하고 있어서 북쪽이든 남쪽이든 모두 같은 언어를 사용했다. 예수회 신부들은 이 언어를 금방 배워 통달했으며, 일부 지역에서는 고전적인 문장 구조 법칙에 맞게 변형시켜 브라질의 다른 부족들, 다양한 계층 사람들과의 의사소통을 위한 도구로 삼았다. 포르투갈인들이 연안 지역을 중심으로 확장할 당시의 모든 정황을 보건대, 뚜삐tupi족의 이주가 언제나 선행되었다는 사실을 알 수 있다. 실제로 포르투갈인들은 식민 시대 전반에 걸쳐 그들의 이주로 만들어진 경계선 안에 정주했다.

뚜삐-과라니tupi-guarani족이 연안 지역에 정착한 것은, 최초의 포르투갈인들이 브라질 해안에 도달하기 직전에 일어난 일로 보인다. 어느 아메리카 연구자는 그들의 정착이 십중팔구 15세기부터 시작됐을 것이라 주장하기도 했다. 실제로, 가브리엘 소아리스Gabriel Soares의 시대, 즉 16세기 말의 바이아에는 뚜삐족이 아닌 이들이 세르탕 오지로 축출된 기억이 아직도 너무나 생생하게 남아 있었다. 연대기 작가였던 소아리스는 뚜삐나에Tupinaé족과 뚜삐남바Tupinambá족이 점령한 땅에 '따뿌이아'Tapuia라는 이름의 부족이 있었다는 사실까지도 우리에게 전할 수 있을 정도였다. 이후 포르투갈의 식민화가 시작되고 난 뒤에도 뚜삐족은 새로운 확장을 시도해서 마라냥을 지나 아마조나스Amazonas 강변까지 이르렀다. 수도사 끌로드 다베빌르Claude d'Abbeville는 1612년 마라냥 지역에 거주할 때, 이 지역으로 뚜삐남바족이 최초로 이주한 것에 대한 증언을 접하기도 했다. 메트로Métraux는 강력한 이유들을 근거로, 이 이주가 1560년에서 1580년 사이에 이루어졌다고 단언한다.[16]

포르투갈인들이 브라질 땅에 발을 디디기 바로 직전에 뚜삐족이 연안 지역을 정복했으리라는 견해는, 연안 주민 모두가 완벽한 문화적 정체성을 갖고 있다는 사실을 통해 한층 더 확실시된다. 간다부Gandavo에 따르면 "그들은 서로 분열되어 있었고, 부족 이름 또한 다양했다. 하지만 유사성, 즉 환경, 풍습, 종교적 의식 등에서 하나"였다.[17]

포르투갈인들은 해안 지대에서 뚜삐족과 섞여 살고, 그들의 땅을 차지하고, 그들을 오지로 내쫓더니, 심지어 그들의 원한 관계와 특질까지도 이어받았다. 뚜삐족 이외의 원주민들, 특히 '따뿌이아'족은 식민지 시대에도 여전히 무시당했고, 가장 환상적인 전설과 이야기의 소재가 되었다. 한 가지 의미심장한 점은, 포르투갈의 식민화는 이 공통어lingua franca를 사용하던 이들이 정착한 지역들을 제외하면 단단히 뿌리를 내리거나 번영을 누리지 못했다는 사실이다. 어떻게 보면 뚜삐족이 포르투갈 정복의 토양을 마련했다고 할 수 있다. 포르투갈의 식민화는 대부분 뚜삐족의 발걸음이 멈춰선 곳을 넘어서지 못했다. 주앙 하말류João Ramalho 시절 이미 뚜삐니낑tupiniquim 족에 흡수된 삐라치닝가 강변의 고이아나스Goianás나 상프란시스꾸 북부 세르땅의 까리리Cariri와 같이 극히 소수의 예외가 있을 뿐이었다.

바스꾸 페르난지스 꼬우칭유Vasco Fernandes Coutinho가 '빌랑 파르뚜'vilão farto라 명명한 에스삐리뚜상뚜 연안 지방을 비롯해 바이아 남부 지역, 일례우스Ilhéus와 뽀르뚜세구루Porto Seguro 같은 옛 행정 구역은 포르투갈의 기억에서 거의 지워졌다. 그 이유는 무엇보다도 뚜삐족이 원래 원주민들에게 쫓겨나면서 뿔뿔이 흩어진 곳이 바로 이들 지역이었기 때문이다. 하인리히 한델만Heinrich Handelmann은 자신의 저서『브라질의 역사』*História do Brasil*에서, 이 지역이 아마존 상류 지역을 제외하면 제국 전역에서 가장 인구밀도가 낮은 곳이라 며, 식민화가 시작된 지 300년이 지났는데도 그토록 야생적이고 덜 경작된 지역이 산뚜스 만에서 리우데자네이루 만 사이에 손재한다 는 사실에 경악을 금치 못했다. 에스뻬리뚜상투에서 포르투갈인들 은 몇 안 되는 정착지를 유지하고자 해안가 인지우들의 인위적 이 주를 장려해서 다른 토착민 부족들의 침입을 대비했다. 과거, 호전 적인 아이모레스aimorés족은 도시Doce 강 유역에 살면서 식민 정주 자들의 화근거리였는데, 그 마지막 후예를 자처하던 이들에 대한 교리문답이, 19세기에 이르러 베네딕트 수도회 특유의 열의를 보 인 기두 또마스 마릴레르Güido Tomás Marlière에 의해 이루어졌다.

포르투갈인들은 이렇게 [해안 지방의 공통어인] 아바넴abanhém어를 구사하던 인지우들이 살던 곳에 자리를 잡았는데, 이들은 세르땅 쪽에 '다른 언어'를 구사하는 부족이 있다는 소식을 접해 보지 못한 채 살았다. 까르징Cardim 신부가 이미 내륙 쪽은 물론 연안 지역에 도 그런 사람들이 존재한다는 사실을 언급했는데도 말이다. 앞에서 도 말했듯이, 식민자들에게는 왕국과의 왕래가 유리한 해안가가 아 닌 지역에 정착하거나 탐험할 의지가 없었다. 따라서 한 가지 언어 를 사용하는 단일 부족의 땅을 찾아낸 것은 그들에겐 대단한 행운 이었다.

거의 셈족의 특징을 방불케 하는 포르투갈 식민화의 중상주의적 특징은 항구 중심의 정착 시스템에서 분명하게 드러난다. 이는 앞 에서 말했던, 농촌의 번영과 도시의 빈곤 간의 불균형과 더불어 특별한 의미를 지닌다. 훗날 브라질 사회의 발전을 예고하기 때문이다. 마누엘 노브레가Manuel Nóbrega 신부●는 1552년 편지에서 "[……] 그곳에서 온 많은 이들 가운데 이 땅에 애정을 가진 사람은 없었다. [……] 모두가 자기 이득을 챙기기에 급급했다. 떠날 날만 고대하던 사람들이었기 때문에 이 땅에 피해가 간다 해도 상관하지 않았다"고 말했다. 같은 해에 쓴 또 다른 편지에서는 이 문제를 다시 한 번 언급하면서, 많은 사람들이 브라질에서 최대한 많은 금을 취해 떠날 생각만 할 뿐, 믿지 않는 영혼들을 천국에 보내는 일에는 전혀 신경 쓰지 않는다고 불평하기도 했다. 그러면서 "그들은 포르투갈에 애착을 갖고 있기 때문에 이 땅의 안녕을 원하지 않는다. 그렇다고 해서 포르투갈을 위해 열심히 노력하는 것도 아니다. 그저 수단 방법을 가리지 않고 자기 이익을 좇을 뿐이다. 물론 예외가 있겠지만, 일반적으로는 그렇다"라고 덧붙이기도 했다.[18] 그리고 그다음 세기에, 비센치 두 사우바도르Vicente do Salvador 수사●●도 여전히 '해변을 게처럼 할퀴고 다니는' 포르투갈인들을 비난하며, 아무리 이 땅에 뿌리내린 뒤 막대한 부를 거머쥔 정착민이라 하더라도 나중에는 모든 것을 포르투갈로 가져가려고 한다며 한탄한다. "그들이 소유한 농장과 재산이 말을 할 줄 알았더라면 분명 앵무새처럼 똑같

● 포르투갈의 선교사이자 브라질의 도시 상파울루의 창설자(1517~70). 1549년에 브라질로 건너와 최초의 예수회 수사 학교를 설립했으며, 브라질 최초의 관구장이 되기도 했다(재임 1553~59).

●● 브라질 프란치스코 회의 수사(1564~1635)로, 브라질 역사서를 최초로 저술했다.

은 말을 되풀이하도록 가르쳤을 것이다. 그리고 가장 먼저 가르쳤을 말은 '나는 포르투갈 왕실의 앵무새입니다'였을 것이다. 그들은 모든 것을 포르투갈로 보내고 싶어 했기 때문이다."[19]

포르투갈인들이 브라질에서 이룩한 가장 훌륭한 업적도 식민화보다는 착취의 성격을 갖는 것이 사실이다. 그들은 즉각적인 이득을 얻을 수 있는 경우를 제외하고는 위대한 업적을 이룰 동인을 찾지 못했다. 어떤 일이 있어도 모국은 큰 지출을 하거나 손해를 보아서는 안 되었다. 19세기까지의 모든 식민주의 국가가 채택한 중상주의적 원칙에 따르면 식민 모국과 식민지는 상호 보완적인 관계여야 하는데, 이는 포르투갈인들의 관점에 잘 들어맞았다. 따라서 왕국의 상품들과 경쟁할 수 있는 품목들은 해외 식민지 내에서의 생산이 엄격하게 금지되었다. 18세기 말엽, 상뻬드루두히우그란지São Pedro do Rio Grande 특별자치주가 브라질의 다른 지역들에 밀을 수출하려고 했지만 리스본 내각은 밀의 재배 자체를 중단시켰다. 그리고 1785년 1월 5일자 칙령은 브라질 전역에서 금·은·비단·목화·아마亞麻·양모의 생산을 모두 철폐하라고 지시했다. 식민지 주민들은 필요한 모든 것을 이미 농사를 통해 얻고 있는 판국인데, 공업과 의류 수공업도 발전한다면 "그들을 지배하는 자본으로부터 완전히 독립하게 될 것"이라는 이유에서였다.

그렇지만 포르투갈의 식민 행정은 일정 부분에 있어서는 스페인의 그것보다 상대적으로 자유로운 모습을 보였다. 포르투갈 식민지에서 일하고자 하는 외국인들은 스페인 식민지 경우와 달리 자유롭게 드나들 수 있었다. 수많은 스페인·이탈리아·폴란드·영국·아일랜드·독일 출신의 외국인들이 이런 관용을 틈타 브라질에 입국했다. 그뿐만 아니라 외국인들은 상인의 자격으로 브라질의 해안가를 넘나들었는데, 상품가의 10퍼센트를 수입세 명목으로 지불하고 인지우들과 거래하지 않는다는 조건만 지키면 되었다. 적어도 식민지 시대 초기에는 그랬다. 그러다가 포르투갈이 스페인의 지배를 받던 1600년, 펠리페 2세가 브라질에서 모든 외국인을 배제시키라고 명하면서 상황이 바뀌었다. 외국인들을 농지 관리자로 임명하는 것이 금지되었을 뿐만 아니라, 그들의 등록 번호, 주소지, 재산 등에 대한 조사가 진행되었다. 그리고 뻬르남부꾸 같은 일부 지역에서는 외국인들이 쫓겨나기까지 했다. 이런 제약 사항은 27년이 지나서 다시 한 번 갱신되었고, 포르투갈이 스페인 지배에서 벗어난 뒤에야 비로소 영국과 네덜란드의 주도로 부분 폐지되었다.

사실 포르투갈의 상대적인 관대함과 대비되는 스페인의 배타성은 그들의 시스템에서 필수 불가결한 요소로 자리 잡았다. 스페인 입법자들이 보기에, 정복된 지 얼마 되지 않아 아직 통치의 기틀이 잡히지 않은 땅에서 외국인들과 교류하고 공생하는 것은 바람직하지 않은 일이었다. 백성의 규율을 바로잡는 데 좋지 않은 영향을 미칠 것이라고 생각했기 때문이다. 이에 비해 포르투갈인들의 관대함은 부정적이고 어정쩡한 태도로 비쳐질 수 있지만, 이익을 좇는 장사꾼의 기질에서 비롯된 것이었다. 물론 그 당시까지도 많은 장사꾼들이 아직 중세 전통에 강하게 얽매여 있었지만 말이다.

우리의 식민자들은 영토 야욕을 즉시 달성하는 데 도움을 주지 않는 한 규율이라는 것이 느슨하든 불안정하든 크게 신경 쓰지 않았다. 존재를 비인격적으로 만드는 요구에 대한 태생적 혐오감 또한 이런 상황에 일정 부분 기여했다. 포르투갈인들의 정복욕은 이 혐오감을 상쇄시키기에는 역부족이었다. 사실 국가가 국가의 이름으로 그들에게 제공할 수 있는 것도 그리 많지 않았다. 게다가 그들에게는 스페인의 척박한 풍경이 만들어 내는 엄격한 금욕적인 분위기도 부재했다. 스페인에서는 그 척박한 풍경이 주민들을 규칙적이고 추상적인 규율에 종속시키는 일이 적지 않았다.

스페인 아메리카와 비교했을 때 다소 기괴하다 할 수 있는 우리네 도시의 도로 및 거주지의 배치 방식은 분명 이런 맥락의 반영일 것이다. 18세기 초반의 한 여행자에 따르면, 식민지 최대 도시가 있던 바이아만 하더라도 주민들의 변덕의 산물인 각양각색의 집들이 즐비했다. 모든 것이 어찌나 불규칙한지 부왕 관저가 있던 중앙 광장마저도 그 자리에 우연히 들어선 것처럼 보일 지경이었다.[20] 식민화 첫 세기에 브라질 초대 총독은 상비센치와 산뚜스의 집들이 워낙 불규칙하게 배열되어 있어서, 마을 주위에 벽을 쌓자니 작업도 너무 힘들고 주민들에게 많은 피해를 끼칠 수밖에 없다고 불평하기도 했다.[21]

물론 자연이 방해가 되지 않을 때에는 사각형 배치(특히 리우데자네이루의 경우 그런 계획이 있었다)가 등장했다. 그러나 그런 배치가 고정된 형태, 미리 설정된 형태에 대한 선호(열정적인 건축 의지가 전제되는)에서 비롯되었다고 생각한다면 그야말로 착각일 것이다. 사실은 그 대부분이 르네상스가 고대의 이상에서 영감을 얻어 구축한 합리성의 원칙과 대칭의 미학에서 유래했다고 보는 편이 더 정확하다. 어찌 됐든, 우리 땅에서 기하학적인 도안은 스페인 왕국의 영토에서만큼 중요하지 않았다. 이후의 도시 팽창 사례를 보더라도, 브라질에서는 사각형 배치는 지형적인 요인 때문에 거부되기 일쑤였다.

이런 사례뿐만 아니라 모든 식민화 과정에서 포르투갈인들을 인도한 것은 관습이지 추상적인 이성이 아니었다. 그들은 도시계획을 수립한 뒤 끝까지 밀고 나가기보다 그때그때의 경험을 토대로 행동하는 쪽을 선호했다. 포르투갈인들이 브라질에 만든 정착지 중 한두 차례 혹은 그 이상 이동하지 않은 곳이 드물다. 특히 식민 시대에서 유래된 도시들마다 그 외곽에 고전적인 옛날 마을들을 두르고 있는 점은 포르투갈인들의 우유부단하고 낭비하는 태도를 지속적으로 입증한다.

그래서 빌레나Vilhena 같은 날카로운 관찰자는 지난 세기 초, 사우바도르가 세워질 당시 포르투갈인들이 '오르막과 내리막이 끊이지 않는' 가파른 언덕을 선택한 것에 대해 한탄했다. 그는 지척에 "세상에서 도시를 짓기에 가장 적합한 장소라 할 만한 곳이 있었다. 쾌적하면서도 위험으로부터 끄떡없어 보였기 때문에, 현재 위치에서 겪고 있는 수천 가지의 불편이 없을 도시를 지을 만한 곳으로 여겨졌다"[22]고 주장했다.

포르투갈인들이 아메리카에 건설한 도시는 지적 산물이 아니다. 자연의 틀을 크게 벗어나지도 않아서 그 윤곽이 풍경과 적당히 어우러진다. 그 어떤 엄격함이나 방법론, 선견지명도 없었다. 작가 오드리 벨Audrey Bell이 '사우다지'saudade(그리움)와 마찬가지로 지극히 포르투갈적이라 여겼던 '데슬레이슈'desleixo(태만)라는 단어, 그것이 내포하는 방만한 느낌 그 자체였던 것이다. 벨이 보기에 이 '데슬레이슈'라는 단어는 무기력힘보다는 "좋은 게 좋은 거다"라는 뿌리 깊은 확신에 가까웠다.[23]

삶에 대한 냉담이나 멸시의 표현이라고 보기에는 무리가 있는 이 확신은 차라리 근본적 현실주의와 상당히 밀접한 관계를 갖는다고도 볼 수 있다. 이 현실주의는 환각적인 상상력 또는 형식적 규율과 태도를 통해 현실을 변형하려 들지 않았다(다만 이 규율과 태도가 이미 관습으로 정형화되어 있어 별도의 노력이나 인위성을 요하지 않을 경우에는 예외였다). 결국 삶을 허례허식, 허상, 초조함, 악의, 그리고 많은 경우 즐거움도 없이 그저 있는 그대로 받아들인 것이다.

이렇게 단순하고도 투박한 현실주의가 등장할 수 있었던 배경에는 어쩌면, 브라질을 발견했을 당시 포르투갈인들이 이룬 많은 기념비적 업적이 오늘날까지도 일부 역사가들의 서사적 취향에 충분히 매력적으로 받아들여지지 못하는 이유와 다르지 않을지 모른다. 예를 들어, 콜럼버스가 겪은 환상적인 무아지경과 비교해 본다면, 위대한 바스꾸 다 가마Vasco da Gama의 위업마저도 면밀하고 철저한 분별력과 신중하면서도 현실에 입각한 이성에 기반하고 있음을 알 수 있다. 그가 택한 항로는 거의 대부분 익히 알려진 것이었으며 — 소푸스 루게Sophus Ruge는 이를 호화로운 연안 무역이라 했다 — 목적지 역시 그러했다. 그리고 인도양을 건널 때는 이븐 마지드Ibn

Majid*처럼 경험 많은 항해사를 이용할 수 있었다.

포르투갈인들이 세계로 뻗어 나간 것은 신중함의 산물이자 신중한 판단력, '경험에 의거한' 이해가 이룩한 업적이기도 하다. 세우타 정복만 보더라도, 가능한 한 모든 시적인 화려함으로 치장하고자 노력했음에도 불구하고 정복의 첫 단추가 꿰어진 그 순간부터 이런 경향이 두드러졌다.[24] 고집스럽다는 데에는 의심의 여지가 없으나 화려함은 찾아보기 어려운 그런 단순한 용기는 마젤란을 제외한 위대한 포르투갈 뱃사람들이 모두 공유하는 것이기도 했다.

포르투갈인들은 자신들이 이룬 업적의 영웅적 위대함은 물론 이를 견인한 숭고한 사상의 보편적·항구적 중요성을 당연히 일찍부터 느꼈다. 그리스인과 로마인의 신화적 위업을 뛰어넘었다는 생각이 포르투갈의 16세기 문학을 관통하는 공통된 인식이었다. 그러나 이런 문학적 찬양이 높아질수록 포르투갈의 권능에 대한 불신과 그 권능의 쇠퇴가 가시화되었다는 점이 의미심장하다. 예를 들어, 역사가 주앙 드 바로스João de Barros**의 저작에서도 볼 수 있듯, 그 당시의 문학은 일종의 퇴보적 확장이었고, 교육적 의도가 다분했다. 루이스 까몽이스Luís Camões***의 "크고 요란한 격노"fúria grande e

---

● 15세기 인도의 항해자로, 중세 아랍의 탐험가 중 최고로 꼽히는 인물이다. 인도양의 항해에 정통했고, 바스코 다 가마와는 아프리카 마린디에서 만나 그를 콜카타까지 인도했다.

●● 포르투갈의 저명한 역사가(1496~1570). 인디아, 아시아, 아프리카에서의 포르투갈 역사를 기록한 『아시아의 연대(年代)들』(Décadas da Ásia)을 집필했다.

●●● 포르투갈에서 가장 존경받는 시인 중 한 명이다. 대표작으로는 애국적 대서사시

sonorosa는 그의 『루지아다스』*Os Lusiadas*와 지오구 두 꼬우뚜Diogo do
Couto●의 『실용적 군인』*Soldado prático*을 함께 읽을 때에야 비로소 제
대로 이해할 수 있을 것이다. 『실용적 군인』이 완벽할 정도로 당대
를 충실하게 재현한 것은 아닐지라도 적어도 그 웅대한 시적 이상
화의 필연적 이면을 제공하기 때문이다.

　포르투갈의 주요 해외 사업 중 그 어느 것도 왕국 내에서 인기를
끌었다고 보기 어렵다. 사실 인도로 가는 항로의 발견마저도 신하
들의 반대를 무릅쓴 왕의 결단에서 비롯되었음은 주지의 사실이다.
당시 신하들은 확실한 것을 제쳐 두고 모호하거나 문제적인 것을 택
하는 것은 경솔하다고 생각했다. 다미앙 드 고이스Damião de Góis●●
는 기니와의 평화적 교역과 일부 아프리카 지역의 명예로운 정복이
외려 상인들에게는 이익을, 왕실에는 수입 증대와 위대함의 과시를
가져다주는 일이었다.

　후에 인도산 계피의 열풍으로 왕국의 인구가 감소하면서 동방의
사업을 비난하는 새로운 이유들이 가세했다. 빠르게 축적된 부 또
는 그것을 바라는 마음은 수수하고 단조롭게 보일 수밖에 없는 생
산적 노력의 혜택에 눈을 감게 했고, 결국 우연과 행운만을 신봉하

『루지아다스』가 있으며 소네트에도 뛰어났다.

● 포르투갈의 역사학자(1542~1616).

●● 포르투갈의 인문주의 저술가(1502~74). 강한 비판 정신을 바탕으로 다양한 역사
저술을 남겼다. 앞서 언급된 주앙 드 바로스와 달리 행운왕 마누엘과 그 아들 주앙 왕자
에 대해 중립적인 입장을 취했다.

게 만들었다.

익히 알려져 있듯이, 해외 정복이 포르투갈인의 정신에 미친 해로운 영향은 16세기 시인과 연대기 작가들의 주된 주제였다. 그런데 이 영향력이 전반적으로 상업 부르주아의 상승 과정과 일치했다는 사실은 우연이 아니다. 부르주아 계급은 아비스 왕조 시대에도 존재했지만 주앙 2세가 봉건영주들의 오만을 꺾는 데 성공하면서 눈에 띄게 성장했다.

포르투갈은 사회 계급 구조가 비교적 유연했던 덕택에 부르주아 계급의 성장은 큰 장애를 겪지 않았다. 이는 봉건적인 전통의 뿌리가 깊어 결과적으로 더 엄격한 사회 계층화가 존재하게 된 곳의 상황과 정반대였다. 기술자의 손자가 귀족과 어울리고 피를 섞는 일이 반드시 막혀 있었던 것은 아니어서, 모두가 귀족의 지위에 오를 날을 손꼽아 기다리게 되었다.

그 결과, 전통적으로 귀족계급과 관련된 사회적·정신적 가치들이, 부상하는 부르주아들의 속성 가운데 하나로 자리매김했다. 그러나 한편으로는 귀족계급과는 다른 도덕적 틀을 공고히 하거나 구체화하지 못했으며, 새로운 가치들을 확산하기 위해 부르주아혁명에 으레 수반되기 마련인 행동들을 완수할 수도 없었다.

사회적 지위가 상승할수록, 민중 계급은 초기의 계급 정신을 버리고 과거 지배 집단의 사고에 달라붙으려 애썼다. 따라서 전통적으로 부르주아와 관련된 '경제적 미덕' 가운데 그 어느 것도 신뢰를 얻을 수 없었다. 이런 상황 때문에, 포르투갈어에서 '뜨라피깐치' traficante˙ 그리고 '뜨라딴치'tratante˙˙와 같은 단어들은 경멸적 의미를 갖게 된다. 특히 후자의 경우 스페인어에서는 그 어떤 낙인 없이 순수하게 '장사꾼'이라는 의미로만 통용되고 있다는 사실에 주목할 만하다. 굴하지 않는 끈기, 절약, 정확성, 꼼꼼함, 사회적 연대 등 제노바 사람들이 숭상하던 덕목들은 포르투갈인들의 입맛에 늘어 맞을 리 없었다.[25]

16세기의 '신생 귀족'들은 특히 그 덕목들에 대해 부정적이었다. 그 덕목들이 자신들의 지위에 어울리지 않을 뿐만 아니라 도시 상인들의 지위 상승을 부추긴다고 생각했던 것이다. 신생 귀족들은 출신은 도시 상인들과 유사했지만 자부심에서는 그렇지 않았다. 따라서 이 신생 귀족은 보잘것없는 자신들의 출신과 관련이 깊은 과거와 단절하려 노력하는 한편, 초심자의 열정을 갖고 정통 귀족의 특징으로 무장하려고 노력했다.

귀족의 진정한 이상, 혹은 상상된 이상에 대한 신생 귀족의 과도한 집착은, 귀족계급에 불완전하게 편입된 그들의 상황에 내면적으로 보상할 필요에 대한 응답이었다. 발명과 모방이 전통을 대신해 지도적 원칙의 자리를 꿰찼다. 특히 포르투갈 내 사회계층을 나누던 장벽, 원래도 별로 굳건하지 못했던 장벽이 더 흔들리게 된 16세기에 그런 현상이 더욱 두드러졌다. '실용적 군인'에서, 우리는 과거의 엄격한 풍습으로부터 점점 멀어지고 새로운 계급의식을 자랑

● 당시에는 무역상이라는 뜻이었지만 오늘날에는 밀매업자, 협잡꾼 등의 의미로 쓰인다.

●● 당시에는 장사꾼이라는 뜻이었지만 오늘날에는 속이는 사람, 협잡꾼 등의 의미로 쓰인다.

스럽게 과시하는 군 지휘관들의 행렬을 목도할 수 있다. 무릎까지 내려오는 수염, 반바지, 녹슨 총검을 손에 쥐거나 활을 등에 맨, 저 유명한 옛 군인들의 모습은 사라지고 말았다. 새로운 군인들은 모두 벨벳 망토, 같은 재질의 바지와 속 조끼, 비단실로 짠 양말, 금띠를 두른 모자, 금빛 검과 단검, 높게 세운 앞머리, 짧게 혹은 아예 말끔히 깎은 수염을 하고 있었다. 포르투갈의 옛 기품과 가치는 사라졌다. 『실용적 군인』 속의 한 포르투갈인은 이렇게 우려한다. "전쟁은 발명이 아닌 강인한 마음으로 임해야 한다. 의복과 법의 변화만큼 위대한 제국을 갉아먹는 것은 없다."[26]

지오구 두 꼬우뚜는 포르투갈인들이 새로운 발명에는 저항하고 변치 않는 이상에만 충실하기를 바랐다. 그래야만 베네치아나 중국처럼 항구적인 위대함을 이룩할 수 있다고 보았기 때문이다. 꼬우뚜에게 신생 귀족들이란 뿌리까지 보수적인 정통 귀족의 캐리커처에 지나지 않았는데, 이런 견해는 사실 일리가 있었다. 16세기 귀족들이 가장 중시한 것은 일반인들과 차별화되는 외모 등 외적인 것이었다.

그들은 화려하고 기품 있는 장식들로 치장하면서 다른 그 무엇보다 자신들이 최우선으로 여기던 가치를 수호하려 애썼다. 늘 가마를 타고 다니려고 했기 때문에 전쟁에 반드시 필요한 기술인 마술馬術이 잊혀 갔다.[27] 귀족이 가진 가장 훌륭한 전통이자, 주앙 1세의 말을 빌리자면 "무기 다루는 법을 잊지 않기 위해"[28] 만들어진 각종 경기와 토너먼트들에서는 점점 위험을 회피하고 겉치레에 치중하는 경향이 생겨나기 시작했다.

당시까지만 해도 천한 직업이었던 상인의 길에 들어서기 위해 군인 신분을 버리는 이들은 많지 않았다. 한편 품위도 유지하고 안락함도 보장받을 수 있는 법관·관리·문인 등의 직업을 택하는 이들이 점점 많아졌다. 그 결과, 인도처럼 사방이 적으로 포위되어 늘 손에 검을 들고 다녀야 했던 곳에서까지 "창 대신 의사봉, 마구馬具 대신 법전, 군인 대신 서기"를 선호하기 시작했다. 또한 이전에는 사용되지 않았던 '명예훼손, 반론, 반소反訴, 재반소, 유예, 혐의'와 같은 표현들이 문맹자들 사이에서조차 흔히 사용되었다.[29]

이 몰락의 풍경에, 안또니우 페헤이라Antônio Ferreira의 토착주의적 격분은 물론, 특히 『루지아다스』의 "숭고하고 장엄한 목소리"가 포개져야 한다. 뚜렷한 대비를 통해 몰락의 풍경이 완결되고 생생해지기 때문이다. 까몽이스의 작품에서 포르투갈의 위업을 기리는 서사시적 분위기는 사실 너그럽고 욱일승천하는 포부를 드러내는 것이 아닌, 지나간 영광에 대한 우울한 회고에 가깝다. 이런 측면에서, 시인은 해외 팽창의 영웅들이 지닌 진정한 정신의 면면을 영원히 남겼다기보다 이를 탈색시키는 데 기여했다.

포르투갈의 전통은, 영광에 대한 무조건적 갈망이나 영웅적 덕목들에 대한 웅변적 예찬과는 거리가 멀다. 차라리 영웅적 덕목들을 절제된 방식으로 활용하고 표출하는 듯하다. 만일 까몽이스가 한 번이라도 이 전통에 적합한 어조를 찾아냈다고 한다면, 그건 바로 그의 서사시의 마지막 8음절 시구詩句들에서일 것이다. 여기에서 그는 동 세바스치앙D. Sebastião 국왕에게, "적당한 방법, 시기, 장소"를 아는, 경험 많은 이들을 총애하고 등용할 것을 조언한 뒤, ("몽상하고 상상하고 이론만 따르는") 환상이 아니라 ("보고 부딪히고 투쟁하는") 꾸준한 훈련을 통해 습득되는 군기軍紀를 찬양한다.

이런 인식과 감성의 영역에서는 재능도, 순수하지만 효용가치 없는 상상력도, 나아가 과학조차 인간을 숭고하게 만들 수 없다. 권위는 하느님의 선물처럼 자연이 베푸는 것이거나 경험으로 단련된 분별력의 행사를 통해 얻어지는 것이다. 그래서 인간의 성취는 기예arte보다 자연의 이치natureza와 더 관계 깊다. 노년의 사 지 미란다Sá de Miranda는 이미 이렇게 지적한다.

우리가 억지로 할 수 있는 것은 별로 없다.
다들 알아야 한다.
모든 악은 극단에 있고,
모든 선은 중용에 있다.

이보다 1세기 전, 동 두아르치D. Duarte 왕은 "진정한 사리 분별의 기초를 닦기 위해" "영적 의지" 위에 "완전한 의지"를 두었다. 그러면서 "이성과 이해력에 따른 판단"과 "우리말에서는 진정한 지혜라 불리는 분별력의 길"을 따르는 이들을, 기사도를 따르는 이들보다 선호한다고 말했다. 후자는 "모든 위험과 어려움에 자신을 던져 넣고, 지위로 보나 권능으로 보나 의당 존중받아야 할 사람을 무시하면서", 주어진 일을 "무절제하게" 행하고, "먹고 자는 일도, 신체의 자연적 요구인 휴식을 취하는 일도 등한시하기" 때문이다.[30]

메스뜨리 드 아비스의 아들은, 투철함이 없었을 뿐만 아니라, 많은 점에서 귀족적·봉건적 이상과 이미 거리가 있는 이 느긋한 절제의 법칙에 아직 충실했다. 그래서 자신의 독자들에게 마음을 잘 다스려 "근거 없이 행동하지 말고, 징후나 꿈이나 단편적인 진리에 혹하지 말 것"을 종용했다.[31] 그는 자신을 추상적인 것이나 신비주의적 섬망을 멀리하는 사실주의의 표본으로 내세우면서, 종교적인 측면에서는 좀 더 개인적인 신앙과 영성의 가시적인 표현에 더 무게를 두었다. 만일 포르투갈 중세 문학에 개인과 세계의 불화라는 주제가 끈질기게 등장하고, 당대인들이 그 안에서 즐거움을 찾기까지 했다면, 이 불화라는 것이 결국에는 세계와 삶에 대한 긍정을 의미하는 것은 아닐까? 그럴 경우, 인간에게서 멀어지려는 행위 자체가 인간 사회에 대한 완벽한 증오의 태도라고 보기는 어렵다. 오히려 부질없는 지상의 일들을 온전히 포기하지 못하는 무능력에 가깝다 할 수 있을 것이다. 용기의 본보기이자 궁정 예절의 거울인 아마디스Amadis조차 은둔처 뻰야뽀브리Penha Pobre 섬의 진정한 은자隱者가 되지 못한다. 그의 모든 생각과 행동에 오리아나Oriana에 대한 지울 수 없는 기억이 수반되기 때문이다.

우리는 과거 노래집의 서정시 속에서 이런 태도의 좀 더 투박한 형태를 만나 볼 수 있다. 터질 듯한 심장, 부드럽거나 침울한 회상, 좌절된 야망, 저주, 환멸 등의 내밀한 감정들이 소박한 정원을 구축하므로, 훗날 르네상스와 고전주의 예술가들이 찬미할 몰개성적 작품과 대단히 거리가 멀다 할 수 있다. 이에 대해서는 그 어떤 이론적 접근도 무의미한 것이, 개인 경험의 우발성이야말로 유일하고도 결정적인 가치를 지니기 때문이다. 조르지 드 몬떼모르Jorge de Montemor

의 『지아나』*Diana*의 한 등장인물은 "자유로운 가슴이 빚어낸 정돈된 말과 가다듬어진 이성에 대한 신뢰를 거둬들인다면" 많은 악을 피하고 많은 불행이 사라질 것인데, 왜냐하면 "그런 말과 이성이 악조차 선하게 들리도록 하므로 그것이 진정 악으로 드러날 경우 모든 것을 잡아먹고 말" 것이기 때문이라고 말한다. 이런 고찰은 『소녀와 여인』*Menina e Moça*● 의 등장인물이 말한 다음의 대사와도 일치하는 측면이 있다. "[……] 슬픔은 결코 정돈되게 묘사할 수 없다. 슬픔은 무질서하게 일어나기 때문이다."[32]

포르투갈 시詩는 이 같은 상태에 긍정적이면서 고유한 특징을 부여하기는 했지만, 낭만주의 이후에도 개인성의 완전한 붕괴에까지 이르지는 못했다. 이는 라틴 문학과 이베리아 문학이라는 가지에 포르투갈 시가 여전히 속해 있음을 보여 준다. 또한 포르투갈 시는 모든 불만에 대한 해법이 될 수도 있을 착란이나 형이상학에 빠지지 않았다. 비록 환멸을 노래하지만, 이를 통해 폭풍우를 몰고 온다든지, 악마를 소환한다든지, 금을 만들어 낸다든지 하지 않았다. 그리고 그들의 시는 노동하는 사람들이 아닌, 태평스럽고 자유로운 사람들이 만든 질서를 받아들였다. 즉, 타일을 까는 자의 질서가 아닌 씨 뿌리는 자의 질서였다. 또한 신의 섭리와 자연의 섭리가 깃든 질서이기도 하다. 안또니우 비에이라Antônio Vieira●● 가 말하듯이 만

● 1554년에 발간된 베르나르징 히베이루(Bernadrdim Ribeiro)의 목가소설.

●● 포르투갈 태생 예수회 신부(1608~97). 17세기 가장 뛰어난 신비주의 작가이자 교리 설교자로 평가받는다. 그가 남긴 설교집과 서한집은 오늘날까지도 높이 평가된다.

일 별들이 질서를 이루고 있다면, "영향을 미치는 질서이지 노동으로 이끄는 질서가 아니다. 하느님은 하늘을 별의 체스 판으로 만드시지 않았[……]"[33]기 때문이다.

이렇게 문학, 특히 시에서 뚜렷이 나타난 세계관은 포르투갈인들의 다양한 활동 영역에서 그 족적을 남겼는데, 특히 우리의 주된 관심사인 식민주의적 팽창의 측면에서도 그렇다. 사실, 그 어떤 외부 자극도 사건들의 흐름을 심각하게 지배하거나 자연의 질서를 왜곡하지 못할 것이라는 사실을 기억할 필요가 있다. 또한 포르투갈 민족과 히스패닉 민족들 간의 차이점은 시사하는 점이 꽤 많다. 세밀하고 철저한 규범을 뚜렷하게 선호하는 카스티야의, 중앙집권·성문화·표준화를 향한 열정은 이미 앞에서 강조했듯이 식민지의 도시계획에도 영향을 미쳤다. 그런데 사실 그 열정은 스페인이 내부적으로 분열되어 있으며 끊임없는 해체 위기를 겪고 있었다는 점에서 비롯된 것이었다. 카스티야인들은 반도 내 자국 국경 안에서 아라곤, 카탈루냐, 바스코인들과 투쟁해야 했다. 그리고 무어인들과의 투쟁도 1492년이 아닌 1611년까지 이어졌다.

제국 건설을 향한 카스티야인들의 소명 의식은 플랑드르 인, 독일인, 부르고뉴 인, 밀라노 인, 나폴리 인, 시칠리아 인, 베르베리아의 무슬림, 아메리카와 동방의 인지우들에게 그림자를 드리웠다. 그러면서 모든 것을 규제하고 싶어 하는 일종의 기계적 충동이 당연히 동반되었다. 엘 에스코리알Escorial 왕조˙의 그런 기획은 실제

─────────────

˙ '엘 에스코리알 왕조'라는 표현은, 스페인 제국의 펠리페 2세(재위 1556~98)가 왕립

로는 아니었다 하더라도 적어도 이론적으로는 국경과 바다를 넘어 작동했다. 인위적이며 느슨한 결합의 산물, 아니 그토록 응집력 없는 지역들을 통합하고자 했던 갈망의 산물인 이 규범화 의지는 올리바레스Olivares의 말을 통해 잘 드러난다. 그는 포르투갈, 아라곤, 발렌시아 국왕이자 바르셀로나 백작이었던 펠리페 4세에게 "세계에서 가장 강력한 군주가 되려면 스페인을 이루고 있는 모든 왕국이 카스티야 방식과 법을 따르도록 해야 한다"[34]라고 조언했다. 획일성과 균일성을 향한 열렬한 사랑이 사실은 진정한 통합의 결여에서 비롯된 것이었다.

포르투갈은 이런 측면에서는 비교적 문제가 없는 국가였다. 포르투갈의 정치적 통합은 그 어떤 근대 유럽 국가보다도 앞선 13세기에 실현되었다. 게다가 사라센인들에게 해방되어 포르투갈 남쪽의 땅들을 식민화하면서 상당 정도의 종족적 동질성도 이룰 수 있었다. 이 때 이른 성취는 당대 현실을 초월할 목표에 모든 역량을 집중할 수 있게 해주었고, 추상화와 형식화가 두드러졌던 일부 지역들에서는 구체적이고 개인적인 상황(옛 격언에 따르면, "숲을 보지 못하게 막는 나무들"과도 같다)을 전경前景으로 삼기도 했다. 포르투갈인들이 그들의 역사 전반에 걸쳐 수많은 증거를 남긴 '사실주의', '자연주의'는 아마 그 이른 성취와 관련이 있을 것이다.

이에 비추어 보면, 포르투갈인들 사이에서 태생적 보수주의, 만

수도원 겸 별궁으로 지은 엘 에스코리알에 각별한 애착을 지니고 있었던 것을 빗댄 것이다.

사를 방치하기deixar estar 혹은 태만desleixo으로 대변되는 태도가, 미래를 계획하고 엄격한 법칙(인간사보다 숭고한 동기로 만들어진)에 따라 삶을 통제하려는 야심보다 우선시되곤 한 이유를 알 수 있다. 물론 심장에 각인된 강력한 힘에 의해, 부를 향한 단순한 열망을 넘어서는 응집력과 정신력이 발현되기도 했다. 향신료 무역에서 포르투갈인들의 탐욕과 비양심을 꾸짖은 [16세기 이탈리아의 역사가] 파울루 조비우Paulo Jóvio에게 인문주의자 다미앙 드 고이스는, 가톨릭을 전파하려면 예기치 못한 전비戰費에 대비해야 하므로 장사로 이익을 낼 수밖에 없다고 반박했다. 만약 폐단이 발견된다면 그 책임은 모두 이윤 추구의 법칙에만 충실한 상인·행상인·소상인 등에게 있었다.

* * *

하지만 이런 자비로운 변명조차 그들의 일상적인 나태함과 가톨릭의 동행을 (본국에서는 아니었다 하더라도 적어도 해외 영토에서는) 가로막지는 못했다. 특히 브라질 가톨릭교회는 민간 권력과 밀접한 관계를 맺고 있어서, 갖가지 상황과 그에 따른 부침을 함께 겪었다. 그 결과 브라질의 그리스도 기사수도회Ordem de Cristo 기사단장은 교회 문제에 대해 사실상 자유재량권을 행사했다. 특히 교황 율리우스 3세가, 포르투갈인들이 새로 발견한 땅에 대한 교황의 권리를 1551년 교서 "프레클라라 카리시미"Praeclara Carissimi를 통해 그들의 군주에게 양도했을 때부터 그랬다. 기사단장은 주교 후보를 추천했을 뿐만 아니라 교황의 비준을 얻어 임명했고, 십일조를 걷었으며, 임의로 각종 종교 재단을 설립했다. 교회는 이렇게 세속 권력의 단순한 조력자이자 행정부서로 변했다. 줄리우 마리아Júlio Maria 신부의 표현을 빌리자면, '왕국의 도구'instrumentum regni로 전락한 셈이다.

우리의 종교인들은 사회적 규율과 사법적 권위를 꽤나 자주 경시했다. 브라질 사제들의 그 유명한 '자유주의'는 길게 보면 이런 상황과 관련되어 있는 듯하다. 교회는 하나의 조직으로서 민간 권력과 제휴할 뿐만 아니라 충실한 공범자가 되어 민중의 특정 열망을 잠재우는 역할을 할 수 있다. 하지만 종교인 개인으로서는 정반대의 모습을 보여 주었다. 식민지 시대뿐만 아니라, 여전히 성직 임명권이 유지된 제국 시대에도 교회에 대한 정부 당국의 끊임없는 간섭으로 성직자들은 행정부에 잠재적 반항심을 품고 있었다.

이런 반항은 1890년 3월, 브라질 주교단의 공동 서한에서 확인할 수 있다. 주교들은 비록 교회와 국가가 분리되어야 한다는 생각을 받아들이지 못했지만, 그보다 4개월 전 수립된 공화정 체제에는 진심 어린 박수를 보냈다. 이 문서는 정부 관료들을 조롱했다. 이들은 교구 설립과 관련해, 트렌트 공의회의 규칙을 따를 것을 주문했다. 그리고 정부의 허가 없이는 주교 관구를 떠나지 못하게 금하고, 이를 어길 시에는 주교직을 공석으로 선언한 뒤 후임자를 임명하겠다고 했다. 또한 신학교 학생들의 교육과정 승인 권한을 속세의 관리들에게 부여하는가 하면, 교단들이 수련 수사들을 받지 못하게 했으며, 대리 사제들이 성찬聖餐용 초를 요구할 권리를 부정했고,

대성당에서 직장職杖 받드는 사람에 대한 지명권자도 정했다. 궁극적으로 주교단의 서한은 성직 임명권에 대해 언급하면서, 속세의 권력이 독점적 지위를 행사할 수 있게 했으며 "우리의 숨통을 죄던 보호 장치였다"고 결론짓는나.

한편, 변덕스럽고 전제적인 권력에 성직자와 속인이 무차별적으로 예속된 이 상황은 형성 중인 브라질 사회 내에서 교회가 좋은 영향력을 미치기 어려울 것임을 보여 주었으며, 어떤 측면에서는 기독교적 덕목과도 거리가 멀었다. 불량한 신부들, 다시 말해 태만하고 욕심 많고 방탕한 사제들은 브라질 식민지에서도 비일비재했다. 그리고 우리 사회에 만연한 이 나태를 어떻게든 고치고자 했던 이들은 마땅한 방도를 찾지 못했다. 이들 중 대부분은 우리의 초대 주교와 같은 생각에 도달했을 것이다. 그는 이토록 새로운 땅에서는 "많은 일들을 벌하기보다 모르는 체 하는 편이 낫다"[35]라고 말한 바 있다.

1. 스페인 아메리카와 브라질의 지적 생활

리마대학교와 추키사카대학교 등 많은 대학의 문서고가 사라지면서 해당 대학의 학위 수여에 관한 정확한 정보를 얻기 힘들어졌다. 그렇지만 스페인 아메리카 전역에서 약 15만 명이 학위를 받았을 것이라는 한 역사가의 추측은 과장이 아닐 것이다. 멕시코대학교만 놓고 보자면, 1775년부터 독립 시점까지 7,850명이 학사 학위를, 473명이 박사 학위를 받았다.[36] 이 수치를 같은 기간(1775~1821) 꼬임브라대학교를 졸업한 브라질 태생 학생들의 수와 비교해 보는 것도 재미있는데, 그 수가 멕시코대학교의 딱 10분의 1, 그러니까 720명에 지나지 않았기 때문이다.[37]

그 외에도 또 한 가지 중요한 문화적 도구 가운데 하나인 '인쇄' 의 도입과 관련해서도, 스페인 아메리카와 포르투갈 아메리카는 놀 랄 만한 대조를 보인다. 알려진 바와 같이, 1535년 이미 멕시코시 티에서는 책이 인쇄되고 있었으며, 4년 후에는 롬바르드 출신으로, 세비야의 독일계 인쇄소 업자 후안 그뢴버거Juan Gronberger를 대행 해 죠반니 파올리(스페인어 이름은 후안 파블로스)가 운영하는 업체가 설립되기도 했다. 1584년 리마에 인쇄소 설치 허가가 떨어지면서 는 타이포그래픽 아트가 누에바에스파냐에서 리마로 전파되기도 했다.

리우데자네이루에 안또니우 이지도루 다 폰세까Antônio Isidoro da Fonseca의 사무실이 왕령으로 설치되었다 금방 사라지고 만 1747 년, 스페인 아메리카의 주요 도시에는 이미 인쇄소가 자리하고 있 었다.[38] 같은 해 7월 5일자 포르투갈 왕실 서한은 소유주 부담으로 '인쇄 활자'만 따로 본국으로 반환할 것을 명한다. 왕실은 이 서한 에서, 브라질에서 "종이에 인쇄하는 일이 현재로서는" 부적절하고, "종교재판소와 왕궁 해외평의회의 허가 없이 책을 조판하지도 찍어 내지도 못하는 현실에서 인쇄 비용이 본국에 비해 더 많이 들 테니 별로 이득이 되는 것도 아니"라고 역설한다.

브라질에 진정한 의미의 인쇄소가 도입된 것은 포르투갈 왕가가 브라질로 이주해 온 19세기 초였다. 그리고 호세 토리비오 메디나 José Toribio Medina가 밝혀낸 바에 따르면, 그때까지 멕시코시티에서 출판된 책은 이미 8,979종에 달했다. 메디나는 이를 다음과 같이 세기별로 세분화했다.

16세기 ································· 251

17세기 ································· 1,838

18세기 ································· 6,890

그뿐만 아니라, 19세기 초반인 1821년까지 멕시코시티에서 추가로 인쇄된 책은 총 2,673종이다. 즉, 식민지 시대에 멕시코시티 인쇄소가 찍어낸 책은 총 1만1,652종에 이르렀다.

그러므로 17세기 말엽*인 1671년부터 아메리카의 첫 정기간행물 『가세타』*Gaceta*의 인쇄가 멕시코시티의 베르나르도 칼데론Bernardo Calderón의 인쇄소에서 시작되었다는 사실도 그리 놀랄 일은 아니다.

멕시코에는 미치지 못하지만, 페루 리마에서 출판된 도서 목록 역시 언급할 가치가 있다. 메디나는 직접 눈으로 확인하거나 믿을 만한 참고 문헌을 사용해 1584년에서 1824년까지 리마에서 총 3,948종의 책이 출판되었음을 확인했다.

스페인 아메리카의 식민지 시대 후반에 출판된 책들 가운데 주목할 만한 것은 바로 호세 토레스 로베요José Torres Rovello의 위대하고 방대한 연구, 『스페인 인쇄업의 기원과 스페인 아메리카에서의 발전』*Orígenes de la imprenta en España y su desarrollo en América española*(Buenos Aires, 1940)이다. 같은 저자의 저서 중, 스페인 아메리카의 도서 및 인쇄업 관련 법규를 좀 더 세밀하게 다루는 『스페인 지배기 아메리카의

● 원본에는 18세기로 되어 있으나 맥락상 17세기를 잘못 표기한 것으로 보인다.

출판, 인쇄, 저널리즘』*El libro, la imprenta y el periodismo en América durante la domi-*
nación española(Buenos Aires, 1940)도 있다. 한편, 잡지『멕시코의 예술
과 삶』*Mexican Art and Life* 7호(1939년 7월)에 게재된, 멕시코 인쇄업 도
입 400주년 기념 연구는 흥미롭고도 방대한 내용을 담고 있는데,
그중 "17세기 멕시코 도서"Mexican books in the seventeenth century라는
제목의 기고문이 특히 주목을 끈다. 또한『이베로아메리카 아카이
브』*Ibero-Amerikanisches Archiv*(Berlim, 1938년 4월) 68-87쪽에 게재된 에
른스트 비티치Ernst Wittich의 연구 "아메리카의 첫 인쇄 매체"Die
Erste Drückerei in Amerika 또한 주목할 만하다.

포르투갈 정부는 새로운 이념이 확산될 경우 자국 주권에 심각한
위협이 될 것이라고 판단해, 브라질 내 지적 문화의 발전을 막으려
고 부단히 노력했다. 포르투갈은 사실 식민지의 발전에 기여할 만
한 외국인들이라면 최대한 자유롭게 입국할 수 있는 기회를 주고자
했지만, 브라질 주민들에게 불복종과 반발의 사상을 심을 가능성이
있는 이들은 철저히 배척했다. 이에 대한 좋은 예는 19세기 초엽 섭
정 황태자가 세아라 주까지 포함된 북부 지역 지사들에게 내린 유
명한 체포령을 들 수 있다. 체포령은, 포르투갈 황실의 영지에 "베
를린 출신의 홈볼트Humboldt라고 하는 자"가 들어오지 못하게 하라
는 것이었는데, 그의 항해에 미심쩍은 구석이 많을뿐더러 포르투갈
황실의 "정치적 이익에 극도로 해로워 보인다"라는 이유를 골자로
하고 있다.[39]

바르까 백작Conde da Barca은 이 체포령에 대해 듣자마자 서둘러
섭정 황태자와 알렉산더 홈볼트Alexandre Humboldt 간의 중재자 역할

을 자처했다. 적어도 1848년 에슈베게Eschwege가 훔볼트에게 보낸 서한의 내용은 그렇다. 이 서한은 50년 전에 일어난 일을 비교적 생생하게 알려 준다. 『플루투 브라질리엔지스』*Pluto Brasiliensis*의 저자에게도 함께 보낸 이 체포령의 사본 한 귀퉁이에 훔볼트는 1854년에 다음과 같은 문구를 남겼다. "나는 이 문서가 내 사후에 발표되기를 바란다."

이와 같은 안건에 대해 파른하겐 폰 엔제Varnhagen von Ense의 1855년 8월 11일자 일기 가운데 일부를 참고해 보는 것도 꽤나 흥미로울 것이다.

최근 브라질과 베네수엘라 간 분쟁에서 내려진 중재판정과 관련해, 브라질의 대훈장이 훔볼트에게 수여되었다.[40] 제국은 그의 소견서가 상당한 면적의 영토적 가치를 갖는다고 판단했다.
"과거 리우데자네이루는 나를 위험한 첩자로 몰아세워 유럽으로 내쫓으려 했소. 당시 나를 체포하라는 훈령은 이제 호기심의 대상에 지나지 않게 되었다오. 오늘날 브라질 사람들은 나를 중재자로 추켜세우고 있소. 베네수엘라는 내게 훈장을 주지 않는데, 내가 어찌 브라질에 불리한 증언을 할 수 있겠소!"
나는 그의 말을 가로막은 뒤, 유쾌하게 덧붙였다.
"세상 참 많이 변했죠!"
훔볼트는 "바로 그거요. 처음에는 체포령이 떨어지더니, 이제는 훈장이 왔소"라고 대답했다.[41]

2. 상파울루의 공통어

최근 논쟁의 대상이 되기도 한 이 주제는 『에스따두 지 상파울루』 *Estado de S. Paulo* 지의 한 기자가 1945년 5월 11일, 18일 그리고 6월 13일에 다룬 바 있기도 하다. 아래의 글은 그 기사들의 내용을 거의 그대로 옮긴 것이다.

일반적으로, 특히 떼오도루 삼빠이우-Teodoro Sampaio의 연구 이후로, 브라질의 지명들은 반데이라들이나 다른 원주민들보다 뚜삐족에게 더 많이 빚지고 있다는 사실을 받아들일 수밖에 없게 됐다. 그러나 뿌리 깊은 확신이 없이는 이를 받아들이기 쉽지 않다. 인구가 여전히 많기는 해도 '원시적'이라 여겨지는 뚜삐 족으로서는 그들보다 힘이 센 지배자들의 기준을 받아들일 수밖에 없었기 때문이다.

사실 많은 이들이 그의 주장에 의구심을 표명했던 것도 그런 이유 때문인데, 특히 떼오도루 삼빠이우의 주장 중에는 반데이란치들의 탐험이 활발하던 당시의 상파울루 사람들이, 오늘날 그들의 후손이 포르투갈어를 구사하는 것처럼 사회에서나 가정에서나 뚜삐어를 사용했으리라는 가설도 있다.

이 주장은 사실 논박의 여지가 크지 않은 믿을 만한 증언을 기반으로 한다. 안또니우 비에이라 신부의 증언이 좋은 예다. 이 위대한 예수회 신부는 원주민들을 통치하는 아주 까다로운 문제를 제기한 상파울루 주민들에게 다음과 같은 유명한 말을 남겼다. "상파울루의 포르투갈인 가정과 인지우 가정이 서로 긴밀한 관계를 맺고 살아가고 있음은 확실하다. 가정의 테두리 안에서 여성과 아이들이 함께 자라다 보니 집에서는 인지우의 언어를 사용하고, 학교에서는 포르투갈어를 하게 되었다[……]."[42]

비에이라 신부는 인지우들을 개인에게 넘기는 것, 혹은 교회의 법도를 따르는 부락 체계의 옹호자들에게 영성 훈련이라는 명목으로 그들을 넘기는 것을 공공연히 반대했는데 이런 언급은 그것이 자애로움 때문만은 아니었음을 시사한다. 그를 주저하게 한 것은 양심의 가책 내지는 어려움이었다. "이렇게 양육된 채로 오랜 세월을 살아온 사람들"에게, 과연 별다른 잔혹 행위를 가하지 않고 "그토록 자연스러운 연대"를 끊게 할 수 있을까 하는 생각이 들었던 것이다.

이런 난점을 피하기 위해 이 예수회 신부는 인지우 남녀가 자신의 이른바 주인들에게 무한한 사랑을 갖고 있기 때문에 그들의 곁에 있는 것이라고 말하기에 이르렀다. 즉, 속박 중에서도 가장 달콤한 속박이며 자유 중에서도 가장 자유로운 한 가지, 사랑 외의 그 어떤 의무도 인지우들에게는 없으므로, 그들은 언제든 자신의 자유의지에 따라 주인의 곁에 남을지 말지를 결정할 수 있다는 것이었다.

그런데 상파울루에서 일어나는 일을, 들려오는 소식으로만 접했던 비에이라 신부는, 동료 사제들이 들려 준, 일상 속에서 접하는 몇몇 사람들과 관련된 일화들을 종종 반복해서 말하곤 했다. 따라서 그의 발언이 사실인지 확인하려면 동시대의 증언들과 대조할 필요가 있다.

17세기 상파울루인들은 자신들의 지역에 되도록이면 그 지역 출신의 부사제가 임명되도록 공을 들였는데, 이는 나중에 [포르투갈 출신과 브라질 출신 간의 충돌을 의미하는] '엠보아바'로 폭발하고 마는 토착주의nativismo와 뿌리가 같다고 볼 수 있다. 하지만 이런 경향에 대한 좀 더 그럴듯한 이유를 제시해 볼 수 있다. 다름 아니라, 외지 출신의 종교인들은 이 땅의 언어를 완벽히 구사할 수 없었기 때문에 주민들과 많은 오해를 일으킬 소지가 있었다는 점이다.

상파울루의 관료들은 이미 1725년에 이를 분명히 왕에게 전달했다.[43] 그리고 1698년에도 아르뚜르 지 사 이 메네지스Artur de Sá e Meneses 총독은 브라질 남부의 교회들에 인지우 언어에 능통한 사제들을 왕에게 요청하면서 다음과 같이 말했다. "[……] 그 사람들 대부분, 특히 여성과 종들은 다른 언어로 설명하면 알아듣지 못합니다. 이로 인한 손해가 이만저만이 아닙니다. 결국 상파울루의 경우 교회가 보낸 새 부사제는 통역사를 두어야 했습니다."[44]

공통어가 여성들 사이에서 전적으로 더 많이 사용되었다는 이 말은 비에이라의 주장을 뒷받침한다. 일반적으로, 남성보다 가정과 한층 더 밀접한 관계를 맺고 있다는 이유로 여성은 브라질을 비롯한 어느 곳에서든 가족 전통의 수호자이자, 이 전통을 안정적으로 확립하고 보존하는 존재로 여겨진다. 초기 정복자들 및 식민 정주자들과 함께 섞여 산 인지우 여성들이 그들 사회에 도입한 전통이야말로 대단히 특별한 것이었다.

17세기 상파울루에서 이와 유사한 상황이 지속되어 온 데에는 무엇보다 여성적 요소가 차지하고 있던 우월한 요소로 상당 부분 설명될 수 있다. 여장부로 소문난, 뻬드루 따끼스Pedro Taques의 어머니 이네스 몬떼이루Inês Monteiro가 좋은 예다. 그녀는 누구의 도움 없이도 자녀와 식솔들을 적대자로부터 지켜 내기 위해 노력했다. 주기적으로 상파울루의 남성 인구 상당수를 세르탕으로 끌어들인 반데이리즈무˙도, 거의 모계 중심적이라 할 가족 시스템의 간접적인 원인이었다. 외지 언어를 모르는 여성과 일꾼들의 바깥출입이 엄격하게 제한되어 있던 전통 때문에 결국 토착어는 가장 자연스럽고 평범한 소통의 수단으로 자리 잡았다.

1692년경 작성된 보고서에서 안또니우 빠이스 지 산지António Pais de Sande 총독은 상파울루 여성들을 "아름답고 남성적이며, 그곳에서는 남편이 여인네에게 집과 농장을 맡기는 관습이 있다"고 평가했다. 그리고 나서 몇 줄 뒤, "자녀들은 모국어보다 토착어를 먼저 배운다"고 지적하기도 한다.[45] 여기서 모국어란 포르투갈어다.

안또니우 비에이라, 아르뚜르 지 사 이 메네지스, 그리고 안또니우 빠이스 지 산지의 시대로부터 약 한 세기 뒤에 펠릭스 지 아자라Félix de Azara라는 사람은 파라과이의 쿠루과티Curuguati에서 정확히 동일한 상황을 목격했다. 그의 증언에 따르면 1690년대의 상파울루에서 만연하던 상황과 같았다. 쿠루과티의 여성들은 과라니어만 사용했으며, 남성들은 자기들끼리는 이따금씩 스페인어를 사용해

˙ 17, 18세기에 상파울루를 중심으로 일어난 브라질 오지 개척 운동. '깃발을 들고 내륙으로 침투하는 탐험대'라는 의미의 반데이란치들이 이 운동의 주축이었다. 식민지 정부가 아닌 민간 주도로 이루어졌기 때문에 종종 스페인의 영역을 침범하기도 했다. 원주민 사냥, 금 발견, 도망한 노예들과의 전쟁, 새로운 식민 사업 등이 그들의 주된 목표였다.

도 여성들과는 과라니어로만 소통했다. 그러나 파라과이의 다른 지역에서는 이런 이중 언어 구조가 사라져 남녀 불문하고 과라니어로 소통했으며, 오직 식자층만 스페인어를 할 줄 알았다.

이 일화에서 한 가지 주목할 만한 점은, 아자라가 파라과이와 상파울루 간의 유사점을 알아챘다는 사실이다. 그는 이렇게 기록했다. "이런 일은 광활한 상파울루 주에서도 일어났다. 그곳의 포르투갈인 또한 포르투갈어를 잊고 과라니어만을 사용했다."[46]

이런 상파울루의 특징은 그가 여행기를 쓸 당시 이미 과거의 것이 되어 있었다. 그러나 반데이란치들이 숱하게 위협하고 활보하던 파라과이와 라플라타 강 유역 주민들에게는 그것이 생생한 기억으로 남아 있었다.

한편 위에 인용한 증언들은 너무 포괄적이어서, 17세기 상파울루에서 포르투갈어보다 원주민 공통어가 널리 통용되었다는 주장의 신뢰도를, 전부는 아니어도 상당 부분 떨어뜨린다. 그러나 낮은 사회계층(당연히 수적으로는 더 많았다)에 대한 증언들이라는 점을 염두에 두어야 한다. 그들은 원주민들과 과하게 뒤섞이고 공존하면서 원주민 언어를 지속적으로 구사할 수밖에 없었다.

상파울루 부유층과 식자층의 자녀들도 다른 지역에 비해 원주민어를 더 유창하게 구사했는데, 이는 그들의 생활 방식을 생각해 보면 충분히 이해할 만하다. 1640년 장 드 라에Jean de Laet라는 사람이 신세계에 대해 쓴 책에도 바로 이런 이야기가 언급되어 있다. 그는 아마 귀동냥으로 정보를 얻었겠지만 말이다. 당시 서인도회사 대표였던 그는 뚜삐어tupi가 상당히 쉽고 풍요롭고 사근사근한 언어라고 생각했다. 그리고 "그 지방들에서 태어났거나 이주해 와서 살게 된 포르투갈 아이들은 어린 나이에 뚜삐어를 터득했는데, 특히 [상파울루의 옛 이름인] 상비센치에서 그러했다"라고 적고 있다.[47]

여기까지의 증언들을 이해하는 데 도움이 되는 다른 증언들도 있다. 상파울루주 기록보관소가 발간한 브라스 에스떼비스 레미Brás Esteves Leme의 유산 목록이 그중 하나다. 당시 담당 판사는 토착어 구사자인 알바루 네뚜Álvaro Neto를 불러 증인으로 세워야 했는데, 그 이유가 망자의 딸 루지아 에스떼비스Luzia Esteves가 "포르투갈어를 제대로 구사하지 못하기"[48] 때문이었다.

이 판사는 프란시스꾸 헨돈 지 께베두Francisco Rendon de Quebedo로, 이 사안을 다룰 당시 상파울루에 갓 이주해 온 상태였다. 왜냐하면 그가 상파울루에 온 것은 1630년 이후였고, 기록의 연도는 1636년이기 때문이다. 따라서 그가 비록 상파울루 거주민이었지만, 일반 주민과 의사소통을 하기 위해서는 통역이 필요했으리라는 점을 짐작할 수 있다.

하지만 루지아 에스떼비스의 사례는 설득력이 다소 떨어지는 측면이 있다. 비록 부계 쪽으로는 지역 유지의 피를 이어받았지만, 그녀는 사실 원주민과 백인의 혼혈이었기 때문이다.

이 문제를 밝혀 주는 좀 더 중요한 사례는 사실 빨마리스Palmares의 정복자이자 삐아우이Piauí의 개척자인 도밍구스 조르지 벨류Domingos Jorge Velho의 경우일 것이다. 빠라나이바의 위대한 지도자였던 그의 혈통을 거슬러 올라가 보면 대부분의 조상들이 포르투갈인이었다. 그렇지만 그가 삐께로비Piquerobi*의 딸의 현손이자 뻬드루 아폰수Pedro Afonso의 이름 미상의 따뿌이아 부인의 현손이기도 했다는 족보학자들의 주장에 따르면 그도 혼혈의 전통을 피해 갈 수 없었던 듯하다.

그런 그가 1697년 빠마리스에서 뻬르남부꾸 주교를 맞이할 당시 통역을 대동해야 했다는 점은 의미심장하다. 주교는 그를 두고 "말할 줄도 모른다"며 "기독교인으로 자처하는 점 외에 그가 따뿌이아 야만인들과 과연 무엇이 다른지 모르겠다. 결혼한 지 얼마 안 되었는데도 일곱이나 되는 원주민 첩을 데려왔으니, 다른 건 볼 것도 없지 않겠는가"라고 비난했다.[49]

그러나 이 주교의 주장을 그대로 받아들이기에는 무리가 있다. 무엇보다 도밍구스 조르지가 손수 쓴 여러 건의 문서들을 보면, 주교의 말과는 달리 그가 일정 수준의 지적 수준을 갖추었음이 드러난다. 일례로, 그가 예수회 소속들의 신부들이 쏟아 내는 맹렬한 비난에 대항해 원주민 사냥꾼들의 행동을 옹호하고 심지어 칭송한 이야기가 위의 뻬르남부꾸 주교의 주장과 같은 책에 실려 있기도 하다.

그는 우선 상파울루의 부대원들이 왕실 병적부에 등록되어 있지 않기 때문에 급료나 무기를 공급받지 못한다는 점을 지적한다. 또한 그들의 목표는 포로를 잡는 것이 아니라 식인 야만인들에게 문명사회를 소개하는 것이라고 주장했다. 만일 이 야만스럽고 호전적인 원주민들이 밭과 들에서 농사일을 거들게 된다면 "우리가 우리

───────────

● 초기 정착민들이 상비센치에 도착했을 당시 원주민 부족 추장.

자녀들을 위해 일하는 것처럼 그들도 그들의 자녀들을 위해 일하게 될 것"이므로 부당할 일이 전혀 없다는 것이다. 그의 주장에 따르면 정복자들은 원주민들을 포로로 잡은 것이 아니라, 그들이 땅을 경작하고 씨를 뿌려 열매를 거두는 방법을 가르치면서 자급자족할 수 있는 길을 열어 주었기 때문에, 오히려 그들을 위해 봉사했다는 말이 된다. 원주민들은 백인들이 오기 전에는 농사란 생각조차 못했기 때문이다.

도밍구스 조르지는 "그들을 사람으로 만들어야지, 천사로 만들려고 하는 일은 헛수고일 뿐이다"라며, 자신이 택한 그 길만이 원주민들이 하느님의 빛과 가톨릭의 신비를 받아들여 영원한 구원에 이르게 하는 가장 합리적인 방법이라고 생각했다.

주인들의 이익을 위해 원주민들을 강제로 노동에 동원했다는 사실을 감추고자 비겁하고 그럴 듯한 궤변을 늘어놓은 것이다. 하지만 한편으로는 가톨릭 신부들이 만들어 낸 시스템에 대한 지적을 마냥 무시할 수만도 없다. 그의 말대로 예수회 신부들은 원주민들을 사람이 아닌 천사로 만들려고 했지만 이도 저도 아닌 결과를 낳았을 뿐이다. 이 점은 심지어 오늘날까지도 옛 예수회 사업의 가장 큰 실책으로 꼽히고 있다.

하지만 뻬르남부꾸 주교가 말할 줄도 모른다('포르투갈어'로 말할 줄 모른다는 이야기다)고 맹비난한 '야만스러운 따뿌이아'가 이처럼 섬세한 사고를 했을지는 미지수이다. 설사 그가 쓴 글이라고 하더라도 그 내용과 생각까지 그의 것이라고 할 수 없을지도 모른다.

어찌 됐든, 뻬르남부꾸 주교가 처음부터 끝까지 이 반데이란치

정복자에 대해 증오에 찬 날선 비난을 쏟아 부었기는 하나, 그렇다 해도 그의 말을 모두 무시해서는 안 될 것이다. 도밍구스 조르지의 부족한 포르투갈어 실력을 폭로한 이 편지는 사실 17세기 상파울루 주민들의 모습에 대한 증언이라고도 볼 수 있다. 그의 사례는, 내용을 비판적 시각으로 면밀히 따져 볼 필요는 있으나, 조금 틀린 면이 있다고 해서 완전히 배제해서도 안 된다.

대부분 17세기에 쓰인 이런 증언들에서 우리가 주목해야 할 한 가지 정황이 있다. 옛 상파울루 지역에서 흔히 사용되던 별명을 살펴보면, 그중 대부분이 원주민어에서 기원한다는 사실을 알 수 있다. 마누엘 지아스 다 실바Manuel Dias da Silva는 '비쉬라'Bixira, 도밍구스 레미 다 실바Domingos Leme da Silva는 '보뚜까'Botuca, 가스빠르 지 고도이 모레이라Gaspar de Godói Moreira는 '따바이마나'Tavaimana, 프란시스꾸 지아스 다 시께이라Francisco Dias da Siqueira는 '아뿌싸' Apuçá, 가스빠르 바스 다 꾸냐Gaspar Vaz da Cunha는 '자과레떼'Jaguaretê, 프란시스꾸 하말류Francisco Ramalho는 '따마루따까'Tamarutaca, 안또니우 호드리기스 지 고이스 다 실바는 '뜨리뽀이'Tripoi로 불리곤 했다. 꽤 믿을 만한 이야기에 따르면, 공통어를 전혀 구사하지 못했던 바르똘로메우 부에노Bartolomeu Bueno도 고이아스 원주민이 아닌 뚜삐 원주민들로부터 애꾸눈이라는 뜻의 '아냥게라'Anhangüera라는 별명을 얻었다. 뻬드루 따끼스는 브랜디 잔에 불을 붙인 일화로 유명한 자신의 이미지를 또 다른 오지인인 프란시스꾸 삐리스 히베이루 Francisco Pires Ribeiro에 부여하기도 했다.

17세기에는 순수한 포르투갈식 별명을 찾아보기 쉽지 않았다.

몇 안 되는 사례 가운데 하나는 1693년 사망한 제로니무 히베이루 Jerônimo Ribeiro의 별명, '뻬르나 지 빠우'Perna de Pau(나무다리)일 것이다. 하지만 포르투갈식 이름이나 성에 뚜삐식 증대사aumentativo•를 붙이는 일은 잦았다. 서로 너무나도 다른 두 언어가 합쳐지면서 희화적인 느낌을 내기도 하던 이 관행은 두 인종과 문화의 빈번한 결합을 반영한다. 살바도르 삐리스Salvador Pires의 아내 메시아 페르난지스Mecia Fernandes는 '메시우쑤'Meciuçu라고 불렸다. 뻬드루 바스 지 바후스Pedro Vaz de Barros는 '뻬드루 바스 구아쑤'Pedro Vaz Guaçu였다. 리우데자네이루 국립 도서관의 한 고문서에 따르면, 안또니우 다 실바 깔데이라 삐멘뗄Antônio da Silva Caldeira Pimentel 총독은, 상파울루 사람들이 외투의 일종인 까사까casaca를 길게 늘어뜨리고 다닌다며 그들을 까사꾸쑤Casacuçu라는 별명으로 부르곤 했다.[50] 이는 어쩌면 18세기까지도 일부 민중 사이에는 이른바 토착어가 널리 사용되었으리라는 점을 시사한다. 또 다른 사례도 있다. 이뚜Itu에서 태어나 '사루따이아'Sarutaiá라는 뚜삐식 별명으로 불리던 살바도르 지 올리베이라 레미Salvador de Oliveira Leme라는 사람은 1802년에 이르러서야 사망했다.

이런 사례들은 일반적인 원칙에서 벗어난 개별 사례이지만 어느 시대에도 발생할 수 있는 종류의 것들이다. 그러나 17세기에서 멀어질수록 '비아-사끄라'Via-Sacra(십자가의 길)나 '후이부'Ruivo(붉은

● 증대사는 접미사의 일종으로, 그 의미를 증가, 강화 또는 확대 시키는 역할을 한다. 본문에 언급된 뚜삐식 증대사는 -çu(쑤)다.

머리), '오라도르'Orador(연설가), '까베싸 두 브라질'Cabeça do Brasil(브라질의 우두머리)과 같은 포르투갈식 별명이 흔히 등장하는 것을 확인할 수 있다. 게다가 키케로의 영향을 받은 듯한 '빠이 다 빠뜨리아'Pai da Pátria(조국의 아버지)라는 별명도 있었다. 17세기에 성행한 뚜삐식 별명은 점점 줄어들기 시작해 나중에는 완전히 사라지기에 이르렀다. 이를 우연으로만 볼 수는 없다. 미나스제라이스의 금광 발견, 그리고 거의 동시에 진행된 원주민 사냥의 감소로 인해 상파울루 특별자치주에 포르투갈 본국으로부터 유입된 주민이 점진적으로 늘어났다는 사실을 보여 준다.

그렇다면 상파울루 주민들이 뚜삐어를 활발하게 사용한 시기가 정확히 언제부터 언제까지였을까? 이 언어가 주로 사용되었음을 증명하기 위해 이 책에 인용된 글들은 대부분이 17세기, 그러니까 정확히 말하자면 1690년대에 쓰인 것들이다. 안또니우 빠이스 지 산지의 보고서는 1692년이나 1693년경에 쓰였다. 상파울루 특별자치주 주민들의 의구심과 관련된 안또니우 비에이라 신부의 유명한 서약 또한 1694년의 것이다. 1697년은 도밍구스 조르지 벨류와 뻬르남부꾸 주교가 만난 해이며, 아르뚜르 지 사 이 메네지스 총독이 상파울루는 물론 브라질 남부 지역 전체에 원주민어에 능통한 사제를 요청하는 편지를 쓴 것이 1693년이다.

18세기 초반에도 이런 상황에 대한 뚜렷한 언급들이 적게나마 등장한다. 아폰수 지 또네Afonso de Taunay 교수가 호의를 베풀어 내게 보내 준 한 고문서에 따르면, 안또니우 지 알부께르끼 꼬엘류 지 까르발류Antônio de Albuquerque Coelho de Carvalho는 1709년, 과라칭

게따 근처에 진을 치고 있던 상파울루 군 하사관들의 대화를 우연히 듣게 되었는데, 그 언어가 그는 물론 그의 휘하들에게도 생경했다. 그가 조금이나마 그 대화를 이해할 수 있었던 것은 뚜삐어가 널리 통용되던 또 다른 지역인 마라냥의 지사를 지낸 적이 있었기 때문이다. 아니 어쩌면 그를 수행하던 호위대에 토착어에 친숙한 사제가 있어서 가능했을 수도 있다.

이와 유사한 텍스트의 또 다른 예로 전기 작가, 아니 성인聖人 전기 작가에 더 가까울 벨끼오르 지 폰치스Belchior de Pontes 신부의 의미 있는 증언을 꼽을 수 있다. 마누엘 다 폰세까의 주장에 따르면, 이 신부는 "토착민들이 사용하는 언어"를 완벽하게 구사했는데, 그 이유가 "그 지역 전역에서 그 언어를 사용했기" 때문이다.[51] 벨끼오르 지 폰치스가 1644년에 태어났다는 점을 감안하면, 17세기 하반기에도 토착민의 언어가 특별자치주 전역에서 일상적으로 사용되었다고 보는 것이 맞다. 그러나 마누엘 다 폰세까 신부가 이를 과거의 일로 언급하는 것으로 미루어 볼 때 18세기 중반에는 상황이 달라졌다. 모든 가능성을 고려해 본다면 적어도 18세기 상반기에는 상파울루가 포르투갈어권에 편입되는 과정이 완료되었다고 할 수있다.

물론 그렇다고 하더라도 18세기 상반기 그리고 심지어 그 이후까지도, 새로 이주해 온 유럽인 집단과의 접촉이 적어 포르투갈어를 온전히 받아들이지 못한 일부 지역이나 가문이 존재했을 것이다. 에르꿀리스 플로렌시Hércules Florence가 1828년, 랑스도르프 Langsdorff 탐험 일지에서 그보다 60년 전, 즉 1780년경 상파울루의 부인들이 우정과 가족의 언어인 브라질 공통어로 대화를 나누었다고 적고 있는 것은 그래서이다. 또한 "파라과이에서는 모든 계층에서 토착어가 활발히 사용되었지만 (옛 상파울루에서 그랬던 것처럼) 가족들 간의 언어였을 뿐, 타인들과 교류할 때에는 스페인어를 썼다"고도 덧붙였다.[52]

이런 관찰은 앞서 인용된 펠릭스 지 아자라의 주장과도 앞뒤가 맞을 뿐만 아니라 오늘날 파라과이나 아르헨티나의 코리엔테스Corrientes 지역, 우리의 마뚜그로수Mato Grosso 남부 지역에서도 확인된다. 플로렌시가 상파울루에 도착한 1825년 당시만 해도 공통어로 대화를 나누는 노인들을 만날 수 있었다. 그가 6개월간 뽀르뚜펠리스Porto Feliz에 머물면서 겪은 경험은 놀라울 것도 없다. 왜냐하면 그곳에는 원주민 노동력이 많았고, 히까르두 검블턴 던트Ricardo Gumbleton Daunt의 『회고록』*Reminescências*에 따르면, 19세기 초에는 "집 대문 안에 들어서고 나면 과라니어 외에는 들리지 않았기"때문이다.[53]

깜삐나스처럼 피지배 원주민이 드문 지역의 경우, 포르투갈어가 예외 없이 우세했다. 그러나 그 시대에는 그런 깜삐나스에서조차 뚜삐어를 유창하게 구사하는 사람들이 있었다. 검블턴 던트는 전해들은 이야기를 토대로, 바헤뚜 레미Barreto Leme의 사위 세바스치앙 지 소우자 빠이스Sebastião de Sousa Pais가 "이 언어[뚜삐어]를 깊이 아는 사람"이라고 말한다. 소우자 빠이스는 1750년 이전에 태어나 다음 세기 사망할 때까지 거의 100년을 산 사람이고, 대부분의 깜삐나스 주민들과 마찬가지로 상파울루 이뚜 출신이었다. 즉, 18세기 상당 기간 동안 많은 피지배 원주민들이 거주한 땅에서 살았던 사람이었다.

집안일과 농장 일에 원주민 노동력이 널리 활용되었던 반면, 흑인 노예 수입은 아직 일반화되기 전이었다는 점이 일부 농촌 지역에서 이미 확장세였던 포르투갈어를 순순히 받아들이지 못한 원인이었을 것이다. 19세기 초까지도, 포르투갈인의 딸이었던 주아나 푸르낑 지 깜뿌스Juana Furquim de Campos란 사람은 토착어로 된 단어를 빈번하게 섞지 않고는 말하기 힘들었다. 프란시스꾸 지 아시스 비에이라 부에노Francisco de Assis Vieira Bueno에 따르면, 그녀의 부친이 모지과쑤Mogi-Guaçu에서 상당수의 "원주민 노예를 부렸기" 때문에 일어난 현상이었다.[54]

여기서 한 가지 주목할 만한 점은 바로 공통어가 이 땅의 농촌 주민의 어휘와 억양은 물론 구문에 이르기까지 광범위한 영향을 미쳤다는 점이다. 심지어 함께 생활하는 원주민이 뚜삐-과라니족이 아닐 때에도 그러했다. 18세기 상파울루의 경우, 보로로Bororo족이나 빠레시Pareci족이 반데이란치들의 시대였던 17세기의 까리조Carijó족만큼이나 영향을 미쳤다. 이들은 해안 지대의 언어로 길들여지고 교화되었기 때문에 다른 언어로는 주인과 의사소통이 되지 않았다.

우리는 반데이란치들의 팽창이 초기에는 상파울루의 농업 노동력이 부족해서, 아니 그 이전에 아프리카 노예를 수입할 만한 재원이 부족했기 때문이라는 사실을 잘 알고 있다. 또 재원 부족은 상파울루 고원지대를 입지로 하는 가장 비옥한 생산 거점과 바다 건너 대규모 소비 시장을 연결하는 교통수단이 존재하지 않기 때문이다.

북동부 지역의 상황과는 정반대로, 상파울루의 사탕수수 재배지는 해안 지대에서 멀리 떨어진 고산 지대에 위치해 있었다. 유럽인들이 처음 개척한 해안 지대의 좁다란 땅은 16세기가 다 가기도 전에 이미 못쓸 정도로 훼손되어 버렸기 때문이다. 농장의 작물을 빠라나삐아까바Paranapiacaba의 거칠고 울퉁불퉁한 길로 운반하는 것은 고생스럽기만 할 뿐 이윤을 남기는 경우가 드물었다.

이런 장애를 극복하고자 원주민 사냥에 대한 집착이 커졌다. 원정대가 출정해 노예들을 대규모로 잡아올 때에는 분명한 목표가 있었다. 그것은 바로 북부의 설탕 남작들이 영위하는 여유로운 삶을, 농장주들이 손끝 하나 까딱하지 않고도 똑같이 구현해 내는 것이었다. 이상하게 들릴지 모르겠지만, 일반적으로 상파울루인들의 특성으로 알려진 기동성이나 역동성은 사실 — 식민화 초창기 다른 지역에서는 비교적 손쉽게 얻어 낸 — 체류와 안정성을 추구하는 생각과 같은 갈래에서 뻗어 나왔다.

포르투갈인들이 원주민 없이 고원지대에서 살아남지 못했으리라는 가정이 사실이라면, 자신들의 본래 모습으로는 이들과 공생할수 없었을 것이다. 다시 말해, 물려받은 습속, 생활양식과 공존 방식, 기술, 꿈, 그리고 의미심장하게도 언어에 이르기까지 많은 것을 포기해야 했으리라. 실제로 그러했다.

훗날 혼혈 후손들의 노력이 더해지면서 포르투갈인들이 얻은 것은, 토르데시야스 조약 당시에는 상상도 할 수 없었던 풍요롭고 넓은 세상이었다. 역사가 리처드 토니R. H. Tawney는 포르투갈의 식민제국이 "한 열째의 요새와 수만 마일에 걸친 무역 기지"로 이루어져 있다고 서술하기도 했다.[55] 이 말은 많은 식민 정주자들이 마치 게 처럼 브라질 해안 지대를 할퀴었던 1500년대의 브라질에 한정한다 면 딱 맞는 말일 것이다. 그러나 18세기로 접어들면서 상황은 바뀌 기 시작했다. 브라질과 식민 모국 포르투갈의 삶의 원천이 반데이 란치들이 개척한 내륙으로 점점 옮겨갔다. 상파울루 출신이자 백인 과 원주민 사이에서 태어난 마멜루꾸인 프란시스꾸 주제 지 라세르 다 이 알메이다Francisco José de Lacerda Almeida가 같은 세기에 아프리 카 대륙에서 최초로 내륙 탐험에 나선 일은 우연이 아닐 것이다. 그 의 시도는 매우 깊은 인상을 남겨서, 리빙스턴Livingstone이 일기장 에 기록했듯이, 수십 년이 지난 뒤에도 아프리카의 흑인 야만인들 이 그를 기억하고 있을 정도였다.

게오르그 프리데리치Georg Friederici가 유럽의 아메리카 발견과 정 복에 대해 남긴 위대한 연구에는 반데이란치 운동에 대해 다음과 같은 평가가 등장한다. "브라질 내륙의 발견자·개척자·정복자는 포 르투갈인이 아니라 순수 백인 및 특히 메스치수였던 마멜루꾸들로 이루어진 브라질인이었다. 브라질 원주민들도 섞여 있었다. 브라질 의 광활한 오지는 유럽인이 아닌 아메리카인들에 의해 발견되어, 유럽에 소개되었다."[56]

개인적으로 이 독일인 민족지학자이자 역사가의 의견이 모두 옳 다고 생각하지는 않는다. 포르투갈의 발견과 개척의 업적을 다른 민족의 그것과 견주면서 그 의미를 조직적으로 퇴색시키려는 듯하기 때문이다. 나는 포르투갈인들이 자신들의 인종적·문화적 특성을 훼손하면서까지, 주어진 모든 환경에 적응해 내는 능력을 가졌기 때문에 식민자로서 그 어느 민족보다도 훌륭한 자질을 지녔다고 생각한다. 다른 민족들은 구세계에서 형성된 특질들을 쉽사리 벗어던지지 못했다. 그리고 나는 줄리우 지 메스끼따 필류Júlio de Mesquita Filho가 최근 개진한 관점에 주저 없이 동의하는 바다. 그는 반데이란치 운동이 본질적으로는 엔히끼 왕자infante d. Henrique와 사그리스Sagres 시절부터 포르투갈인들이 아프리카·아시아·아메리카 등지에서 이룩한 일들의 틀에서 이루어졌다고 본다.[57] 다만 나는 한 가지 유보적인 견해를 제외하면 그의 의견에 동의한다. 포르투갈인들이 최종 승리를 거두기 위해서는 우선 오랜 시간 숨죽이고 기다릴 필요가 있었다는 점이다. 성서의 4복음서에서 말하는 대로, 한 알의 밀알이 땅에 떨어져 그대로 죽어 많은 열매를 맺게 된 것이다.

3. 경제적 덕목에 대한 반감

사업가에게 태생적으로 요구되는 도덕적 덕목들은 신용을 기반으로 하기 때문에, 귀족계급의 이상적 덕목인 명예나 명성 등과는 거리가 있었다. 무엇보다도 이익을 앞세우다 보니 기사도나 궁정식 명예보다 단순한 직업적 강령을, 인간관계보다 삶의 점진적인 합리화를 중시하게 된 것이다.

사실 이베리아 민족이 오늘날까지도 꾸준히 유지해 온 특징 가운데 하나가 바로 모든 형태의 합리화에 대한, 따라서 탈인격화despersonalização에 대한 완고한 거부다. 많은 외국 상인들이 포르투갈과 스페인의 상인과 거래하면서 터득한 한 가지가 있다. 그들로부터 이익을 얻기 위해서는 협상과 계약에 의거한 형식적 관계보다는 좀 더 직접적인 관계를 형성하는 편이 도움이 된다는 사실이다. 앙드레 지그프리트는 브라질이나 아르헨티나에 단골손님을 만들기 위해 다른 무엇보다 친구 관계를 형성해야 했던 필라델피아 상인의 이야기를 전한 바 있다. 이 책의 다른 장에서 언급되기도 했던 이 일화야말로 이런 특성을 잘 드러낸다.

한 관찰자는 특히 스페인과 스페인 사람들을 두고 다음과 같이 말하기도 했다. "친구들에게 무엇이든 요구할 수 있고 또 무엇이든 받을 수 있다. 그리고 이 같은 교제 방식은 다양한 종류의 사회적 관계에 스며든다. 누군가에게 바라는 것이 있을 경우, 이를 얻어 내는 가장 효과적인 방식은 그 사람과 친구가 되는 것이다. 이 방식은 심지어 서비스를 제공받고자 할 때도 마찬가지여서, 어떤 경우에도 고압적인 자세는 바람직하지 않게 여겨진다. 그 결과, 스페인의 고용주와 피고용인 간의 관계는 세계 그 어느 곳보다도 우호적인 것이 되었다."

이 말을 한 사람은 다름 아닌 훌륭한 심리학자, 알프레드 루흘 Alfred Rühl이었다. 그의 눈길을 끈 스페인인들의 또 다른 특징은 친지·친구·가족 등의 관계로부터 개인적인 이득을 도모하는 것을 당연하게 여길 뿐만 아니라, 누군가 공직에 앉았을 때에 그 자리를 이용해서 가족이나 친구들의 부탁을 들어주지 않는 일을 이상하게 생각하는 것이었다. 게다가 공공 기관에도 지나치게 인간적인 감정을 요구하곤 했다. 루흘은, 저소득층에게만 돌아가야 마땅한 요금 면

제 또는 할인 요구가 철도 공사에 빗발치는 이유가 바로 이 때문이 아니냐는 질문을 던진다.[58]

이런 까닭에 사업의 범주 안에서 적절한 합리화에 이르는 일은 늘 요원했다. 단골손님이나 마음에 드는 고객은 친구처럼 여겨진다. 사람들 간의 관계 체계가 1대 1의 직접적 유대에 의거하는 이런 사회적 태도 때문에 스페인을 비롯한 모든 히스패닉 국가들(포르투갈과 브라질 또한 마찬가지다)에서는 사법적 기준과 법 규범이 엄격히 적용되지 못한다.

한편, 다른 민족이 스페인이나 포르투갈 사람들과 경제적으로 관계를 맺을 경우 성패는 무엇보다도 이런 관계를 얼마나 잘 관리하느냐에 달려 있다. 이른바 자본주의적 사고와 대비되는 이런 현상은 최근에 대두되었다고 보기 어렵다. 이를 암시하는 역사적 증언들이 존재한다. 예를 들어, 우리는 앙리 세Henri Sée 덕택에 1742년 브르타뉴 지사가 아랫사람들에게 회람시킨 공문의 내용을 알 수 있는데, 그 내용은 다음과 같다. "(지역 상인들은) 포르투갈인들과 거래하는 법을 배우기 시작할 때부터, 그들을 믿을 수 없는 존재로 가정한다. 만일 포르투갈인들이 실제로 신뢰할 만하지 못하다면 다른 나라 사람들에게도 그러할 것이다. 그러나 네덜란드는 포르투갈인들과 효율적으로 무역을 하고 있고, 영국인들은 많은 이득을 얻고 있다. 그렇다면, 포르투갈에서 안정적인 사업을 확립하기 위한 적절한 방법을 모르는 프랑스인들의 잘못 아니겠는가."[59]

포르투갈 상인들에 대한 불신과 관련해, 앙리 세는 선주이자 상인이었던 생 말로라는 사람의 예를 든다. 1720~40년 사이에 그는 막대한 양의 원단을 리스본으로 보냈는데, 대부분 고객이 비용을 부담하게 했다. 자신이 부담하는 경우는 극히 드물었다. 포르투갈 고객들의 '정확성'을 신뢰하지 못했기 때문이다. 또 한편으로 이들은 항상 과도한 외상 거래를 요구했다.[60]

외지인에 대한 포르투갈인들의 불성실함과 부정확함은 그들이 18세기는 물론이고 다른 시대에도 무질서하고 당장의 이익만을 추구했음을 고발한다. 여기에서 누군가 자본주의 정신의 씨앗을 발견하고자 한다면 오산이다. 단순한 수익, 타인 특히 외지인의 희생을 통한 부의 축적은 사실 어느 시대에나 볼 수 있는 것이다. 사업의 합리화에 결정적으로 기여할 특정 경제적 덕목이 수반되지 않으면 자본주의적 사고와는 무관하다는 것이다. 예를 들어 정직, 정확성, 상사를 향한 다양한 형태의 충직함, 친구 관계 등의 덕목이 그것이다.

포르투갈인이나 스페인인이 물질적 취향이나 선호에 있어 남들보다 욕심이 덜하다고 볼 수는 없다. 몇 가지 부르주아적 덕목들이 태동한 르네상스 시기의 이탈리아에서조차 이베리아반도의 카탈루냐인이 마치 "돌에서 빵을 만들어 낼 듯이" 탐욕스러운 모습을 보였다고 전해진다.[61] 1599년에 발표된 유명한 피카레스크 소설 『구스만 데 알파라체』 *Gusmán de Alfarache*의 저자조차, 온갖 금융 및 교환 기법을 사용하고 갖가지 상술을 동원하는 행태가 이제는 제노바인들에게 국한되지 않고 모든 곳에서 일상이 되었다고 한탄한다. "특히 스페인에서" 횡행한다고 적고 있는데, 이는 가톨릭교회가 고리대금업으로 단죄하는 수많은 투기적 거래가 스페인에서는 합법적인 것으로 간주되고 있었기 때문이다. 대표적인 예로는 금과 은을 담보로 기한부 대출을 해주는 일명 '가공 교환'이 있다.[62]

이 당시 이베리아인들은 금융 제도의 전반적인 성숙과 결코 무관하지 않았다. 스페인의 비알론Villalón, 리오세코Rioseco, 메디나델캄포Medina del Campo는 물론 제네바의 시장들에 이르기까지 일정한 신용 거래들이 이루어지고 있었고, 이는 훗날 다른 나라들로까지 확산되었다. 이뿐 아니다. 포르투갈인들은 대발견 시대에 무역법과 특히 해상 보험의 발전에 많은 기여를 했다. 일례로, 세계 최초의 보험 약관은 포르투갈인 뻬드로 드 산따렝Pedro de Santarém이 만들었다. 그가 쓴 "상인들을 위한 보험과 보증에 대한 유용하고 일상적인 논문"Tractatus perutilis et quotidianus de assecurationibus et sponsionibus Mercatorum de Santerna은 1554년 처음 발표된 이래 16세기 동안 여러 차례 재발간되었다.

마지막으로, 이제는 철저히 잊혔지만, 동 세기의 금융사史적 관점에서 스페인 은행가들과 상인들이 앤트워프 증권거래소●에 적지 않은 역할을 했다는 사실을 기억해야 한다. 특히 카탈루냐인들과 유대인들뿐만 아니라 부르고스 사업가들의 역할이 돋보였다. 이런 경향은 1575년 스페인의 2차 파산이 있고 나서야 사라졌다. 퍼거Fugger 가문을 연구한 역사학자 에렌버그Ehrenberg는 쿠리엘 데 라 토레Curiel de la Torre와 페르난데스 데 에스피노사Fernández de Espinoza처럼 16세기의 3/4분기에 뛰어났던 인물들에 대해 우리에게 알려

● 1531년 벨기에 앤트워프에 설립된 세계 최초의 증권시장.

준다. 이들은 주저 없이 재원을 투입하곤 했기 때문에 경쟁자들을 앞서갈 수 있었다고 한다. "그들은 대부업자였다. 전통적인 의미에서도, 오늘날의 의미에서도 그렇다." 퍼거 가문의 앤트워프 증권거래소 대리인들은 스페인인들의 끝없는 탐욕 때문에 끊임없이 골치를 앓았다. 국왕조차 그들을 전통적으로 온갖 종류의 투기에 익숙한 제노바인들보다 더한 사람들로 인식하고 있다고 말하는 이도 있었다.[63]

포르투갈 귀족들 가운데 당시 동양권을 누비던 이들도, 높은 자부심에도 불구하고, 부를 거부하지 않았다. 심지어 부를 얻기 위해 계급이나 지위를 유지하는 데 필요한 것들을 저버리는 일도 마다하지 않았다. 지오구 두 꼬우뚜는 당시의 귀족들은 물론 부왕들까지도 "총을 버리고 농장을 가꾸는 일"에 나서거나 장교의 지위를 버리고 상인이 되는 일이 많았다고 증언한다. "직책에 요구되는 임무를 소홀히 하거나 함대는 돌보지 않으면서 자기 배를 불리는 데에만 바쁘"거나 "자신의 열망을 실현하기 위해 인도를 놓고 저울질하는" 행태도 비판한다. 꼬우뚜는 등장인물들 가운데 한 병사의 입을 빌어 "다들 인도에 올 때 '돈이 있어야 대접 받는다'라고 떠들어 대니, [포르투갈] 왕국에 만연한 역병이 이 나라에도 옮은 것 아닌지 모르겠다"라고 말한다.[64]

옛 귀족들 사이에서 최대의 덕목이었던 관대함조차 이 타락한 귀족들은 가치 있게 여기지 않았다. 그들은 가난한 이들과 먹을 것을 나누지 않으려고 식사 시간에 문을 걸어 잠그기 시작했다. 예전에는 이들을 입히고 먹이는 일이 명예와 위엄을 드높이는 일이었는데, 이제는 수치스럽게 여겼다. 이런 측면에서는 "촌락의 왕궁"Corte na aldeia이라는 단편에 나오는 어느 귀족 아버지의 부끄러운 아들과 흡사하다. 이 아들은 아버지로부터 물려받은 막대한 양의 금을 "욕심과 노동으로 금을 얻어 낸 사람처럼" 안전하게 보관하는 데에만 골몰한다.[65]

사실 이베리아 민족이 다른 민족들보다(자본주의적 사고라는 부르주아의 전형적인 창작물을 꽃피웠지만) 더 많은 부를 탐한 것은 아니다. 또한 중세의 윤리학자들이 탐욕의 가장 사악한 형태로 여기던 죄악인 인색함을 이베리아 민족이 덜 가져서 그런 차이가 빚어진 것도 아니다. 양자를 구분하는 가장 큰 요인은, 혈연·지연·우정에 뿌리를 둔 유기적·공동체적 관계보다 비인격적·기계적 질서를 우위에 둘 줄 아는 능력이 이베리아 민족에게 선천적으로 존재하지 않는다는 점이다.

4. 자연과 예술

안또니우 비에이라 신부는 1655년 리스본 왕궁에서 한 '육순 주일Sexagesima; 六旬主日 ● 설교'를 통해 설교를 씨 뿌리는 일에 비유한

● 가톨릭의 절기 중 하나로 부활 전 60일 주일이자 사순절 전 제2주일, 즉 부활 주일 전 8번째 주일이다. 6세기경부터 지켜져 오다가 1969년 오순 주일(Quinquagesima), 칠순 주일(Septuagesima)과 함께 없어졌다.

다. "씨를 뿌리는 것은 예술, 자연에 가까운 예술이니, 씨앗이 어디에 떨어지든 내버려둘지어다."[66] 이런 그의 사상은 포르투갈의 옛 자연주의에 뿌리를 두는 듯하다. 비에이라 신부는 설교와 씨뿌리기에 대한 비교를 성서에서 가져와 자신의 주장에 맞게 각색했을 것이다. 그러나 그가 사용한 '별이 있는 하늘'이라는 이미지에 대해서는 같은 이야기를 못할 것이다. 이 이미지는 당대에 통용되던 관념에는 들어맞지만, 포르투갈의 경우에는 그렇지 못하다.

H. 폰 슈타인H. von Stein은 17, 18세기의 인간은 '자연'이라는 말을 들으면 바로 천국을 떠올리지만 19세기의 인간은 풍경을 떠올린다고 말한다. 아직 시도된 바는 없지만, 이와 관련해서는 성 이그나시오 데 로욜라의 제자이자 비에이라 신부에게 영감을 주었을지도 모르는 발타사르 그라시안Baltazar Gracián이 쓴 구절들과 대조해보면 깨달음을 얻을 수도 있지 않을까 싶다. 비에이라 신부의 『육순주일 설교』보다 4년 앞서 발표된 그라시안의 소설 『비판자』*El Criticón*의 1부Crisi II에서 주인공 안드레니오는 하늘의 별들의 배치에 의구심을 품고 이렇게 묻는다.

위대하신 조물주께서 이 세계의 천장을 꽃 같은 별들로 이토록 아름답게 꾸며 놓으셨습니다. 그런데 왜, 도대체 왜 ─ 내가 말했다 ─ 질서정연하고 조화롭게 배치하지 않으셨습니까? 그렇게 했으면 현란한 매듭과 아름다운 장식품처럼 보일 텐데요.

무슨 말인지 알겠다. ─ 크리틸로가 대답했다. ─ 너는 저 별들이 공들인 자수나 귀하디귀한 작은 보석들처럼 예술적으로, 또 서로 조응cor-respondencia하면서 배치되어 있기를 바라는구나.

네, 바로 그렇습니다. 그렇게 하면 지금보다 더 훌륭하고 모두의 눈을 즐겁게 해줄 빛나는 피조물이 될 것입니다. 게다가 위대한 조물주가 실수로 만든 것 아닌가 하는 멍청한 추측을 일소하고, 만물에 신의 섭리가 깃들어 있다는 것을 천명할 수 있겠죠.[67]

마지막 발언은 당연히 크리틸로의 몫이다. 그의 생각에 따르면 신이 별들의 형상을 만들고 배치할 때, 신의 지혜는 더 중요한 다른 조응, 즉 "별들의 움직임 사이의 조응과 인력引力을 조율"하는 데 할애되었다.

PAU-BRASIL

05

친절한 인간

· 안티고네와 크레온

· 근대적 아동교육과 반가족적 덕목들

· 가산제

· '친절한 인간'

· 의식주의(儀式主義)에 대한 반감이 사회생활·언어·사업에서 어떻게 표명되는가

· 종교와 친절함이라는 가치에 대한 숭배

국가는 가족 테두리의 확장도 아닐뿐더러, 개별적인 욕구에 의해 구성되는 집단들의 통합도 아니다. 후자의 가장 좋은 예가 바로 가족일 것이다. 가족과 국가 간에는 점층적인 변화가 일어나는 것이 아니라 급격한 단절, 심지어는 대립이 존재한다. 가족과 국가가 근본적으로는 하나라는 생각은 낭만주의에서 비롯되었으며, 19세기에 열정적인 신봉자들을 거느렸다. 이들에 따르면, 국가와 국가 기구는 가족이 진화해 발생한 것이므로 가족의 직계 후손이다. 그런데 진실은 다르다. 가족과 국가는 본질적으로 다른 질서에 속한다. 가정과 가족의 질서를 넘어서야 국가가 태어나고, 개인이 도시의 법률 앞에서 시민, 납세자, 유권자, 피선거자, 징병 대상자, 책임자가 될 수 있다. 이는 개인에 대한 전체의 승리, 물질에 대한 지성의 승리, 육체성에 대한 추상성의 승리를 의미한다. 알렉산드리아 철학이 언급하는 지속적인 정화, 더 자연적이고 근원적인 영화靈化, 본질의 향연 따위를 위한 자리는 없다. 초월transcendência은 순수한 형태의 가족 질서를 폐기한다.

소포클레스만큼 가족과 국가의 대립, 그리고 근본적인 양립 불가능성을 강하게 주장한 사람은 없다. 크레온은 지상의 도성의 추상적·비인격적 측면을 대변하는 인물로, 가족이라는 구체적이고 명백한 현실과 맞선다. 국가의 명령을 거역하고 폴리네이케스를 매장한 안티고네는, 개인의 의지보다 시민과 조국의 공적公的 의지를 따르려 했던 오빠 크레온의 분노를 자초한다.

조국보다 자기 친구를 우선시하는
모든 이들을, 나는 없는 셈 치겠다.

안티고네와 크레온의 갈등은 모든 시대에 공통적으로 발생했으며 우리 시대에도 여전히 격렬하다. 일반적 법칙lei geral이 개별적 법칙lei particular을 축출하는 과정은 어떤 문화에서든 사회구조를 심각하게 위협할 수 있는, 꽤 심각하고 장기적인 위기를 불러일으킨다. 이런 위기들에 대한 연구는 사회사社會史의 근본적인 주제 가운데 하나가 되었다. 예를 들어, 과거의 조합 및 길드의 노동 제도를 근대식 공장의 '월급제 노예'와 비교하는 사람은 오늘날 브라질의 사회적 불안을 판단할 귀중한 열쇠를 쥐고 있는 것이다. 과거의 조합에서는 장인, 도제, 일용 노동자들이 하나의 가족을 이루었다. 구성원들 사이에는 천부적인 서열이 있었지만, 궁핍이든 혜택이든 모두 함께 공유했다. 생산 과정에서 고용주와 피고용자를 분리하고 각자의 역할을 차별화한 것은 바로 근대적 산업 시스템이다. 그러면서 양자의 친밀감을 억제하고 계급 간 적개심을 조장했다. 새로운 제도는 고용주, 특히 자본가가 쥐꼬리만 한 급여를 지불하면서 근로자의 노동을 쉽게 착취할 수 있게 해주었다.

근대의 고용주에게(미국의 한 사회학자가 지적하는 바에 따르면) 피고용자는 그저 숫자로 변했다. 인간적 관계가 완전히 사라진 것이다. 대규모 생산, 대규모 노동 계층의 조직, 대규모 이익을 위한 복잡한 메커니즘이 생산 계급의 분열을 심화시켜, 고용주가 육체노동자의 삶에 책임감을 느끼지 않게 되었다. 장인과 도제 또는 일용 노동자가 한 공간에서 같은 도구들을 사용해 일하는 생산 시스템을 근대적 작업장의 일반적인 시스템과 비교해 보라. 전자의 경우, 고용주와 피고용자의 관계는 직접적이고 개인적이었으며 중간자의 개입도 없었다. 하지만 후자의 경우, 육체노동자와 최후의 소유주(즉 주주) 사이에 공장장, 대표이사, 사장, 중역회의, 이사회 등으로 대표되는 관리자 계급이 존재한다. 산재 책임, 부적절한 임금 혹은 열악한 근로 환경 같은 현안이 양 극단을 오가다 보면 책임감은 쉽게 사라지는 법이다.[1]

여기서 언급한, 산업 노동으로의 이행이 가져온 위기를 통해, 우리는 예전의 가족적 질서가 새로운 질서로 대체되면서 나타난 갈등을 막연하게나마 상상해 볼 수 있다. 이제 추상적 원칙에 입각한 제도와 사회적 관계가, 예전의 관계, 즉 정情에 입각한 관계, 혈연에 입각한 관계를 대체하는 경향을 보인다. 오늘날까지도 여러 곳에서, 심지어 대도시에서도 이런 '낙후된' 가족이 질기게 남아 있기는 하다. 가족에만 집중하고 자녀를 가정의 울타리에 적합할 만큼만 교육시키던 낡은 이상에 순종하면서 말이다. 하지만 새로운 생활 여건의 강요 앞에서는 이런 가족 형태도 사라지는 경향이다. 우리 시대의 몇몇 교육학자와 심리학자들에 따르면, 가정교육은 사회,

즉 가정이라는 울타리 밖에서의 생활을 미리 준비시키는 정도에서 그쳐야 한다. 그리고 근대적 이론들은 점점 더 개인을 가족 공동체에서 분리시키려고 한다. 말하자면 가족의 '덕목'들로부터 개인을 자유롭게 하려고 한다. 이런 분리와 해방은 '실용적 생활'에 적응하는 데 필요한 기초적이고도 필수적인 여건을 대변한다고 말할 수 있을 것이다.

현대의 과학적인 아동교육학이 옛 교육 방식이 권장하는 것과 정반대의 길을 선택한 배경이 바로 이것이다. 과거의 교육을 추종하는 사람 가운데 한 명은 나아가 옛 교육 방식의 기초인 순종이라는 덕목조차 장려할 수 있는 때가 정해져 있다고 주장하기도 했다. 즉, 아이가 앞으로 진출하게 될 사회를 앞서 경험한 어른이 만들어 놓은 틀 안에서 경험을 쌓고, 거기에서 파생된 경험과 규칙을 어느 정도 받아들일 수 있을 때까지 기다려야 한다는 것이었다. 그러면서 "특히 아이들은 부모의 생각이 잘못되었다고 여겨질 경우 부모를 거역할 수 있어야 한다"고 덧붙인다. 아동은 "가족 관계에서 유일하게 옳은 원칙인" 개인성을 단계적으로 획득해야 한다. "젊은이들이 옷, 장난감, 전반적인 관심사와 행동을 선택할 때 부모의 지배를 받기도 하는데, 그 정도가 지나쳐 사이코 패스 정도까지는 아니더라도 사회적으로나 개인적으로 무능해지는 경우가 많다. 무시하기에는 숫자가 너무 많다"라며, "생각의 폭이 좁은 부모들뿐만이 아니라, 특히 지극히 건실하고 지성적인 부모들 또한 이런 적절하지 못한 태도를 경계해야 한다. 일반적으로 지식인 부모들이 아이들을 지배하려는 경향이 두드러지기 때문이다. 흔히 '좋은' 어머니가 나

뻔 어머니보다 악영향을 미친다. 물론 이 두 개의 형용사에 대한 일반적이고 대중적인 해석에 기반을 두었을 때 그렇다는 말이다"라고 조언한다.[2]

실제로, 가족이라는 개념이 융성하고 그 기반이 탄탄한 곳(주로 가부장적 가족이 우세한 곳)에서는 현대적 개념에 따른 사회 형성 및 진화가 취약하며, 강력한 제약들과 직면하기 마련이다. 사회 메커니즘에 적응하는 데 심각한 어려움을 겪는 개인들의 위기는 우리 시대에 특히 더 민감하게 다가온다. 개인의 진취성, 시민들 간의 경쟁 등에 입각해 있는, 일부 전형적인 반反가족적 덕목이 결정적인 승리를 거둔 시대이기 때문이다.

지나치게 협소하고 종종 억압적인 가족적 유대가 개인의 삶을 압박할지 모른다는 우려는 이미 제국 시대에도 존재했다. 물론 많은 경우 일찌감치 가정이라는 울타리 안에서부터 강제된 행동 규범에 수반되는 불편함을 고칠 수단들이 없지는 않았다. 고등교육기관, 특히 1827년 상파울루와 올린다에 설립된 법학 대학들이 장기적으로 능력 있는 공적 인간들을 양성하는 데 크게 기여했다. 그리고 그 덕분에, 지방과 농촌에서 상경한 젊은이들이 "자신을 위해 사는" 방법을 터득했고, 학교가 가르치는 지식을 습득함에 따라 점점 가족과의 오랜 연결 고리로부터 자유로워졌다.

지극히 개별주의적인 전통(주지하듯이 아동의 생애 첫 4~5년 동안 결정적이고 지배적인 역할을 하는 바로 그 전통[3])의 틀에서 빚어졌던 학생의 사회적 개성은 새로운 상황과 새로운 사회적 관계에 적응할 수밖에 없었다. 그리하여 가족과의 공동생활을 통해 습득한 관심사·

활동·가치·감정·태도·신념을 종종 급진적으로 수정하게 되었다.

너무나 어린 나이에 부모로부터 멀리 떠나온 이들, 그러니까 까삐스뜨라누 지 아브레우Capistrano de Abreu●의 표현을 빌리자면, "망명한 아들들"은 그때까지만 해도 그들에게 금시되었던 생각인 책임의식이라는 것에 이런 식으로 도달할 수밖에 없었다. 물론 자유 시민 사회의 요구, 점점 증대되는 평등주의적 경향의 요구와는 대척점에 자리하는 가부장적 환경에서 형성된 사고 및 가족과의 유대와 단절하는 데 있어 새로운 경험만으로는 충분하지 못한 경우가 있다. 바로 그 때문에 조아낑 나부꾸Joaquim Nabuco●●는 "우리 정치와 사회에서 [······] 승리하고, 높이 오르고, 통치하는 이들은 고아이자, 버려진 자들이다"[4]라고 말한 것이다.

광범위한 사회 안전망과 복지 시스템을 구축하려는 몇몇 국가의 최근 노력에 대한 비판은 개인의 행동반경을 지나치게 제약한다는 점, 모든 경쟁을 비난한다는 점을 전적으로 문제 삼고 있다. 이런 논지는 시민들 간의 경쟁과 그 결과가 역사상 처음으로 긍정적인 사회적 가치가 되어 버린 시대의 산물이다.

이와 비슷한 논지로, 가족 영역이 지나치게 협소하고 많은 것을 요구한다고 비난하는 사람들, 즉 가정이라는 울타리 안에 아동의

● 브라질의 역사학자(1853~1927).

●● 브라질의 정치인(1849~1910). 작가, 역사학자, 법률가, 웅변가, 언론인 등 여러 분야에서 활동할 정도로 다재다능했으며 브라질문학아카데미(Academia Brasileira de Letras) 설립과 노예제 폐지에 앞장섰다.

지평을 과도하게 제한하고 있다고 비난하는 사람들이 있다. 이들에게는, 엄밀하게 말하면 오늘날에 이르러서야 가족의 이런 분위기가 학교를 부적응자, 심지어 사이코 패스들의 집합소로 만들어 버렸다고 답할 수 있을 것이다. 예전에는 가정 내부에서 형성되고 요구되는 덕목들과, 사회 번영과 시민 질서를 보장하는 덕목들이 최대한 조화를 이루고 일치했다. 존슨 박사Dr. Johnson가 학생들에게 가한 신체적 체벌에 대해 자신의 전기 작가에게 얼렁뚱땅 사과를 하면서도, "모두에게 공통된 공포"를 불러일으키려면 몽둥이가 딱이라며 추천한 일은 그리 오래되지 않았다. 예를 들어, 그가 보기엔 학생에게 "이렇게 저렇게 해야, 네가 형제나 자매보다 앞서가게 될 것이다"라고 세세하게 설명하는 것보다 자신의 방법이 더 나았다. 보스웰에 따르면, 체벌은 체벌을 가하는 것으로 끝나지만, 우열 비교나 우월함을 조장하는 일은 형제자매끼리도 서로 증오하게 만드는, 영구적으로 사악한 토대를 만드는 일이다.

아주 오래전부터 원시적인 가부장적 가족 형태가 지배한 브라질의 경우, 도시화의 전개(이는 도시들의 성장뿐만 아니라, 광대한 농촌 지역을 도시의 영향 권역으로 끌어들인 교통·통신 수단의 발전으로 촉발된 것이기도 했다)는 사회 불안을 수반할 수밖에 없었고, 그 여파는 오늘날까지도 이어지고 있다.

이런 환경에서 자라난 공직자들이 공적 영역과 사적 영역 사이의 근본적 차이를 이해하기는 쉽지 않았다. 그리하여 막스 베버의 정의에 따르면, 그들은 순수 관료와는 다른 '가산' 관료의 특징을 띠고 있다. 가산 관료는 정치 활동 그 자체를 사적인 문제로 간주한다. 그로부터 발생되는 직무·직위·혜택은 개인의 권리일 뿐이지, 진정한 관료 국가에서처럼, 즉 시민의 법적 권리를 보장하기 위한 노력과 직무의 특화가 우선시되는 국가에서처럼, 객관적 이해관계가 아니다.[5] 공직을 수행할 사람을 채용할 때에도 후보자들과의 인간적인 신뢰에 의거할 뿐, 각 개인의 능력은 고려하지 않는다. 관료 국가의 특징이라 할 수 있는 비개성적 규칙이 모든 방면에서 부족하다. 세습적 관료제는 직무의 점진적인 분화와 합리화를 통해 순수 관료제의 외양을 획득할 수 있다. 하지만 전자와 후자는 본질적으로 다르다.

브라질의 경우, 객관적인 이해관계에 의거하고, 또 헌신했던 행정 시스템과 관료 집단은 예외적으로만 존재했다고 말할 수 있다. 우리 역사를 돌이켜 보면, 폐쇄적인 울타리들 속에서, 따라서 비인격적 질서와는 거리가 먼 환경에서 발현된 사적 의지가 지속적으로 우위에 있었음을 확인할 수 있다. 물론 그 울타리들 중에서 특히 가족의 울타리가 우리 사회에서 가장 강력하고 두드러지게 표출되었다. 그리고 가족 단위(이른바 '원초적 접촉'의 영역이자 피와 심장으로 맺어진 영역)의 확실한 우위가 결정적인 효력을 발휘하면서, 가정생활을 통해 만들어진 관계가 항상 우리의 모든 사회적 구성에서 의무적 모델이 되었다. 이런 일은, 중립적이고 추상적인 원칙에 근거한 민주적 제도가 사회에 반反개별주의적 규범을 장착시키고자 할 때에도 어김없이 일어난다.

인류 문명에 브라질이 무엇을 기여할 수 있냐고 물어 온다면, 우리가 세계에 '친절한 인간'homen cordial상을 제시할 수 있을 것이라고 천진난만하게 답하곤 한다.[6] 사람을 대할 때의 소탈함, 환대, 너그러움 등 브라질을 찾는 외국인들이 칭찬해 마지않는 그런 덕목들은 실제로 우리의 특징이다. 가부장적 농촌에서 형성된 우리 선조들의 공동생활 규범이 풍요롭게 살아 있는 한 그렇다. 이런 덕목들이 '훌륭한 매너' 내지는 예절을 의미한다고 생각한다면 오산일 것이다. 사실 넘쳐흐를 만큼 극도로 풍부한 감정을 표현하는 가장 적절한 방식이라고 보는 편이 더 적절하다. 예절에는 강제적인 요소가 들어 있기 마련이고, 따라서 계명이나 경구로 요약될 수 있다. 많은 이들이 알고 있듯이 정중함이 사회 공동생활의 가장 일상적인 측면을 구성하는 일본에서는 심지어 정중함이 종교적 숭배와 뒤섞이기도 한다. 이미 알고 있는 사람들도 있겠지만, 일본 신토神道 의식에서 신을 숭배하는 모습은 그들이 사회에서 서로에게 존중을 드러내는 방법과 근본적으로 유사하다.

어떤 민족도 브라질인들만큼 이런 삶의 의식儀式 개념과 동떨어져 있지 않다. 우리의 사회적 공동생활의 일반적인 형태는 사실 정중함과는 거리가 멀다. 외견상 그렇게 보일 수는 있다. 정중한 태도는 '친절한 인간'에게는 자연스러운 것이기 때문이다. 즉, 자연적이고 생생한 형식이 일종의 공식으로 치환된 것이 정중함이다. 어떻게 보면 정중함은 사회에 대한 일종의 방어 조직이라고 할 수 있다. 한 개인의 외면, 즉 겉 피부에 자리하다가 필요할 때면 저항의 도구로 사용될 수 있는 것이다. 각자가 자신의 감수성과 감정을 온전하게 보호할 수 있도록 해주는 가면과 같다고도 볼 수 있다.

친절함(꼭 정통적이어야만 발현되는 것도 아닌)의 외형을 이렇게 양식화하면, 삶에 대한 영혼의 결정적인 승리가 드러나게 된다. 이 가면을 쓴 개인은 사회적인 것에 비해 스스로 우월하다고 느끼게 된다. 그리고 실제로도 정중함은 지속적이고도 존엄한 존재감을 개인에게 부여한다.

'친절한 인간'에게 사회생활이란 어떻게 보면 자신과 같은 사람들과 함께 살아가야 한다는 것에서 느끼는 공포, 모든 실존적 상황에서 스스로에게 의지하면서 느끼는 공포로부터의 진정한 해방이다. '친절한 인간'이 타인들에게 자신을 드러내는 방식은 개인을 점점 더 사회의 일부, 즉 주변부로 축소시키는데, 이는 브라질 사람에게(전형적인 아메리카인들에게 그러하듯) 가장 중요한 일로 다가온다. 무엇보다 그들은 타인 가운데 살게 된다. 니체Nietzche가 "그대들의 부적절한 자기애가 그대들을 소외의 포로로 만든다"[7]라고 말한 것도 이런 인간들을 염두에 둔 것이었다.

사회적 의식주의儀式主義에 대한 이런 반감이 의미 있는 이유는 의식주의가 매사에 균형 잡힌 균일한 인성을 강력하게 요구하기 때문이다. 바로 이 때문에 브라질인들은 상급자에 대한 존경심을 오랫동안 유지하는 데 어려움을 느끼게 되었다. 우리의 기질은 존경심을 어느 수준까지 용인하기는 하지만, 가족처럼 더불어 살 수 있는 가능성만큼은 완전히 억눌리지 않기를 내심 바란다. 다른 민족들에게는 일반적인 존경의 표시가 이 땅에서는 친밀한 관계를 맺으려는 바람으로 화하곤 한다. 이는, 많은 부분에서 우리와 닮은 포르투갈인들이 직함과, 존경을 불러일으킬 만한 표식에 애착을 갖는다는 사실을 생각해 보면 더욱 분명하게 다가온다.

언어의 영역을 예로 든다면, 우리는 강조를 위해 축소사diminutivo* 를 습관처럼 사용하는데, 이때 앞서 말한 그들의 행동 양상이 드러난다. 우리는 종종 어미에 '잉유inho'라는 접미사를 붙여 사람이나 사물에 친근감을 표시한다. 감정의 문을 여는 것과 동시에 마음을 여는 한 방식인 것이다. 축소사에 특별한 애착을 갖고 남용하는 것에 대해 포르투갈인들이 우리를 종종 비웃는다는 사실을 알고 있다. 우리가 포르투갈인들의 눈물겹고 애처로운 감상성을 조롱거리로 삼는 만큼이나 그들도 우리를 조롱하는 것이다.[8] 우리의 구문 형태를 면밀히 연구해 본다면 분명 이 주제와 관련해 귀중한 발견을 할 수 있을 것이다.

사회적 호칭에서 성씨姓氏를 생략하는 경향 또한 동일한 현상이라고 볼 수 있다. 일반적으로 이름, 즉 세례명이 성씨보다 우선한다. 포르투갈에서는 뿌리 깊은 전통이기도 한 이런 경향은(주지하듯이, 성씨는 12세기가 지나서야 중세 가톨릭 유럽에서 널리 쓰이기 시작했다) 우리 브라질인들 사이에서는 이상할 정도로 두드러진다. [성을 빼고] 상대의 이름만 부르는 현상은, 서로 별도의 가족에 속한다는 사실에서 비롯되는 심리적 장벽을 허무는 행위와 관련이 있을 것 같다. 일정 수준의 친밀함 내지는 '화합'의 규율을 받아들이는 것은

● 접미사의 일종으로, 크기나 수량의 적음을 나타내거나 대상에의 친근함을 표현할 수 있다.

인간에게는 자연스러운 태도다. 그리고 이 과정에서, 페르디난트 퇴니스Ferdinand Tönnies의 다소 추상적인 표현을 빌리자면, 혈연·지연·영혼의 공동체[9]에 의거하지 않는 사고는 자연스럽게 배격된다.

오직 감성의 윤리에 입각한 '더불어 삶'만이 존재한다는 점은 외국인들이 쉽게 파고들지 못하는 브라질식 삶의 한 측면이다. 그리고 우리에게 이런 존재 방식은 너무나 특징적이어서, 경쟁을 기초로 한 활동에서도 사라지지 않는 것이 보통이다. 필라델피아 출신의 한 장사꾼은 언젠가, 브라질에서든 아르헨티나에서든 단골손님을 유치하려면 그들과 우정을 쌓아야만 한다는 사실에 놀랐다고 앙드레 지그프리트에게 말한 바 있다.[10]

오랫동안 우리와 함께해 온 가톨릭도 꽤나 고유한 특징을 띠게 되어서, 우리가 성인들을 허물없이, 친근하게 대하는 모습은 신심이 깊은 이들에게는 무례해 보이기까지 할 것이다. 이 역시 비슷한 이유에서 비롯된다. 성녀 리지외의 데레사(떼레징야 성녀Santa Teresinha) ● 가 브라질에서 큰 인기를 끈 것은 숭배 방식이 제례나 거리감 대신, 사랑과 우애를 권장하면서 친밀함이 강조되기 때문이다. 아기 예수도 마찬가지여서, 우리가 어린 시절 함께 놀던 단짝 친구의 이미지를 지니고 있다. 또한 정경正經으로 인정되는 성서의 복음서보다 위경僞經, 특히 다양한 유아용 복음서에 등장하는 아기 예수를 떠올린

● 본명은 테레즈 마르탱(Therese Martin, 1873~97)인 프랑스의 성녀. 가르멜회 수도녀로 1925년 교황 비오 11세가 성인으로 추대했다. 어린 예수와 성스러운 얼굴의 테레즈(Therese de l'Enfant-Jesus et de la Sainte-Face)로도 불렸다. 평범한 기본 의무를 충실히 지키며 '작은 길'과 '사랑'을 강조했다.

다. 상파울루에서 열리는 '세뇨르 봉 제주스 지 삐라뽀라'Senhor Bom Jesus de Pirapora 파티에 가 본 사람이라면, 예수가 제단에서 내려와 서민들과 삼바 춤을 추었다는 이야기를 기억할 것이다.

우리가 이베리아반도에서 물려받은 이런 숭배 형태는 궁정 종교가 몰락의 길로 접어들었을 무렵의 중세 유럽에서도 찾아볼 수 있다. 초개인적이던 궁정 종교는 고딕 양식의 웅장한 건축물이 공동의 의지를 대변한다고 여겼다. 한 역사가에 따르면, 이 시기가 지난 후 좀 더 인간적이고 소박한 종교적 감성이 피어났다. 집집마다 제단을 꾸미고 모든 가족이 수호성인 앞에서 무릎을 꿇었다. 그리스도와 성모마리아, 그리고 여러 성인들은 이제 더 이상 인간 감정과 동떨어진 특권적인 존재로 묘사되지 않았다. 모든 귀족과 평민은 성스러운 존재들과 친밀한 관계를 맺고 싶어 했으며, 하느님조차 친숙하고 가정적이며 가까운 친구로 여기기 시작했다. 이런 하느님의 이미지는 '궁정적' 하느님, 즉 기사가 영주를 대하듯이 무릎을 꿇고 충성을 맹세하는 대상으로서의 이미지와는 정반대였다.[11]

이와 유사하게, 브라질인들의 가장 특징적인 기질의 하나인, 거리감에 대한 경멸이 종교의 영역으로도 옮아갔다. 이 점에서도 우리는 앞서 언급한 일본인들의 태도와는 정반대로 행동하고 있다. 일본에서는 의식주의儀式主義가 사회적 행동의 영역을 침범하고 엄격함을 부여하는 반면, 브라질에서는 의식의 엄격함이 느슨해지고 인간화된다.

쉽게 예상할 수 있듯이, 이런 의식주의에 대한 반감은 심오하고 교양 있는 신앙심과는 잘 어울리지 않는다. 존 헨리 뉴먼John Henry

Newman[*]은 설교에서, 만일 성공회가 좀 더 미신적이면, 만일 대중에게 더 큰 영향력을 끼칠 수 있다면, 만일 사람들의 상상력과 가슴에 좀 더 직접적으로 다가갈 수 있다면, 조국 영국은 훨씬 더 큰 이익을 얻을 수 있으리라는 '굳은 신념'을 표명한 바 있다. 이와 반대로 브라질에서는 바로 친밀하고 가족적이며, 의무와 엄격함이 없는 숭배, 이런 표현이 부적절할지는 모르겠지만 이를테면 '민주적'이라고도 부를 수 있는 그런 숭배가 신자에게서 일체의 노력, 신실함, 절제를 면제해 주었고, 결국 우리의 신심을 뿌리부터 뒤흔들어 놓았다. 브라질 제국 시대의 그 유명한 성직자 논쟁Questão Religiosa[**] 때부터 오랫동안 나라를 동요시킨 거센 싸움이, 사실은 다른 무엇보다도 비따우 지 올리베이라Vital de Oliveira 주교[***]가 자신의 '과도한 열의'를 포기하지 않았기 때문에 촉발되었다는 사실은 상당한 의미가 있다. 게다가, 올린다의 주교의 완고함이 용서할 수 없는 죄악이라고 비난하던 이들 가운데 상당수가 신심이 깊은, 또는 최소한 스스로 신심이 깊다고 믿는 가톨릭 신자들이었다는 점은 더욱

---

[*] 영국의 가톨릭 신학자이자 추기경(1801~90)으로, 1833년 존 키블(John Keble) 등으로부터 영향을 받아 '옥스퍼드 운동'을 전개했다. 버밍엄과 런던 등에서 활약하며 오라토리오회를 창립하기도 했다.

[**] 1864년 '프리메이슨과 관련 있는 자는 모두 파면시키라'는 내용의 칙령이 교황 비오 19세로부터 내려왔으나, 프리메이슨과 밀접한 관계를 맺고 있던 동 뻬드루 2세가 이를 거부하면서 시작된 왕궁과 교회 간의 분쟁. 맹렬한 반대를 표명했던 교황지상주의(ultramontanism)자 올린다와 벨렝의 주교가 강제 노역 및 구금에 처해지면서 분쟁은 일단락되었지만 교회가 왕에 대한 지지를 철회하는 계기가 되었다.

[***] 카푸친작은형제회 소속 신부이자 올린다의 20대 주교였다(1844~78).

특별하다.

피상적인 종교성은 제례의 내밀한 의미보다 외적인 화려함과 허례허식을 중시한다. 또한 구체성에 집착할뿐더러 진정한 영성에 대해서는 씁쓸할 만큼 무지하기 때문에 거의 육체적이라고도 할 수 있다. 완고하지 않아서 타협에 능하지만, 그 누구도 강력한 사회적 도덕규범을 만들어 내라는 요구를 하지 않는다. 스스로 길을 잃고 형태 없이 세상에 녹아들어 가기 때문에 결국 그 세상에 자신의 질서를 강제하지 못하는 그런 종교성인 것이다. 이성과 의지 대신 감정과 감성에만 호소하던 그런 종교성의 테두리 안에서는 그 어떤 정치 발전도 이루어질 수 없었다. 그래서 우리의 공화정이 실증주의자들 또는 불가지론자들에 의해, 우리의 독립이 비밀 공제 조합원들에 의해 각각 달성되었다는 사실은 놀랍지 않다. 특히 우리의 초대 황제는 비밀 공제 조합원들에게 어찌나 공개적으로 투항했던지, 이 나쁜 본보기에 메테르니히Metternich 재상조차 놀랄 정도였다.

브라질 남성은 물론 여성도 신심이 부족하다는 사실은 페르낭 까르징Fernão Cardim ● 신부 때부터 지금까지 모든 외국인 여행자의 시선을 사로잡아 왔다. 그는 16세기의 뻬르남부꾸 여자들이 "상당히 숙녀이지만 신심이 깊지 않으며, 미사나 강론, 고해성사 등을 등한시한다"[12]라고 말했다. 1822년 부활절에 상파울루를 방문한 오귀

● 포르투갈 출신의 예수회 신부(1549~1625). 초기 브라질 식민지에 대한 증언을 다수 남겼다.

스트 드 생 틸레르Auguste de Saint-Hilaire*는 종교 의식 중 신자들의 산만함에 마음이 아팠다면서 이렇게 적고 있다. "그 누구도 엄숙한 마음으로 종교 의식에 참석하지 않는다. 지체 높은 사람들은 그저 습관적으로 참석할 뿐이다. 보통 사람들은 오락의 일종으로 여기며 나올 뿐이다. 참석한 사람들 대부분이 주교가 손수 집도한 성찬배령에 참여했다. 하지만 이리저리 한눈을 팔았고, 본인이 성찬을 배령하는 엄숙한 순간 직전까지도 대화를 멈추지 않았을 뿐만 아니라 끝나자마자 다시 이어갔다." 조금 더 뒤에서는, "(길거리에) 교회와 교회 사이를 분주히 오가는 사람들이 수없이 많지만, 그들에게서 그 어떤 종교적 열성의 징표도 찾아볼 수 없었다"[13]라고 덧붙였다.

사실, 끊임없이 강한 자극을 원할 뿐만 아니라 눈과 귀가 꿰뚫리지 않고서야 영혼을 꿰뚫는 깨달음을 얻을 수 없는 사람들의 신앙심에서 기대할 수 있는 것은 그리 많지 않다. 키더 목사는 "영광스럽고, 화려하고, 눈부신 의식의 특징인 소음과 난잡함, 유쾌함과 겉치레의 와중에서 자극이 아닌 더 영적인 숭배의 여지를 찾고자 하는 사람이 있다면 대단한 열정을 지녀야만 한다"[14]라고 말한다. 지난 세기 중반의 또 한 명의 방문자는 브라질에 더 엄격한 숭배 형식이 자리 잡을 가능성에 대해 깊은 회의를 표명했다. 그는 프로테스탄트조차 이 땅에서는 타락할 것이라고 개탄한다. 그리고 "이곳의 기후가 북유럽 종파의 엄격함에는 불리하다. 금욕적인 감리교나 청

● 프랑스의 식물학자, 자연주의자, 여행자(1779~1853). 브라질을 몇 년 동안 여행하며 19세기 브라질의 여러 풍습 및 풍경을 글로 남겼다.

교도는 열대지방에서는 절대 꽃피우지 못할 것이다"[15]라고 덧붙였다.

트렌트 공의회 때부터 가톨릭은 친절함이라는 가치에 더해 좀 더 구체적이고도 감각적인 종교 형식을 예찬했다. 이는 종교개혁의 공세에 대항해 영혼을 재정복하고 가톨릭 신앙을 홍보하기 위해 노력해야 한다는 요구에 따른 것이다. 브라질은 이에 우호적인 환경을 제공했고, 우리의 사회적 행동의 또 다른 전형적인 특징들에도 잘 들어맞았다. 특히 의식주의에 대한 우리의 반감은, 초기 유럽인 관찰자들이 말하는 "무기력하고 어째 우울한 땅"이라는 표현으로 어느 정도 설명될 수 있다. 사실 의식주의는 우리에게 불필요한 것이다. 우리를 둘러싼 환경에 우리가 보이는 반응은 방어적인 것이 아니다. 브라질인들의 내면적인 삶은, 자신의 개성을 포용하고 지배해 하나의 사회 단위에 의식 있는 일부로 통합시킬 수 있을 만큼 특별히 응집력이 강하지도, 규율이 잡혀 있지도 않다. 바로 이 때문에, 브라질인들은 삶의 여정 중에 만나는 갖가지 생각·행동·형식에 자유롭게 자신을 내맡겨 종종 별 문제없이 동화되는 것이다.

P A U - B R A S I L

06

새로운 시대

브라질인의 사회성은 집단의 질서에는 도움이 되지 않는 요소다. 우리는 조직의 초超개인적인 원칙에 거부감을 느끼고, 우리들 사이에서는 종교 숭배가 과도하게 인간적이고 현세적이 된다. 또 우리의 모든 일상적인 행동에는 가족의 영역에서 형성된 개성이 빈번하게 드러난다. 각 개인은 자신의 감정적인 기준과 충돌할 경우 일반 원칙을 쉽게 포기하고, 오직 타인과 세상으로부터 자기 자신이 돋보이게 하는 것에만 관심을 둔다.

　따라서 우리가 외부 객체에 몸과 마음을 맞추는 일은 매우 드물다. 우리가 규범을 회피할 때, 이는 자유의지에 따른 것이라기보다 그저 단순한 위반, 무질서, 무절제 때문이다. 알려진 바와 같이, 우리는 미적 창작에서부터 감정 노동에 이르기까지, 주체가 자신과 다른 세계에 반드시 종속되어야만 하는 갖가지 느리고 단순한 활동에 우호적이지 않다. 요구가 많고 규제적인 시스템을 개인의 개성이 견디기 힘들어 하는 것이다. 스스로를 지적이라고 여기는 브라질인들은 여러 가지 상이한 이념과 신념을 동시에 품고 있는 것이 보통이다. 이 이념과 신념을 미사여구를 동원해 그럴듯하게 꾸며 상상력에 호소하면 그만이었다. 그것들 사이에 모순이 발생해도 별것 아닌 것으로 치부한다. 모순을 열정적으로 정당화할 능력이 부족한 이들을 향해 심지어는 경악하기도 하고 분노하기도 한다. 뛰어난 재능의 브라질 사람들은 거의 모두 이런 부류에 속한다고 해도 과언이 아닐 것이다.

우리는 노동을 통해 자기만족만을 추구한다. 노동의 목적은 우리 자신이지 일 그 자체가 아니다. 다시 말해, 행위 그 자체를 지향하는 것finis operis이 아니라 행위자가 추구하는 목적finis operantis이 중요하다. 브라질에서의 직업 활동은 개인의 삶에 우발적으로 등장하는 것이다. 다른 민족들 사이에서, 직업 활동을 지칭하는 어휘들이 거의 종교적인 어감을 지니는 것과는 상반된다.[1]

오늘날까지도 브라질에서는 의사·변호사·엔지니어·언론인·교수·공무원 등이 자기 분야에서만 일하는 경우가 드물다. 브라질이 자유로운 나라가 되고 나서 얼마 지나지 않아 허먼 부르마이스터 Hermann Burmeister● 가 지적한 일이 끊임없이 되풀이되었음을 알 수 있다. "여기에선 아무도 자신이 선택한 길의 자연스러운 진로를 따라가지 않는다. 모두들 높은 보수를 받는 자리나 더 높은 위치로 도약하는 데 열중한다. 그리고 꽤나 자주 성공을 거둔다. (……) 소위가 민병대 소령이나 대령으로 도약한 뒤, 그 계급의 정규군으로 돌아갈 궁리를 한다. 공무원은 엔지니어 직책을 맡기 위해 노력하고, 가장 능력이 뛰어난 군의 엔지니어는 세관의 세금 징수원이 되기 위해 자기 자리를 버린다. 해군 장교는 함대 사령관의 제복을 열망

● 독일의 자연학자(1807~92)로 1850년 브라질 미나스제라이스를 답사한 뒤 세 권의 견문록을 펴냈다.

한다. 대여섯 개의 직책을 맡고선 아무 일도 안 하는 것이 드문 일이 아니다."

우리의 대학들은 저마다 매년 수백 명의 졸업자를 배출하지만, 이들이 학교에서 배운 것을 실생활에 활용하는 일은 매우 드물다. 이미 앞 장에서 일반적으로 자유직업을 선호하는 경향이 우리의 식민지적인 농업 배경과 궤를 같이해 왔음을 설명하려고 했으며, 다른 한편, 그것이 농업 주도 환경에서 도시 생활로 급격히 전환된 현상과도 관련 있음을 지적했다. 그런데 이 현상은, 몇몇 호사가들이 주장하는 바와는 달리, 완전히 우리만의 특징이라고는 할 수 없다. 예를 들어, 독립 전쟁 후의 미국에 '학력주의라는 고질병'이 확산된 것에 비하면 브라질은 그 정도가 훨씬 덜하다고 할 수 있다. 뉴잉글랜드에서 이른바 '대졸자'들이 가진 권위는 상당했다. 청교도들이 이를 인간의 법이 주님의 법을 뛰어넘으려는 시도로 보아 경계했는데도 그랬다.[2] 브라질이 변호사의 땅인 것과, 법대 졸업생이 보통 가장 높은 지위와 직책을 맡는 것이 일반적인 우리의 상황을 비난하는 이들에게 한 가지 말해 주고 싶은 것이 있다면, 우리만 그런 것이 아니라는 점이다. 필라델피아 제헌의회의 구성원 대부분은 직업 변호사였고,[3] 오늘날에도 미국의 주의회나 연방의회의 의석 절반가량을 역시 변호사들이 차지하고 있다. 워런 G. 하딩Warren Harding과 허버트 후버Herbert Hoover를 제외한 모든 미국의 역대 대통령들은 변호사 아니면 군 출신이었다. 이는 우리의 상황과 정확하게 일치한다. 이에 대한 비판은 브라질에서도 미국에서도 격렬하다. 이런 현실은 퍼시벌에서 애스키스까지, 한 세기 동안 단 한 명의 변호

사 수상도 배출하지 않은 대영제국의 경우와 명확히 대비된다.[4]

비록 모든 아메리카 대륙이 공유하는 경제·사회적 요인들이, 브라질에서 자유직업이 가졌던 위상에 광범위한 영향을 끼쳤다고는 하지만, 이들 직업이 모국 포르투갈에서 이미 전통적으로 같은 위상을 가졌다는 점을 잊어서도 안 된다. 포르투갈 역사상 거의 모든 시대에 학위증이란 고위 공직에 오를 수 있는 추천서만큼의 효력을 지니고 있었다. 『사기의 기술』*Arte de furtar*이 주장하는 바를 그대로 믿는다면, 17세기에는 매년 100명 이상의 학생들이 공직을 얻기 위해 꼬임브라의 문턱도 밟지 않은 채 이 대학의 학위증을 받았다.

어찌 됐든, 학력주의라는 악습에서도 개인의 개성을 그 어떤 가치보다 우위에 두는 경향이 드러난다. 학위가 부여하는 품격과 위용은 개인이 사려 깊게 행동할 수 있도록 해주며, 개성을 굴복시키기 마련인 물질적 부와의 끊임없는 싸움에서 그를 해방시켜 줄 수도 있다. 오늘날 우리의 사회적 분위기가 이런 특권적 상황이 예전처럼 유지되는 것을 용납하지는 않지만, 그리고 학위의 특권에 함축된 특정한 물질적 여건이 더는 예전 같지 않지만, 대부분 사람들의 시각이 선조들의 그것과 크게 변하지 않은 것도 사실이다. 여기서 한 가지 강조할 것은, 자유직업에 대한 매혹의 기원은 개성이라는 가치에 대한 우리의 집요한 애착과 밀접한 관계가 있다는 점이다. 여기서 우리는 그 매혹이, 쉽게 받아들여지기 힘든 물질적 환경 속에서도 어떻게 살아남을 수 있었는지를 알 수 있다. 사실 수많은 공직처럼 최소한의 노력과 투자와 예속만으로도 안전과 안정이 보장되는 삶을 갈망하는 것에 대해서는 다른 설명의 여지가 없다.

고정된 형식과 일반적인 법칙에 대한 명시적인 사랑은 복잡하고 어려운 현실을 우리의 욕망의 영역에 가둬 버리곤 하는 브라질 국민성의 가장 영속적이고 의미심장한 측면의 하나다. 지성으로 쌓은 이 구축물은 상상력을 위해 취하는 휴식과도 같다. 마치 박자가 무용수의 육체에 요구하는 규칙성에 비견될 수 있다. 우리의 정신적 배경은 문서화된 말과 정교한 문구와 완고한 생각의 권위, 그리고 한편으로는 주저하면서 다른 한편으로는 거리낌 없는 모호한 태도를 혐오하는 것 등에 의해 줄기차게 형성되었다. 이런 권위와 혐오의 조합은 협력, 노력, 개성의 의존적 태도, 나아가 포기까지 강요한다. 끈질김과 수고가 수반된 지적 노동을 배제하는 것, 명료하고 단호하고 확실한 생각들을 배제하는 것(일종의 지적 무기력증의 원인이다)이 우리에게는 지혜의 본질을 구성하는 것처럼 느껴진다.

실증주의가 우리는 물론 칠레와 멕시코 같은 친척 국가의 국민들 사이에서까지 훌륭하게 성공을 거둘 수 있었던 이유도 바로 [프랑스의 사회학자] 오귀스트 콩트Auguste Comte의 불가항력적인 철학 체계가 우리의 정신에 부여한 그 휴식 때문이었다. 실증주의를 신봉하는 사람들에게 이 철학 체계의 위대함과 중요성은 삶의 유동성과 가변성에 저항하는 바로 그 능력에 있다. 새로운 사상이 마침내 승리하리라는 신봉자들의 확신은 실로 인상적이다. 세상은 결국 이 사상을 확고히 받아들였다. 새로운 사상은 합리적이었고, 그 완벽함에 논쟁의 여지가 없었으며, 선한 의지와 상식이 있는 모든 사람을 압도했다. 그 어떤 것도 일련의 인간 욕구가 요구하는 새로운 정신의 숙명적인 부상을 제거할 수도, 또 막을 수도 없었을 것이다. 인류의 스승이 인류에게 물려 준 과학적·지적 자산은 모든 시대, 모든 땅의 유사한 욕구를 충족시켜 주기에 충분했을 것이다. 우리의 역사, 우리의 전통은 그 완고한 원칙들에 의거해 재창조되었다.

물론, 브라질 실증주의자들은 천진난만하게도 자신들이 그들의 정치적 설계에 우리의 '기존 상태', 우리의 고유한 특징, 우리의 특별한 전력을 존중했다고 상상했다. 예를 들어, 공화정이 들어선 지 2개월 후에 작성된 '호메로스 102'라는 문서에서, 그들은 브라질을 두 종류의 연합으로 나누자고 제안했다. 하나는 "체계적으로 연방에 편입되어 있으며, 유럽적 요소가 아프리카적 요소 및 아메리카 토착 요소와 융합된 서구 브라질 연합Estados Ocidentais Brasileiros"이고, 다른 하나는 "브라질 아메리카 연합Estados Americanos Brasileiros인데, 후자는 경험적으로 공화국 전역에 흩어져 있는 주술적인 부족들로 구성되어 있다. 이 두 연합은 서로 가까운 국가들 사이에 존재하는 의무적인 우호 관계 정도를 갖는 연방을 형성하되, 연방 정부는 각 연합을 모든 종류의 폭력으로부터 보호해 주어야 한다."[5]

사상의 기적에 대한 이 같은 신뢰의 저변에는 우리의 현실에 대한 은밀한 공포가 자리하고 있었던 것이 아닐까? 브라질의 실증주의자들positivists은 역설적이게도 항상 부정적이었다. 오귀스트 콩트가 자신의 저서 『실증 정신론』The Positive Philosophy에서 '실증' 혹은 '긍정'positive이라는 단어에 부여한 의미를 생각해 본다면, 그들은 긍정적이지 않았다고 할 수 있다. 그들은 한 가지 고집스러운 믿음, 즉 자신들이 고수하는 원칙이 진실이라는 믿음에, 그리고 이 원칙에

230

입각해 행동한 자신들과 동시대인들이 후대에 좋은 평가를 받게 될 것이라는 확신에 도취되어 살았다. 이런 확신은 국가의 나머지 사람들로부터 그들을 지켜 주었다. 설령 일정한 직업이 없었더라도 어쨌든 그들은 대단한 책벌레였다. 그리고 나머지 사람들은 '숙명적으로'(그들이 쓴 글에 가장 고집스럽게 등장하는 부사이기도 하다) 그들의 가르침을 받아들이거나 그들이 주장하는 진실을 따르게 되면서, 그들에게 다가오게 될 것이었다. 어느 순간 그들은 브라질 사상의 귀족, 즉 우리의 '지식계급'intelligentsia을 형성하기에 이르렀다. 그들은 일부 통치자들이 총애하는 참모들이었고, 독재자 포르피리오 디아스Porfírio Diaz●●의 주위를 맴돌았던 그 유명한 '과학자들'científicos●●● 과 비슷한 역할을 수행했다.

하지만 그들이 본질적으로 지닌 부정적인 천성은 우리의 공적인 업무에 그 어떤 건설적인 영감, 즉 '실증(긍정)적인' 영감을 불어넣어 주지 못했다. 정직·성실·청렴 등 그들이 과시하던 미덕들은, 더 활동적이고 덜 양심적인 정치인들에 대항할 수 있는 힘이 되어 주지 못했다. 많은 이들이 우리 공화정의 창시자라는 칭호를 붙여 마지않는 벤자민 꽁스땅트 보뗄류 지 마갈량이스Benjamin Constant Botelho

---

● Positivism은 우리말로 '실증주의'로 번역되지만 원저자는 '긍정주의'라는 의미와 함께 사용하고 있다.

●● 멕시코의 군인이자 대통령(1830~1915)으로, 1876년 쿠데타에 성공해 멕시코혁명으로 쫓겨나기까지 35년간 군부독재를 이끌었다.

●●● 포르피리오 디아스의 참모진을 일컫는 말. 주로 유럽에서 정규 엘리트 코스를 밟은 유학파들로 구성되었다.

de Magalhães●는 왕정의 마지막 해를 제외하고는 단 한 번도 투표권을 행사하지 않았다. 그나마 그 한 번도 집안과 가까운 지인으로 상원 의원에 출마한 안드라지 삔뚜Andrade Pinto 고문을 모시고 싶어 했기 때문이었다. 그는 종종 우리 정치에 염증이 난다고 말하곤 했다.[6] 그와 가까운 지인의 증언에 따르면, 그는 새로운 체제가 개막될 즈음해서는 우리의 공적 생활에 심한 환멸을 느껴 아예 신문도 읽지 않았다고 한다. 그 증언은 다음과 같이 이어진다. "그는 뻬드루Pedro가 통치하든 마르칭유Martinho가 통치하든, 또 자유주의자가 통치하든 보수주의자가 통치하든 무관심했다. 그의 의견에 따르면, 이 모든 게 아무 짝에도 쓸모없는 것이었다. 나는 우리의 정치적인 사안들에 대한 벤자민의 무관심과 멸시를 이상하게 여겼다. 교육깨나 받았다고 하는 브라질인들은 보통 그러지 않았기 때문이다. 벤자민은 그 이상한 점에 대해 설명하고자, 자신이 너무나 숭고한 정신의 소유자라서 그런 사소한 것들에 신경 쓰고 싶지도, 그럴 겨를도 없다고 내게 말했다. 평생을 바쳐 열정적으로 연구해 온, 수학이라는 심오한 연구를 하기에도 시간이 빠듯하다는 것이었다."[7]

하지만 실증주의자들은 이 땅에서 상당한 성공을 거둔 뒤 자신들에 대해 자각하기 시작한 브라질인들 중에서 가장 특징적인 사례일 뿐이다. 현실 도피의 여러 형태 가운데, 사상의 힘에 대한 주술적

● 브라질의 군인이자 엔지니어(1836~91). 당대 브라질 군에 널리 퍼져 있던 실증주의를 폭넓게 받아들였고, 1889년 공화당 반란을 이끌었다.

믿음이야말로 정치·사회적 청소년기를 힘겹게 지나고 있던 우리에게 가장 품위 있는 것처럼 보였다. 우리는 브라질식 생활 여건에 얼마나 들어맞을지, 또 어떤 변화들이 일어날지에 대한 숙고 없이, 복잡하고 정치적인 체계를 남의 땅으로부터 도입했다. 사실, 민주적 자유주의의 비인격적 이념은 우리들 사이에서는 결코 뿌리내리지 못했다. 우리는 이 원칙들을, 권위가 불편을 느껴 무작정 거부를 표명하는 지점까지만 받아들이면서, 위계질서에 대한 우리의 본능적인 혐오를 확인하면서도, 통치자들과의 친밀함은 유지했다. 브라질에서 민주주의는 애석하게도 늘 잘못 이해되었다. 반半봉건 농업 귀족은 민주주의를 들여와, 그들이 누리던 권리와 특권이 허용하는 한도 내에서만 수용하려고 애썼는데, 이런 특권은 사실 오래전 부르주아가 귀족들과의 투쟁에서 표적으로 삼았던 것이다. 그들은 이렇게 당시 시대의 흐름에 잘 어울리면서도 여러 책과 연설을 통해 칭송받던 일부 구호들을, 비록 겉치레라 할지라도 우리의 전통에 결합시킬 수 있었다.

브라질에서는 겉모습만이라도 개혁적이었던 운동들의 거의 전부가 위에서 시작되어 아래로 향했다는 점이 꽤 흥미롭다. 이렇게 말해도 될지 모르겠지만, 개혁 운동들은 감성적 영감이자 지적인 영감의 산물이었다. 우리의 정치적 발전이 진행되는 과정에서 거둔 자유주의의 성취였던 독립은 사실 거의 예기치 않게 찾아왔다. 많은 민중이 이런 발전을 냉담하게, 심지어는 적대적으로 받아들였다. 이 발전은 정신적 소인素因이나 특별한 감정적 소인에서 피어난 것도, 완전한 성숙에 이른, 잘 정의되고 구체화된 삶의 개념에서 피어난 것도 아니었다. 새로운 사상의 주창자들은 삶의 형식이 항상 개인 의지의 표현은 아니라는 점, 삶의 형식을 법령으로 '만들'거나 '뒤엎을' 수는 없다는 점을 종종 망각하곤 했다. 11월 15일 사건에 대한 유명한 아리스치지스 로부Aristides Lobo의 편지는, 그 모든 선전과 청년 학생들 사이에서의 인기 몰이에도 불구하고, 공화정이라는 이상의 실현이 우리에게는 의외의 사건일 뿐이었다는 사실을 생생히 증언한다. 새로운 체제의 대표적 인물이었던 그는 "당분간은" 이라고 운을 뗀 뒤, "정부가 완전히 군사적인 색채를 띨 텐데 그럴 수밖에 없다. 시민의 협력이 거의 전무해서 [공화정의] 성취는 그들, 오직 그들만의 업적이기 때문이다. 대중은 우둔해 그 상황을 당황한 채, 놀란 채, 그것이 무엇인지 이해하지도 못한 채 구경만 했다" 라고 말했다.

독립선언에 앞서 일어난 자유주의적 소요는 열정적인 소수의 위업이었다. 그리고 민중에게 일으킨 반향도 우리 조국의 역사 개론서들이 주장하는 것보다 훨씬 제한적이었다는 사실은 두말할 나위 없다. 당시 브라질 내륙 지방 여행기를 저술 중이던 생틸레르라는 사람은, 리우데자네이루에서 1월 12일 이전까지 일어났던 사태들은 유럽인들이 촉발시켰고, 지방의 혁명들은 부유하거나 권력을 지닌 몇몇 가문이 주도했다고 기록했다. 그는 "대중은 그저 모든 것에 무심했다. 그들은 마치 동화에 등장하는 한 당나귀처럼 "짐을 평생 지지 않아도 되게 될까?"라는 질문만을 던질 뿐이었다."[8]

우리의 옛 식민지 규범은 포르투갈 왕가가 1808년 브라질에 불가피하게 이주하면서 발생한 여러 사건들 때문에 처음으로 심각하게 위협받았다. 일부 도시에서 부상하기 시작한 세계주의cosmopolitismo는 전통과 여론에 의거한 농장주들의 우월적 지위에 직격탄을 가하지는 않았어도 새로운 지평들을 열었고, 농촌 생활의 즐거움과 여유를 점차 교란하게 될 새로운 야심들을 야기했다. 독립과 섭정정치의 위기 등 급변하는 상황 속에서 사람들은 갑작스레 여러 가지 의무를 강요받기 시작했고, 많은 이들은 이 급격한 변화에 어떻게 적응해야 할지조차 몰랐다. 그때부터 '의식적意識的인' 요소들과 브라질 대중 간의 거리감이 명백히 드러나기 시작했고, 그 후 브라질이 결정적인 국면을 맞을 때마다 이 거리감은 좀 더 뚜렷이 드러났다. 책, 언론, 연설 등은 현실을 절대적으로 '어렵고 슬픈' 것으로 그리기 시작했다. 자연과의 공존에서 도시라는 규칙적이고 추상적인 존재로의 이행은 브라질인들에게 심층적인 위기를 야기했을 것이다. 가장 훌륭하고 민감한 이들은 대놓고 삶을 증오하기 시작했다. 당시의 표현을 빌리자면, '삶의 감옥'이었다. 우리의 낭만주의자들은 형식적인 측면에서 인위적이었고 진정성이 부족했다. 그저 바이런, 뮈세, 에스프론세다를 모방하거나, 샤토브리앙과 쿠퍼가 거의 모든 세세한 부분까지 선취한 관습적 인지우주의indianismo를 답습하거나, 빅토르 위고의 울림이 깊은 언어를 고상한 시구詩句로 옮겨 놓았을 뿐이었다.

다른 나라에서와 마찬가지로, 브라질 낭만주의자들은 고전주의적 인습을 버리고자 했다. 하지만 우리의 열대 자연을 초라하고 우스꽝스러운 전원적 풍경처럼 만들어 버렸을 뿐이다. 개인과 본능에 대한 선호를 통해 낭만주의는 더욱 강력한 역할을 맡을 가능성이 있었을 뿐만 아니라, 실제로 어느 정도 그러했다. 이를 달성하고자 존재의 어두운 심연으로까지 내려갈 필요도 없었다. 자발성에 만족하기만 하면 되었다. 사실 낭만주의가 우리에게 진정한 의미의 새로움을 가지고 온 것은 아니었다. 낭만주의가 보여 준 염세주의, 실연에 따른 자살, 심지어 눈물 쏙 빼는 감상주의는 식민 모국의 서정시 전통의 특징이었다. 그래서 여성적 감성, 퇴폐적 감성, 활기 없는 감성의 확산에 대한 우려도 있었다. 특히 우리가 독립 국가로서 막 각성하기 시작했던 시점에서 그랬다. 모든 역량을 부정적 자극을 방어하기 위해 쏟아 부어야 했던 시기였기 때문이다.

겉모습에만 홀려, 낭만주의 문학의 상승과 하강 작용이 브라질 현실에 피상적인 흔적, 그 이상을 남겼다고 생각하면 안 된다. 브라질 낭만주의 문학을 대표하는 이들이 아무리 근본적인 진솔함을 가졌었다 하더라도 말이다. 이 세상 바깥에 또 다른 세상을 만드는 것이 가능해지면서 문학에 대한 사랑은 머지않아 일상적 현실에 대한 두려움으로부터 편히 도피할 장소를 마련하도록 도와주었다. 이 현실에 대해 건전하고 생산적인 반발을 할 수 있었을 텐데도 그러지 않았다. 이 현실을 고치거나 지배하려고도 하지 않았다. 그저 이 현실을 잊거나 증오했고, 그러면서 조숙한 환멸과 성숙한 환상이 야기되었다. 마샤두 지 아시스Machado de Assis ● 야말로 바로 이 온실이

● 브라질의 시인이자 소설가(1839~1908). 브라질 문학의 거장으로 유명하며 '브라질 문학아카데미'의 초대 대표이사 직을 맡았다. 대표작으로는 『브라스 쿠바스의 사후 기록』

피운 꽃이었다.

당대 우리의 모든 사유는 기본적으로 하나 같이 연약하고 내적 모순을 가지며, 사회에 대해 무관심하다. 어떤 미학적 구실이라도 내용을 결정할 수 있었다. 철학자 준께이라 프레이리Junqueira Freire● 가 자서전에서 밝힌 다음과 같은 말은 이를 잘 보여 준다. "같은 말임에도 사용된 언어가 호화롭고 새로웠을 뿐이다. 진실된 것은 아무것도 없었다. 모든 게 아름다울 뿐이었다. 과학보다는 예술에 가까웠고, 주춧돌이기보다는 화려한 돔 천장에 가까웠다."

브라질에서도 생각 있는 사람들이 법을 제정하거나, 조직을 관리하거나, 실무적인 일을 하는 경우들이 있었다. 그래도 그들은 대체로 순수했고 책과 말로 사는 사람들이었다. 그래서 자기 자신에서, 자신의 꿈과 상상력에서 벗어나지 못했다. 이 모든 일이 허황된 책속의 세계를 만들어 냈고, 정작 우리의 진짜 삶은 그 안에서 질식해 죽어 가고 있었다. 우리는 우리가 사는 세계의 조연에 불과했기에 우리의 욕망이나 망상 속에서나마 좀 더 다정한 세계를 재창조하고자 했던 것이다. 이는 우리가 하찮고 같잖은 일들을 접하더라도 우리 자신을 낮추지 않을 방도, 우리 개성을 희생시키지 않을 방도였

(*Memorias Postumas de Bras Cubas*, 1881), 『껭까스 보르바』(*Quincas Borba*, 1891) 등이 있다.

● 브라질의 시인, 철학자이자 베네딕트 수도회 소속 신부(1832~55). '브라질문학아카데미'의 25번째 회원이기도 하다.

다. 자기 육체를 부끄럽게 여긴 알렉산드리아의 플로티누스처럼, 우리 또한 문어文語, 수사, 문법, 형식적인 권리 등 더 고상한 것들에만 매달릴 뿐, 진정한 일상적 존재의 터전인 산문적 현실을 잊고 말 것이었다.

책을 향한 비잔티움적 사랑은 많은 경우, 졸업 반지나 학위증과 마찬가지로 지식의 보증서이자 정신적 우월성의 징조로 여겨졌다. 그리고 (지나가는 말이지만) 우리가 이런 구체적인 상징에 과도한 가치를 부여한다는 점도 주목할 만하다. 육체와 감각의 집요한 개입 없이는 우리는 사상에 다다르지 못한다고도 할 수 있다. 당대 우리의 공식적 지성의 전형으로 여겨지던 동 뻬드루 2세는 책에 어찌나 헌신했던지, 혹자는 그가 국무보다 독서에 시간을 더 투자했다고 다소 오해 섞인 발언을 하기도 했다. 그의 전기를 집필한 사람은 이를 희화적으로, 그러나 악의 없이 그려내기도 했다. 우리의 박식한 하미스 가우방Ramiz Galvão으로부터 들은 바에 따르면,

황제는 오감을 만족시키는 책들을 좋아한다고 했다.
책의 외관 혹은 생김새는 '시각'을 만족시키고,
페이지의 부드럽거나 거친 느낌을 만끽할 때 '촉각'이 충족되며,
책을 뒤적일 때의 그 부드러운 펄럭거림은 '청각'을 즐겁게 하고,
인쇄된 종이가 뱉어 내는 냄새, 또는 제본에 사용된 얇은 가죽의 냄새는 '후각'을 자극한다.
'미각'이 충족된다 함은, 책의 지적인 맛일 수도, 혹은 실제로 책장을 넘길 때 손끝을 혀로 살짝 적실 때 느껴지는 맛일 수도 있다.[9]

가톨릭 성당에서 예배를 집도하는 개신교 목사와 비교되기도 한[10] 이 황제의 모습은 사실, 19세기 하반기의 브라질에서는 그렇게 드문 것도 아니었다. 그의 성정 가운데 상당 부분을 우리는 앞서 살펴보았던 실증주의자들의 그것과 비교해 볼 수 있다. 실증주의자들 역시 인쇄된 책장의 막역한 친구들로, 자신의 취향과 판단에 따라 새로운 현실을 재창조해 낼 수 있는 방법을 책을 통해 배웠다. 이와 같은 태도에는 진정 이상하다 할 만한 것은 전혀 없었다. 동 뻬드루 2세는 당대의 전형적인 인물이자 브라질인이었던 것이다. 그리고 역설적이게도 옛 식민지 시대 귀족, 즉 농업 귀족들이 다른 이들에게, 특히 재능 있고 글을 숭상한 사람들인 도시인들에게 자신이 누리던 지위를 양도하게 되는 과정에서 동 뻬드루 2세는 변화의 첨병이 되었다.

이는 옛 농업 세계와 그 핵심 대표자들이 몰락의 길을 걷게 되면서 그 빈자리가 새로운 엘리트층, 즉 '정신'적 귀족으로 채워질 수밖에 없었기 때문이다. 프랑스 문학을 읽고 상상력을 꽃피운 사람들만큼, 본질적으로 귀족적인 우리 전통 사회의 특성을 최대한 보존할 준비가 되어 있는 집단은 없었다. 심각한 물질적 고민이라고는 없는 유년기나 청소년기를 보낸 덕분에 이런 특징을 습득했다는 사실 자체만으로도 '가진 자들이여 복 받을지어다'beati possidentes라는 말에 해당되는 혈통이었음을 충분히 알 수 있다.

하지만 우리의 지성이 확연히 보수적이고 귀족적인 사명을 띠고 있다는 것을 드러내는 또 다른 흔적들도 있다. 그중 하나가 진정한 재능이란 진정한 고귀함과 마찬가지로 자연발생적이며 선천적이라는 가정이다. 이 가정은 오늘날까지도 추종자들 사이에서는 정설처럼 받아들여진다. 노동과 적절한 학습은 지식을 얻게 할 수는 있어도, 그 단순함과 반복성을 놓고 보자면 사람을 퇴화시키는 천한 노동과 유사하다고 보는 것이다. 또 다른 흔적은 다름 아닌 자신을 둘러싼 세계와의 자발적인 거리 두기, 이와 관련된 가장 전형적인 표현들에서 많이 볼 수 있는 초월적·비공리적 특징이다. 여기서 짚고 넘어가야 할 점은, 지식을 다른 사람들과 차별화하는 수단으로 생각하는 경향이 종종 드러난다는 점이다. 이 경우 지식에 대한 욕구는 지적이거나 사회적인 것이 아니라, 지식을 연마하는 이들의 위엄과 품위를 높이기 위한 것이 된다. 그 결과, 형식과 외형을 중시하는 부류의 박식함을 숭배하게 되어, 사람들은 마치 반짝이는 보석인 양 특이한 이름, 과학적 냄새를 풍기는 표현, 생소한 언어의 인용구들을 수집해 독자를 현혹시키게 된다.

어려운 외국 이름들로 점철된 특정 이론들이 갖는 권위와 그런 이론들을 수입하는 행위 자체는 이런 태도와 아주 밀접하게 연결되어 있는 듯하다. 그뿐만 아니라 세상 모든 것을 단순화시켜 나태한 이성으로도 쉽게 이해할 수 있게 하려는 세계관과도 관련이 있는 듯하다. 그러나 복잡한 세상이 요구하는 것은 수고스럽고 세심한 정신 작용이다. 따라서 말의 유혹이나, 요술 지팡이를 휘두르듯 단번에 모든 것을 해결하려는 거의 초자연적인 덕목은 배제된다.

우리 가운데에는 기껏해야 진리의 일부만을 수용했다고 볼 수밖에 없는데도 불구하고 성공한 교육자들이 수없이 많다. 게다가 그들은 그 파편적 진리들을 진보를 위한 유일하면서도 필수적인 요소들로 둔갑시킨다. 가장 대표적인 예를 하나 들자면, 국민의 문해화에 대한 신기루를 들 수 있다. 초등학교를 많이 만들고 ABC를 가르치면 우리의 모든 문제점이 단번에 해결될 수 있다는 것을 증명해 내기 위해 얼마나 많은 미사여구가 낭비되었는가. 단순화를 좋아하는 몇몇 사람들은 심지어 우리가 이런 점에서 미국처럼 행동한다면, "브라질은 20년 이내에 문해화를 달성할 것이고, 세계 제2 혹은 제3의 강대국이 될 것이다!"라고 주장하기까지 한다. 그뿐만이 아니다. 그들 가운데 어떤 이는 이렇게 말하기도 한다. "브라질 21개 주의 옛 주 정부들이 교양이 풍부하고 학력 높은 주민들을 양성하기 위해 힘을 썼다고 가정해 보자. 혜안 덕택에 이를 달성한 미국의 각 주처럼 말이다. 그랬다면 우리가 사는 이 브라질은 모든 주에 걸쳐 놀랄 만한 진보를 이룩해 냈을 것이다. 모든 주가 민간 철도로 연결되었을 것이며, 대단히 부유한 도시들로 가득했을 것이며, 풍요로운 농작물이 넘쳐 났을 것이며, 강인하고 건강하고 활기찬 주민들이 살고 있었을 것이다."[11]

대규모 문해화가, 가장 완벽하고 모두가 선망하는 모델인 미국의 기술 문화 및 자본주의 문화의 필요조건이 아니라는 점을 이 수많은 진보의 나팔수들에게 납득시키기는 힘들 것이다. 게다가 600만 명의 성인 문맹자가 있는 미국은 문해화 측면에서 덜 '진보적'인 다른 국가들보다 우위에 있지 않다. 심지어 미국의 한 교육 당국이 집계한 바에 따르면, 주민이 30만 명가량인 중서부의 어느 공동체 한 곳만 해도(문화적인 것들을 존중하노라고 자부하는 공동체로, 스스로를 제2

의 보스턴이라고 여길 정도다) 학교에 가지 않거나 아예 입학도 하지 않는 아동의 수가, [1871~1918년까지의] 독일제국 전체를 통틀어 학교를 가지 않은 아동의 수를 웃돌았다.[12]

이런 문화적 이상과는 별개로, 난순한 대규모 문해화 자제가 엄청난 이득을 가져다줄 것이라는 기대도 헛된 것일 수 있다. 문해화를 완결 지을 다른 근본적인 교육 요소들이 따르지 않는다면, 이는 장님의 손에 쥐어 준 권총에 비할 일이다.

이런 식의 만병통치약, 또한 이와 유사한 또 다른 만병통치약들은 한편으로는 그런 주장을 하는 사람들의 잘못된 사고를 보여 주고, 다른 한편으로는 우리의 현실적 조건들에 대한 극도의 환멸을 은폐한다. 여러 담론은 저마다 어조와 내용은 다르지만, 언제나 동일한 의미와 동일한 비밀스러운 기원을 지닌다. 브라질적이고 그로테스크하고 염세적인 보바리즘bovarismo을 확산시켰다는 이유로 브라질 제정을 비난하는 많은 이들은 그 문제가 세월이 흘러도 완화되지 않았다는 점을 간과하고 있다. 나아진 것은 기껏해야 우리가 덜 민감하게 반응한다는 점일 것이다.

공화국의 필요성에 대해 한참 선전할 때에는 새로운 체제와 함께 이른바 국가적 열망에 부합되는 시스템을 도입하는 것이 옳다고 여겨졌다. 그렇게 되면 이 나라는, 적어도 아메리카 안에서만이라도, 변덕스러운 구닥다리 정치 행태를 보이지 않고 살 수 있으리라는 계산이었다. 그러나 사실은 부정적 사고가, 이 공화국의 선전자들을 부추겼다. 이들은 브라질이 새로운 길로 접어들어야 한다고 생각했다. 브라질에 대해, 브라질의 '생물학적' 현실에 대해 '부끄러워'했기 때문이다. 새로운 삶을 위해 투쟁했던 이들은 어쩌면 자신들의 선조들보다 더, 국가가 스스로의 자연적 힘만으로는 성장할수 없다고 생각했는지도 모른다. 즉, 국가는 밖에서 안으로 형성되는 것이며, '타인'들의 인정을 필요로 한다고 생각했다.

바로 이런 측면에서, 우리의 공화국은 적어도 한 가지는 제정을 뛰어넘었다고 볼 수 있다. 왕정에서는 조정하는 권력Poder Moderador의 원칙 — 유럽인 뱅자맹 콩스탕Benjamin Constant은 국가 원수의 진정한 헌법적 지위를 정의할 때 그 기반으로 '중립적 권력'pouvoir neutre이라는 개념을 사용했는데, '조정하는 권력'은 이 개념을 적용한 사례이자 모든 정치적 조직의 핵심이기도 했다 — 이 국민의 경험 부족 덕에 일찌감치 무너져 내렸다. 결국 조정하는 권력의 원칙은 우리의 후견적 군주제의 토양을 마련한 셈인데, 가부장적 농업 시스템이 팽배한 곳에서는 이해할 수 있는 일이었다. 영국 모델을 따르기는 했지만 이념보다 사람과 가문을 대변한 브라질식 양당 정치는 기본적인 연대 및 투쟁의 필요성을 충족시켰다. 궁극적으로, 브라질 의회 자체가 이런 연대와 투쟁의 가시적인 이미지를 제공하는 기본적인 역할을 수행해야 했다.

07

우리의 혁명

브라질의 노예제 폐지를 농업의 우위가 끝남을 알리는 신호탄으로 본다면, 이듬해에 정립된 정치적 기틀은 새로운 사회 구성에 효과적으로 대응하기 위해 마련되었다고 할 수 있다. 이 두 가지를 비롯한 수많은 사건들 사이에는 하나의 연결 고리가 자리하고 있다. 그것은 우리 사회에서 느리게, 그러나 안정적이고도 일관되게 진행되어 온 혁명이다. 그것은 우리가 브라질 역사 전반에 걸쳐 경험한 유일한 혁명이었다. 역사학자들은 특유의 열정과 꼼꼼함 때문에 국민적 삶의 외적인 변화를 과장해서 기록하기 일쑤이지만, 그 혁명은 표면적으로 별다른 격변 없이 진행됐다. 여타 스페인 아메리카에서 발생한 일들과 마찬가지로 이 혁명에 즈음해 일어난 공화국 시대의 소요 가운데 대부분은 브라질의 정치 궤적에서는 단순한 일탈에 불과할 뿐이다. 유럽 역사를 아는 사람들에게는 대단히 친숙한 예전의 '궁정 혁명' 정도에 비견될 일들인 것이다.

사실 이런 움직임의 기저에 미국의 대통령 선거와 동일한 의미, 동일한 공리가 깔려 있다고 주장하는 이들도 있었고, 어쩌면 일리가 있을지도 모른다. 물론 그에 따른 사회적 변화의 진폭은 미국의 대통령 선거보다 더 심대하지는 않을 것이다. 미국의 한 저자는 "모든 가능성을 살펴보았지만, 이 혁명들이 생업에 끼칠 수 있는 손해는 미국의 대통령 선거보다 훨씬 적으며, 심지어 그다지 많은 비용이 들지도 않는다"[1]라고 말한다.

브라질의 위대한 혁명은 특정한 한 시점에 일어난 사건이 아니다. 적어도 4분의 3세기 동안 지속된 매우 더딘 과정이었다. 쭉 이어진 산악처럼 여러 봉우리가 혁명의 정점들을 구성한다. 앞장에서는 우리의 국가 발전이 가장 결정적인 국면을 맞은 해로 1888년을 주목했는데, 그 이유는 새로운 시국을 가로막는 전통적인 제동장치 가운데 일부가 바로 그 해에 작동을 멈추면서 변화가 불가피해졌기 때문이다. 이런 의미만을 놓고 보면 노예제 폐지는 분명 두 세대를 가르는 가장 눈에 띄는 이정표다.

새로운 시스템이 바로 설 만한 토양이 갖춰지기 시작한 것도, 시스템의 중추가 농촌에서 도시로 옮겨간 것도 사실상 바로 이때부터다. 제정 시대 내내 우리 사회의 기반을 뒤엎기 위한 끊임없는 시도들이 최종 단계에 다다랐다고 하기에는 무리가 있을지도 모른다. 하지만 적어도 가장 첨예한 단계에 돌입했다는 데에는 논쟁의 여지가 없을 것이다. 우리는 느린 지각변동이 일으킨 마지막 반향을 아직도 목격하고 있고, 앞으로도 오랫동안 목격할 가능성이 높다. 이 지각변동은 우리 문화에서 이베리아적인 것을 뿌리 뽑고, 새로운 양식(우리가 이런 양식에 '이베리카적'이라고 이름 붙이는 것도 우리의 착각일 수 있지만, 그 특징은 이 반구에서 빠른 속도로 확산되고 있다)으로 대체하려 하고 있다. 브라질에서만 일어난 현상은 아니지만 이베리아주의와 농업주의는 뒤섞여 있었다. 그래서 농촌 세계가 와해되고 도시의 무자비한 침략에 자리를 내 준 바로 그날, 해외 식민지에 대한 포르투갈의 영향력 또한 통째로 무너져 내리기 시작했다.

우리 문화에 아직도 포르투갈과 이베리아적인 형식이 남아 있다고 한다면, 그 이유는 무엇보다도 '아메리카주의'의 결함에서 찾아야 한다. 이 결함이란 지금까지만 놓고 본다면, 우리에게는 생소한 극렬한 시위, 외세에 의한 강제적 의사 결정 등으로 요약될 수 있다. 아메리카인은 내부적으로는 아직 존재하지 않는다. 우리 시대의 가장 뛰어난 시인 가운데 한 명은 일찍이 이렇게 말한 바 있다. "아메리카적 활동은 피를 신경세포로 환원시킨다."[2]

여기서 도시가 비대해지는 데 가장 결정적인 역할을 한 것은 바로 농업 생산 중심지의 몰락이라고 조심스럽게 강조하고 싶다. 이전에는 농촌을 보완하는 역할에 지나지 않던 도시들은 마침내 자신의 존재와 그 우월성을 주장하기 시작했다. 사실 우리는 브라질의 역사가 전개되는 과정에서 동시에 일어나 한 방향으로 수렴한 두 가지 움직임을 떠올려 볼 수 있다. 그중 하나는 도시 공동체의 활동을 팽창시키려는 목적을, 다른 하나는 농촌의 영향력을 제한하려는 의도를 갖고 있었다. 농촌은 결국에는 단순한 식량 공급지, 다시 말해 도시의 '식민지'로 전락하게 된다. 특정 요인들이 전자의 움직임에 호재로 작용했다. 가령, 처음에는 그것이 그야말로 지상 과제처럼 여겨졌기 때문에, 또 나중에는, 비도시적 조직화(예컨대 강력한 농촌 귀족의 형성과 자급자족적 경제)의 여러 요인들에 힘입어 득세한 농업주의가 그 저항력을 잃고 나서야 도시의 팽창이 두드러졌다.

사탕수수 재배가 19세기 전반기에 영향력을 잃고 그 우월적 지위를 커피에 내어 주게 되는데, 흥미롭게도 이 시기는 전반적으로 전통의 점진적인 소멸과 맞물려 있다. 하인리히 한델만은 사탕수수와 커피, 두 작물을 비교하면서, 귀족 계층을 형성해 사회 계층화를 부추기던 식민지 시대의 생산방식과 평등을 추구하는 생산방식이 공존하게 된 현실에 주목했다.

이 역사가는 커피야말로 사탕수수나 면화보다 훨씬 '민주적인 작물'이라고 말하기까지 했다. 그에 따르면, 커피 재배에는 광활한 토지나 막대한 자금 따위가 필요 없었다. 토지가 분할되고 대농장주의 수가 줄어들면서 커피라는 작물은 좀 더 손쉽게 퍼져 나갔다. 그리고 이 모든 것이 공공의 이익에 크게 기여했다.[3]

19세기에 쓰인 그의 글을 읽다 보면 그 당시의 커피 농업은 아직 브라질 농업경제 내에서 독보적인 우위에 도달하지 못한 상태였다고 생각하기 쉽다. 그러나 사실, 적어도 리우데자네이루 주와 빠라이바Paraíba 계곡 전반적으로 커피 농장들은 사탕수수 재배의 선례를 거의 완벽하게 답습해서 가능한 한 거의 자족적인 단위를 만들었다. 그런 단위를 형성하려면 어쩔 수 없이 대규모 자금이 필요했는데, 그건 누구나 손에 쥘 수 없는 것이었다. 토양이 황폐해져서 수익성이 낮아진 곳을 제외한다면, 토지 분할도 충분한 규모로 진행된 적이 없었다.[4]

특히 상파울루 주 서부(1940년이 아닌 1840년의 서부)의 경우, 커피 농장들이 식민지 시대부터 고전적인 사탕수수 재배 및 제당 농장 모델로 정형화된 농업 방식에서 벗어나 독자적인 특징을 가지기 시작했다. 옛 제당 농장 농장주의 그림자는 농지와 농업 전통(혹은 관례)과 점점 멀어지면서, 고유한 특징 몇 가지를 잃게 되었다. 농지는 이제 농장주들만의 작은 세계가 아니라, 수입원이자 부를 창출해 주는 수단이 되어 갔다. 농장은 도시의 영향력 확대에 점점 덜저항하게 되었고, 많은 농장주가 도시로 이주, 정착했다. 가내 공업은 빠른 속도로 쇠퇴했고, 농촌 지역의 자율성을 어느 정도 담보해주던 식량 재배지도 상당 부분 감소했다.

이 현상은 어느 정도는 노동력 부족과 관계가 있다. 노예무역 폐지의 효과가 커피 재배의 광범위한 확대와 시기적으로 일치하기 때문이다. 우리가 이미 알고 있듯이, 예전의 노예들은 커피나무 4천5백에서 5천 그루를 도맡아 관리하고, 나머지 시간에 도로를 정비하거나 옥수수·콩·카사바·쌀·고구마 등을 재배했다. 하지만 1884년경 리우데자네이루 주의 노예들은 1인당 7천 그루 가까이 되는 커피나무를 전적으로 돌봐야만 했다. 이런 상황에서 흔히 일어나듯이, 커피는 가용 노동력의 대부분을 흡수하면서 모든 농업 생산자들이 선망하는 독보적이고 품위 있는 부의 원천이 되었다. 식량 작물 재배와 판매에 주력하던 농민들이 나름대로 큰 수익을 올리고 있었는데도 불구하고 '끼딴데이루'quitandeiro라고 비하되었던 이유는 이렇게 설명될 수 있다.[5]

한편, 초창기부터 전대미문의 자본이 커피 재배에 집중되었는데 이로 인한 장밋빛 전망은 농장주들이 커피 재배지를 지속적으로 확대한 결정적인 계기가 되었을 뿐만 아니라 노동력을 분산시킬 수있는 모든 것을 외면하게 만들었다. 주제 마누에우 다 폰세까José

Manuel da Fonseca●는 제정 시대였던 1858년, 상파울루 상원에서 이런 실태를 언급했다. "사탕수수 농장에서 커피 농장으로의 이행이 상파울루에서도 일어나면서 식료품의 가격 상승을 부채질했습니다. 의회에도 제당 농장을 소유한 고귀한 상원 의원들이 계신 줄로 압니다. 여러분들께도 증언을 해주십사 부탁하는 바입니다. 농장주가 사탕수수를 재배할 경우에는 콩은 물론이고 사탕수수에 해가 되지 않을 정도의 거리를 두고 옥수수도 심을 수 있습니다. 이 모든 일은 사탕수수 재배용 토지를 준비하는 데에도 큰 도움이 됩니다. 벌채는 모든 것에 도움이 되고요. 바로 사탕수수를 재배하던 시절 토지가 비옥했던 깜삐나스에서, 수도 및 다른 필요 지역에 식량을 제공한 지방에서 있었던 일들입니다. 하지만 오늘날 깜삐나스를 비롯한 이 모든 지방이 커피나무로 뒤덮여 있습니다. 이 커피라는 작물은 심은 지 얼마 안 된 어린 묘목일 때에만 다른 작물과 함께 재배할 수 있습니다. 하지만 커피나무가 어느 정도 성장하고 나면 여타 작물을 함께 심을 수 없는 것은 물론, 토양도 불모지나 다름없게 되어 어쩌면 영원히 곡물을 심을 수 없게 합니다. 그 땅을 다시 쓸 수 있으려면 아주 오랫동안 휴경해야 합니다."[6]

이런 상황과 더불어 교통수단, 특히 커피 재배지들을 주로 연결해 주었던 철도의 발달은 농촌 지역과 도시 간의 의존관계를 강화하고 증진시켰다. 과거에는 농장들이 스스로 식량을 자급자족했지

● 상파울루 주 준지아이(Jundiaí) 시에 제당 농장 및 커피 농장을 보유했던 당시의 상원 의원(1803~70).

만, 생산이 단순화되면서 결과적으로 식량을 배분하는 역할을 도시에 의존할 필요성이 증가했다. 그 결과, 농업 지역은 점점 봉토이기를 포기하고 산업 생산의 중심지를 상당 부분 닮아 가기 시작했다. 커피가 한델만의 말대로 '민주적인 작물'의 모습을 갖게 되었다면, 이런 맥락에서였다. 커피와 접촉하는 농장주는 얼마 지나지 않아 농촌보다 도시에 더 어울리는 사람이 되었고, 농장은 이따금 주택이나 별장으로 여겨지기도 했지만 무엇보다도 생계 도구가 되었다. 식물의 재배 노하우는 이제 더 이상 전통이나 공동체 생활을 통해 경작지와 함께 물려받는 것이 아닌, 학교와 책에서 배우는 것이 되었다.

커피의 문화가 이렇게 임금노동을 받아들이게 되는 토대를 마련했다는 점을 상기해 본다면 노예제의 폐지가 커피 재배지에서는 큰 파괴력을 보이지 않았다는 사실도 이해할 수 있다. 이 지점에서 도시의 우위 현상에 가속도가 붙었고, 변화를 향한 길도 더욱 활짝 열리게 되었다. 세계 시장에서 설탕 가격이 급락하는 것과 더불어 1888년 5월 13일, 노예 해방 사태를 겪은 북부 지방은 더 이상 농업의 몰락이라는 끝없는 구렁텅이에서 헤어날 수 없는 것처럼 보였다. 자신의 지배적 우위가 무너지는 것을 지켜본 설탕 남작들은 새로운 삶의 여건에 순응할 수밖에 없었다. 북동 지역 출신의 낭만주의 작가 주제 린스 두 헤구José Lins do Rego● 는 작품을 통해, 당시까

● 브라질 지역주의 소설의 거장(1901~57)으로 꼽히며, 자전적 소설 『제당 농장의 아이』(*Menino de Engenho*)가 대표적이다.

지만 해도 타성처럼 잔존해 있던 오랜 가부장적 관습들마저 해체해 버린 중대한 변혁을 심도 있게 다루었다. 새로운 환경은 더 이상 그 관습들을 조장하지 않았을 뿐만 아니라 결연히 단죄하기 시작했다. 옛 근대적 공장의 출현에 따른 제당 농장의 소년, 과거 농업 시스템의 권위 실추, 도시형 산업 시설에서 영감을 받은 기업형 농장주들의 부상 등은 당시에 진행되고 있던 진화의 방향성을 분명히 보여준다.

노예 해방을 비롯한 일련의 요인들에 의해 결정적인 타격을 입고 무력해진 과거의 농장주들은 새로운 제도를 받아들일 수밖에 없었다. 공화국이 귀족 사회 대신 금권정치를 창출하면서 그들을 완전히 무시했다고도 말할 수 있다. 예전에 제도를 이끌고 독려했던 계급 체계가 붕괴되면서 제정 시절에는 우울한 침묵이 감돌았다. 이들이 한때 국가에 제공하던 일정한 화합은 영영 복구되지 못했다. 이 상황은 군주제 자체의 영향이라기보다는 영원히 사라져 버린 구조에서 비롯된 것이었다. 공화주의 제도에 의해 외부적으로 보완된 사회현상인 지속적이고 진보적이고 압도적인 도시화는 결국 농촌적 기반을 파괴했고, 지금까지도 무너진 체제의 세력을 대체할 만한 것이 등장할 수 없게 만들었다.

이 상황에서 가장 재앙적인 점은 바로 군주제가 아직도 권위를 유지하고 있었다는 점이다. 존재 이유를 잃은 지 오래였을 뿐만 아니라, 특별한 조치를 강구하지도 않은 채 어떻게든 명맥을 유지하려 하면서 말이다. 브라질이라는 국가는 전통 시스템의 지지 기반이 사라진 뒤에도 그 외적 형태의 일부를 훌륭한 유산으로 둔갑시켜 보존했다. 브라질은 중심 없는 주변부였던 것이다. 우리의 국가적 기틀의 성급한 성숙, 기이한 세련됨은 이와 같은 상황의 결과물이다.

전제주의는 우리의 친절한 천성과 어울리지 않기 때문에 브라질은 전제국가일 필요도 없고 그래서도 안 된다. 하지만 활력과 절도, 위대함과 배려는 필요하다. 또한 브라질이 강력해지려면 우리의 이베리아 선조가 모든 덕목 가운데 가장 으뜸이라고 가르쳤던 존경도 필요하다. 국가는 이를 통해 진정으로 놀라운 힘을 국민 생활의 모든 분야로부터 얻을 수 있다. 하지만 국가 기계의 각 부품들이 어느 정도 화합과 기품을 유지하며 작동할 필요도 있다. 브라질 제국은 상당 부분에서 이 업적을 이뤄 냈다. 오늘을 사는 우리 현대인들에게 아직까지도 이 제정의 후광이 비추고 있는 이유는 어찌 됐든 우리가 어느 정도까지는 당대가 품었던 이상理想의 화신化身이라는 사실 때문이다.

브라질인들의 집단의식이 기획하고 열망하는 국가 이미지는 오늘날까지도 제정 브라질의 정신에서 크게 이탈하지 않았다. 우리의 이상 속에 그려진 국가 개념은 국내적으로도 유효할 뿐만 아니라 국제무대에서 브라질의 다른 역할을 상상하는 것도 불가능하기 때문이다. 겉으로 표현하든 안하든, 우리는 대외적으로 '세계의 모든 국가에 그 어느 나라보다 호의적인 대국大國'이라는 이미지를 지니기를 바라 마지않는다. 뻬드루 2세의 제국은 이런 이상을 최대한 실현하려고 했을 뿐만 아니라 라플라타La Plata 강江 유역 국가들과의 외교 정책을 통해 실천에 옮기기도 했다. 스스로 만들어 낸 대국적 이미지를 관철시키고자 했고, 영토 확장의 목적이 아니라 상대의 존중을 이끌어 내기 위한 전쟁만을 일으켰다. 그러다 보니 전투 정신은 있었을지 몰라도 군인 정신은 결여되어 있었다. 올리베이라 리마Oliveira Lima는 이렇게 지적하면서 "외국과의 전쟁은 정치적 도구였을 뿐이다. 브라질은 전쟁을 항상 부적절한 것, 때로는 범죄로 여기기까지 했다. 이런 측면에서 특히 파라과이 전쟁[*]이 그러했다. 자원자들의 대부분은 사실상 '자기 의지'로 참선했다고 보기 어려웠다"[7]라고 덧붙였다.

우리는 브라질이 정복자로서의 명성을 쌓기를 바라지 않으며 폭력적인 해결책도 증오한다. 세계에서 가장 온화하고 품성 바른 민족이 되고 싶어 하며, 보편적으로 가장 절제되고 이성적이라 여겨지는 원칙을 따르기 위해 끊임없이 노력한다. 우리는 세계에서 가장 먼저 사형 제도를 폐지한 나라 가운데 하나이며, 형 집행은 그보다 훨씬 오래전에 이미 중단된 상태였다. 우리는 우리의 행동 규범을 교양 있는 나라들을 따라 만들었고, 이윽고 그들과 다를 바 없는 수준에까지 올랐다는, 동반자로서의 자부심마저 지니게 되었다. 이 모든 것은 우리 정치의 특징으로, 우리 사회의 조화롭지 못한 모습들을 없애고 즉흥성을 배격하려는 노력이었다.

---

[*] 1865~70년 동안 파라과이와 아르헨티나·브라질·우루과이 등 3국 동맹이 치른 전쟁. 당시 파라과이의 독재자 프란시스코 솔라노 로페스(Francisco Solano López)가 남아메리카의 제패를 꿈꾸며 우루과이의 내정에 간섭했고, 이에 브라질·아르헨티나와의 갈등이 심화되면서 일어났다. 이 전쟁으로 말미암아 파라과이의 인구가 반으로 격감되는 파멸적인 결과가 빚어졌다.

이런 비정상성이 자아낸 브라질의 특이한 불균형은 아주 명백해서 관찰자들의 예리한 시야를 피해 갈 수 없었다. 한 저명한 언론인은 약 20년 전에 이런 상황이 만들어 낸 역설에 주목했다. 그는 "우리 조국에서 정치와 사회생활 간의 괴리는 특히 극대화되었다. 정치가 현실로부터 멀어지려는 힘은 결국 부조리의 극치로 귀결되었다. 브라질 사회의 모든 구성원이 강력하고도 진보적인 국가를 만들려고 노력하는 와중에, 그야말로 비정상적으로 잉태된 계급이 출현해 모두의 이익을 저버렸다. 이 계급의 선량한 신념, 빛나는 기획, 열정이 넘치는 이미지 등은 사회적 지위를 쟁취하고 유지하기 위한 구실에 지나지 않았다."[8]

이 같은 여건에 직면한 우리의 개혁가들은 두 가지 탈출구밖에 발견할 수 없었다. 그러나 두 가지 모두 피상적이었으며 눈속임에 불과했다. 하나는 권력자를 교체하는 것이었다. 그러나 복합적이면서도 정말로 구조적인 사회변혁이 어느 정도 선행되지 않은 채 단순히 권력자만 교체하는 것은 요행을 바라는 일이라는 점을 우리는 경험을 통해 배운 바 있다.

겉보기에만 그럴 듯해 보이는 또 다른 해결책은 검증된 시스템, 법규, 규율 등에 따라 일을 처리하려는 태도, 명문화가 민족의 운명을 좌지우지할 수 있다는 믿음이었다. 법의 엄정함, 불가침성, 완벽한 일관성이 훌륭한 사회질서를 이룩하기 위한 유일한 요건인 것처럼 생각되었다. 우리는 또 다른 해결책은 알지 못했다.

우리는 법률학자들이 만들어 낸 법이 사실 국민의 행복과 국가의 안정성을 보장하는 가장 합법적인 대책이 아니라는 점을 아직 깨달지 못하고 있다. 오히려, 훌륭한 규율과 추상적인 개념에 대한 복종이 신속한 정치 교육, 문해화, 시민 습관의 습득을 비롯한 여러 훌륭한 여건의 이상적인 개화開花로 이어질 것이라고 여기곤 한다. 이점에서 우리는 영국인들과 다르다. 영국인들은 가령 성문화된 헌법도 없이 혼란스럽고 시대착오적인 법체계에 따라 행동하면서도 어느 민족보다도 뛰어난 자발적 규제력을 보여 준다.

시민 질서와 사회 안정을 위해 강제성 있는 기준과 효과적인 제재가 필요한 것은 분명하다. 어쩌면 우리 시대보다 운 좋은 시대였을지도 모르는 과거에, 이 기준을 따른다는 것은 강제적 의무를 준수하는 것과는 거리가 멀었다. 모든 일이 자연스럽게, 그리고 큰 힘들이지 않고 준수되었다. 우리가 원시인이라고 부르는 이들은 우주의 안정 자체가 사건들의 규칙성에 달려 있다고 보기 때문에, 이를 교란시키는 일을 매우 불길하게 여겼다. 안정성에 관한 이와 같은 사유는 훗날 규율을 만드는 이들에게 영감을 불어넣었다. 추상적인 사유의 귀한 도움 덕분이었다. 그럼에도 불구하고 이해관계가 개입되어 예외들이 존재했다. 절대 이성만이 모든 순수한 이성적 요소들을 삶에서 분리시킬 수 있었다. 그리고 사실 이성주의가 이렇게 구축된 규율을 지고의 수준으로 격상시켜 삶과, 돌이킬 수 없을 정도로 분리해 내고, 그럼으로써 논리적·동질적·몰역사적 체계를 만들어 냈을 때 스스로의 한계를 뛰어넘었다고 볼 수 있다.

정치인들과 선동가들은 이런 오류 속에서 각종 정견·강령·제도를 들먹이며 이들이 우리가 존중할 유일한 현실이라고 우리에게 조언했다. 그들은 국민과 정부의 완벽함은 법의 지혜와 일관성에 달려 있다고 진심으로 믿어 마지않았다.

프랑스혁명의 이상으로부터 일부 영향을 받은 이 신념은 이베로 아메리카 국가들의 독립 후 역사를 지배했다. 유럽 모국에서 해방된 이들 국가는 당대의 화두를 헌법의 기초로 채택하는 데 힘썼다. '자유, 평등, 박애'라는 주문呪文과도 같은 세 단어가 우리의 옛 가부장적 식민지의 기준에 맞추어 재해석되었는데, 이들이 영감을 불어넣은 변화는 본질적이라기보다 피상적이었다. 그럼에도 불구하고 우리는 외형에 속아, 그 몇 가지 원칙을 극단적인 결과에 이를 때까지 주저하지 않고 밀고 나갔다. 그래서 남미의 한 국가에서 민주주의적 비인격주의의 극단적인 사례가 발생한 일도 그다지 이상할 것 없다.

우루과이의 호세 바트예 이 오르도녜스José Pablo Torcuato Batlle y Ordóñez 정부는 집권 기간 동안에 적어도 이론적으로나마 현대 민주주의의 논리적 산물을 성취하려고 했다. 즉, 국가 메커니즘을 가능한 한 자동적으로 움직이게 하는 동시에, 악정에 불복한다 할지라도 그 영향이 국가 기계의 작동에는 피상적인 영향밖에 미치지 못하도록 한 것이다.

민주적 비인격화와 대척점에 놓여 있는 까우질류주의는 많은 경우 자유주의 원칙을 아우르는 이념적 테두리 안에 있다. 자유주의 이론의 부정적 발현이라고 할 수 있는 이 까우질류주의의 대두는,

---

 우루과이의 19대(재임 1903~07), 21대(재임 1911~15) 대통령(1856~1929).

사실 역사 속의 그 어떤 사회운동도 모두 자기 부정의 싹을 품고 있
었다는 점을 떠올리면 이해할 수 없는 일도 아니다. 가령, 사회계약
론의 아버지 루소는 리바이어던의 주창자인 홉스 계열에 속한다.
두 사람은 같은 둥지에서 태어난 한 가족인 것이다. 로사스Rosas,●
멜가레호Melgarejo,●● 포르피리오 디아스의 무의식에 자리 잡고 있
던, 자유주의에 대한 부정은 오늘날 유럽 파시즘의 몸통으로 확고
히 자리 잡았다. 실증주의 정치 이론을 바탕으로 한 의회주의적 자
유주의를 비판한 것이 바로 파시즘이다. 브라질에서 민주주의가 승
리하려면 무엇보다도 자유주의와 까우질류주의 간의 대립이 종식
되어야 할 것이다.

 민주주의의 승리는 또한 우리 사회를 떠받들고 있는 인격주의적
원칙과 외견상의 귀족주의적 원칙이 청산되지 않는 한 결코 달성되
지 못할 것이다. 우리가 목도하고 있는 혁명적 과정(이 과정의 가장
중요한 단계들에 대해서는 이 책에서 다루었다)에 분명한 의미가 있다면,
독립 국가가 된 후 오늘날까지도 근절되지 못한 케케묵은 삶의 방
식이 느리지만 돌이킬 수 없이 와해되고 있다는 점이다. 좀 더 정확
히 말하자면, 이런 식의 과정을 거쳐야만 우리는 마침내 오랜 가부
장적 식민 질서와 이에 따른 도덕적·사회적·정치적 결과를 청산할
수 있을 것이다.

● 아르헨티나의 독재자 후안 마누엘 데 로사스(Juan Manuel de Rosas, 1793~1877).

●● 볼리비아의 독재자 마리아노 멜가레호(Mariano Melgarejo, 1818~71).

우리 눈에 보이는 이 혁명의 모습은 오랜 세월 미리 정립된 이념에 입각해 굳어진 가치들에 치명타를 날리는 파국적 격변은 아닐 것이다. 심지어 우리가 그 중요성을 미처 파악하기도 전에, 이미 혁명의 결정적인 국면들이 몇 차례 지나갔을지도 모른다. 또한 우리는 이미 사망한 세계와, 태어나려고 안간힘을 쓰는 세계 사이에서 살고 있는지도 모른다.

60년 전 미국의 한 박물학자는 번뜩이는 혜안으로 자신의 견해를 천명했다. 현실과 그리 동떨어진 견해라고는 볼 수 없다. 그가 살았던 세기에, 또 그의 조국의 전형적인 특징이었던 낙천적 진보주의 사상에 물들어 있던 허버트 스미스Herbert Smith의 말은 몽상이라기보다는 권유였다. 바로 그 때문에 그의 말을 한 번 더 곱씹어볼 가치가 있다. "남미가 필요로 하는 것은 혁명일지도 모른다. 재수 없는 사람 수백 명, 수천 명을 짓밟는 단순한 정치적 소용돌이 같은 수평적 혁명을 말하는 것이 아니다. 세계에는 이런 움직임들이 지겹도록 많다. 선량하고 정직한 수직적 혁명, 활력 있는 요소들을 수면 위로 끌어올려 낡고 무기력한 것들을 영원히 파괴시키는 그런 혁명이 이상적일 것이다."

이런 혁명을 가능케 할 방법은 무엇일까? 스미스의 답은 이렇다. "나는 혁명이 온다면, 평화적으로 와서 융화로 끝맺기를 바란다. 상류층에 대한 숙청을 바라는 것이 아니다. 이들이 잘못도 저질렀고 결점도 있지만, 개중에 선한 이들도 분명 있다. 브라질인들이 스스로의 잘못 만큼이나 선조들의 잘못을 속죄하려 노력하고 있다는 사실을 기억하라. 이 땅 위에 세워진 브라질 사회는 뿌리부터 잘못되어 있다. 교양 계급이 나머지 국민으로부터 고립되어 있다면, 이는 그 계급의 잘못 때문이 아니라 불운 때문이다. 계급으로서의 노동자와 소상인이 귀족과 대상인들보다 우월하다는 뜻이 아니다. 사실 그들은 무식하고 더러우며 거칠다. 어떤 외국인도 그들에게서 받는 이런 인상을 지울 수 없을 것이다. 하지만 그들은 노동을 통해 단련되었을 뿐만 아니라, 가난함이 어느 정도는 나쁜 습관으로부터 그들을 보호해 준다. 상위 계급보다 신체적으로 훨씬 나을뿐더러 정신적으로도 기회만 주어진다면 훨씬 그럴 가능성이 많다."

최근 몇 십 년간 라틴아메리카 국가들이 겪어 온 일련의 사건들을 보면 이런 방향으로 흐르고 있다고 볼 수밖에 없다. 혁명적 움직임은 사회 계층화가 가장 심각한 곳에서 ― 멕시코는(머뭇거림과 소강상태도 있었지만) 1917년부터, 칠레는 1925년부터[9] ― 더욱 명료하게 나타났지만, 그렇다고 상황적이거나 국지적인 움직임이 아니었다. 오히려 사전에 입안된 강령에 따라 일관된 전개를 보였다.[10]

세월이 많이 흘러 이미 목가적 색채로 물들기 시작한 과거를 추종하는 자들은 혁명적 움직임의 완전한 실현에 맞서 점점 더 완고하게 저항할 것이다. 이런 저항은 그 강도에 따라 문학의 영역에서 혹은 정서적·신비주의적 성격을 띠고 분출할 수 있다. 그러나 사회에서 직접적으로 일어나는 저항은 어떤 근본적인 변화에 대한 희망을 제약하거나 위태롭게 할지도 모르는 방식으로 이루어질 수 있다.

우리 역사의 고유한 여건이 빚어낸 고유한 사고방식을 가진 이들이 이런 식의 반작용을 특히 지지했다. 제2제정이나 제1공화정 정치인들의 율법주의적 정신도 이 사고만은 바꿀 수 없었다. 자유주의 체제 안팎의 이런 사고는 정부의 건물 뒤편에도 살과 뼈로 된 사람이 있다는 점을 기억하라고 요구한다. 지키지 않기 위해 만들어진 헌법, 위반되기 위해 존재하는 법규 등 개인과 과두 지배 계층의 이익을 위해 만들어진 이 모든 것은 남미의 역사 전반을 가로지르는 현상이다. 정치인들이 보통의 인간보다 원칙에 더 관심을 쏟는다고 생각하는 것은 부질없는 일이다. 이런 다소 희망적인 생각은 그들의 행위 그 자체만으로도 노골적으로 반박할 수 있다.

"권력을 쥔 극렬 자유주의자만큼 극렬 보수주의자와 닮은 이도 없을 것이다." 올란다 까발깐치Holanda Cavalcanti의 이 유명한 명언은 모두가 알고 있는 진실, 즉 제정 시대의 두 주요 정당이 본질적으로 유사하다는 사실을 잘 표현해 냈다. 실제로, 군기軍旗로서의 가치밖에 없었던 당 이름 말고는 두 정당을 구별할 방도가 전혀 없었다. 아르헨티나의 로사스 대통령이 저지른 일과 비견될 만한 일이 브라질에서 벌어졌다 해도 놀랄 일이 아니었다. 로사스는 이른바 '미개한 중앙집권주의자salvajes unitarios'들을 탄압하면서도 다른 한편으로는 지방 주들을 부에노스아이레스의 자유재량과 이 도시의 세관의 이익에 예속시키려고 하는 등 뚜렷이 반연방주의적인 정책을 펼쳤다. 로사스가 당대에 커다란 대중적 반향을 일으킨 '연방'이라는 슬로건을 사용하면서도 그런 정책을 펼쳤다면, 반대 진영에서는 더 권위 있는 슬로건인 '자유'를 사용하면서도, 이 이름으로 대단히 독재적이고 전제적인 권력을 공고히 하고자 노력했다. 베네수엘라의 한 까우질류는 의회에서 다음과 같이 천명하면서 이런 행태에 대해 누구보다도 솔직한 의견을 내비쳤다. "모든 혁명은 기치를 필요로 하는 법인데, 발렌시아 제헌의회Convención de Valencia가 자신이 만든 헌법에서 '연방'을 표방하지 않았으니 우리가 이를 표방해야 합니다. 상대방이 '연방'을 거론했다면, 우리는 '중앙집권주의'를 천명했을 것입니다."[11]

집단의 이익보다 사적인 편익이 우선시되는 비틀린 상황은 이성적 요소보다 감성적 요소가 선행되었다는 점을 확연히 보여 준다. 아무리 이에 동의하지 않더라도, 진정한 연대는 제한된 범위 내에서만 이루어질 수 있을 뿐이다. 그리고 드러나든 드러나지 않든 간에, 구체적 이익과 인간에 대한 우리의 선호는 이상에 의거한 것도 아니며, 주요 정당이 수호하기 마련인 경제적 이득과도 연관이 없다. 이 같은 진정한 정당의 부재는, 일부 사람의 단순한 추정과는 달리, 우리가 민주주의 체제에 적응하지 못하는 '원인'이라기보다 이 부적응에서 비롯된 '증상'이다. 이런 식의 혼돈은 쉽게, 그리고 빈번하게 일어난다. 1930년 인도 헌법에 대한 존 올스브룩 시몬 경 Sir John Allsebrook Simon의 보고서는 이 나라의 민주화를 가로막는 장애물 가운데 하나로 인도에 정당다운 정당이 형성되지 못하는 현실을 꼽았다.

사실, 각종 형식에 집착하는 우리의 모습은 역으로 자발적 형식의 부재를 폭로한다. 또한 이론의 맹신은 사실은 우리가 덜 사변적인 민족이라는 것을 나타낼 뿐이다. 우리는 고귀한 사상을 위해 필요하면 캠페인을 벌이고, 파벌을 만들고, 봉기를 일으킬 수 있다. 하지만 브라질에서, 라틴아메리카의 나머지 지역과 마찬가지로, 어떤 원칙의 승리는 하나의 인격주의가 또 하나의 인격주의에 대해 거둔 승리에 불과하다.

우리의 정치 생활에서 인격주의가, 많은 경우 긍정적인 힘일 수 있다는 점을 부정하기는 어렵다. 인격주의에 비하면 자유민주주의의 구호들은 현실에 뿌리내리지 못한, 순전히 장식적이거나 선언적인 개념처럼 보일 때도 있을 정도다.

이는 브라질을 비롯해 라틴아메리카 국가 전반적으로 볼 때, 인격주의(또는 시간적·공간적으로 인격주의의 연장선상에 있는 과두정치)가 자유주의적 저항을 분쇄한 곳에서는 표면적으로 정치 안정이 이루어졌다는 점을 설명해 준다. 그 밖의 방법으로는 아마 불가능했을 것이다. 칠레의 경우, 디에고 포르탈레스Diego Portales °가 막을 연 30년간의 체제, 즉 철저히 과두 권력을 이용해 무정부적인 위험을 뿌리 뽑을 수 있었던 그때를 역사상 가장 큰 행운으로 여긴다. 코스타리카라는 작은 국가가 중미의 자매 국가 중에서도 가장 큰 안정을 누릴 수 있었던 것도 같은 이유로 설명될 수 있다. 그런데 지극히 예외적인 이런 상황들의 존재는, '운수 대통한' 무책임한 지도자들이 좌지우지하는 독단적인 정권이 무정부주의의 대안이 아니라 기껏해야 그 조악한 가면일 뿐이라는 사실을 망각시킨다. 인간 개개인을 넘어설 뿐만 아니라 이들의 운명을 좌우하는 일종의 비물질적·비인격적 독립체라는 개념은 라틴아메리카인들에게는 명료하

● 칠레의 정치가(1793~1837). 1830~37년 사이 약 7년 동안 사실상의 독재정치를 펼쳤다. 극단적인 보수주의자로 1833년 헌법 개정을 통해 칠레를 교회 및 토지 소유 계급의 과두정치로 이루어진 중앙집권 국가로 만들었다.

게 이해되기 어렵다.

우리는 인격주의를 위해 또는 타인에 대항해 투쟁하고 있으면서도, 우리가 민주적이고 자유주의적인 원칙을 존중하고 있다고 종종 생각한다. 복잡한 정치·투표 메커니즘이 이 사실을 은폐하기 위해 지속적으로 작동하고 있기 때문이다. 하지만 인격주의에 우호적인 법률들이 유구한 전통의 지지를 받거나 혹은 어떤 의심도 받지 않을 경우, 인격주의는 모든 가면을 벗어던진다. 제성 시대의 언론과 국민이, 왕이 임명한 의원들로 구성된 상원보다 투표로 선출된 하원에 더 날선 비판을 가했다는 점은 흥미롭다.

이 모든 상황에도 불구하고, 민주적 이상이 우리에게 전혀 맞지 않다며 성급한 결단을 내리는 것 역시 지양되어야 한다. 우리의 건국 과정이 만들어 낸 몇 가지 현상들과 이 민주적 이상 사이의 교차점 혹은 공감대를 부각시키는 건 사실 그리 어렵지 않다. 그중에서도 특별히 큰 영향을 미친 세 가지 요인을 살펴볼 수 있다.

1. 개인의 자율성에 심각한 장애를 야기할지 모를 모든 종류의 사회 구성, 모든 이성적 위계질서에 대한 아메리카 주민들(식민자의 후손들과 인지우의 후예들)의 거부.
2. 적어도 최근까지 민주적·자유주의적 이상들에 당연히 우호적이었던 일부 새로운 영향들(예를 들어, 도시 생활의 패권 획득이나 세계주의 등)에 효과적으로 대항하기가 불가능하다는 점.
3. 인종과 피부색에 대한 편견이 상대적으로 적은 점.

이외에도, 프랑스혁명의 이상들은 브라질의 민족적 기질과 크게 이질적이지 않아서 지지 기반을 획득할 수 있었다. '천부적 선량함'bondade natural의 개념은 이미 앞서 강조한 바 있는 우리의 '친절주의'cordialismo에 들어맞는다. 반대로 '인간의 천부적 사악함' 혹은 '만인에 대한 만인의 투쟁'이라는 논지는 우리에게는 과도하게 호전적이고 불편하게 다가올 수밖에 없다. 우리의 '친절한 인간'은 바로 이 지점에서 자신의 감정과 자유민주주의적 신조를 잇는 연결고리를 찾아낼 수 있을 것이다.

만일 국가의 외적 모습만을 살피는 데 그치지 않고 속속들이 파헤쳐 본다면, 우리가 조화시키고자 했던 사회적 행동거지들의 접점이 우리의 정체성이라고 고백할 수밖에 없다. 실제로 자유주의에서 천부적 선량함이란 단순한 논리에 지나지 않는다. 이런 신념이 인간(각 개인이든 인류 전체이든)에 대한 특별한 지지에 입각해 있다고 단정 짓는 것은 공허한 일이다. 사실은 감성적 요소가 완전히 배제되어 있고 개념화시키기 좋은 이론, 본질적으로 중립적인 이론인 것이다.

그리고 가장 중요한 점은, 자유주의가 천명한 이념과, 전통적으로 우리 국민의 특성으로 정의된 행동이 일치하는 지점은 그 자체가 실질적인 것이 아니라 겉으로 보기에 그런 것이다. 모든 자유민주주의적 사고는 제러미 벤담Jeremy Bentham의 명언, '최대 다수의 최대 행복'으로 요약될 수 있을 것이다. 이 이념이, 친절한 가치들에 입각한 인간의 공존 방식과는 완전히 대비된다는 사실을 알아차리기란 어렵지 않다. 인간 간에 형성되는 모든 애착은 어쩔 수 없이 선호에서 비롯된다. 누군가를 사랑한다는 것은 사실 그를 남들보다 더 사랑한다는 의미이다. 이는 자유주의의 바탕인 법적·중립적 관점에 정면으로 대립하는 일방성이다. 이런 측면에서 볼 때 민주적 자비심이라는 것은, 이기심들 사이의 균형을 지향하는 사회적 행동거지의 소산인 정중함과 비견될 수 있다. 이 자비심이 설파하는 인도주의적 이상은 역설적이게도, 기껏해야 비인격적이다. 최고 수준의 사랑은 필연적으로 최대한 많은 수의 인간을 사랑할 때 얻을 수 있다고 주장하면서, 질적인 문제를 양적인 문제에 종속시키고 만다.

물론 자신의 한정된 테두리를 벗어나면 질식해 죽을 수밖에 없는 인류애를, 더욱 광범위한 차원의 인간 조직을 쌓아올릴 재료로 삼을 수는 없다. 단순한 친절함만 가지고는 훌륭한 원칙을 창출할 수 없다. 민중의 정신에 깃들어 있든 전제주의가 강제하든 간에 사회적 결정結晶화를 위해서는 견고한 규범적 요소가 필요하다. 전제주의의 업적이 항구적이지 못하다는 이론은 자유주의 신화가 빚어낸 허상 가운데 하나이며, 역사의 확인을 받기에는 아직 멀었다. 물론 이런 허상의 존재가 자유주의에 대항하는 논거가 될 수는 없으며, 국가와 사회의 확립과 안정을 위해서는 전제주의 외의 다른 방책들도 존재한다.

특정 원칙과 정치적 공식들은 어찌 됐든 자기 영역을 유지할 필요가 있다. 1817년 독립과 공화정의 선구자들은 흑인 노예들이 처한 상황을 바꾸려는 노력을 전혀 하지 않았다. 하지만 그 상황이 옳지 않다는 것을 인정했다는 점에서 브라질 역사에서 다시 되풀이되지 않을 진정성을 보여 주었다. 그들에 뒤이어 등장한 좀 더 '사려 깊은' 정치인들은 표면적으로나마 국가 조직이 완벽하고 일관되기를 원했으며, 따라서 그 약점을 언급하는 것조차 꺼려했다. 그러면서도 그들은 단 한순간도 건강한 정치가 도덕과 이성의 자녀라는 사실에 이의를 제기하지 않았다. 이렇게 그들은 추하고 당혹스러운 현실을 잊고, 당대의 이론가들이 가리킨 이상의 세계로 숨었다. 국가가 만들어 낸 혐오스러운 장면을 보지 않으려고 스스로 날개를 단 것이다.

한편 정치판에서 현실적인 일에만 매진한 이들이나 기회주의자에 지나지 않는 이들이 도덕적 기준을 따르려는 모습이 흔히 목격된다. 몇몇 사람은 도덕적으로 권장할 만한 행동이 사실상 비효율적이거나 심지어 악영향을 끼칠 수 있다는 이야기를 들으면 진심으로 분개한다. 완벽히 독단적이고 권위적인 행위를 해놓고 스스로는 민주적인 행동을 하고 있다고 여긴 독재자들의 예는 수없이 많다.

이런 태도는 '계몽된 독재자'를 선택한 근대 유럽의 양상과 크게 다르지 않다. 물론 원인은 다르지만 말이다. 그렇기 때문에 이탈리아식의 파시즘이 폭력의 정당화에도 불구하고 브라질에서 큰 성공을 거둘 수 있었다. 오늘날 파시즘을 신봉하는 사람들은 진정한 도덕적 가치들을 아우른 정신적 개혁을 달성했노라고 자부하며, 거기서 자신들의 공적을 찾는다. 어떤 관점에 따르면, 분명 그들의 노력은 사회의 방향을 바꿔 해체의 위기에서 구해 내려는 열정적인 노력으로 이해될 수도 있다. 파시즘 시스템은 폭력으로 강요된 구조를 지탱하기 위해, 자신들의 교리 가운데 옛 체제에서 거부당한 활력 넘치는 요소들을 끌어들이고자 한다. 이 점은 파시즘 체제의 창시자들에게 자부심의 원천이 되기도 한다. 그리고 이 시스템은 그들이 자유주의 및 좌파의 혁명적 열망에 대해 확실한 승리를 거두었다는 긍지를 갖게 했다.

하지만 그들의 개혁이라는 것이 본질적으로는 교묘한 반反개혁에 불과했다는 사실을 누가 못 느끼겠는가? 물질적 요구를 정당화해 줄 근거와 의미를 찾는 것이 그들의 직집직인 동기 중 하나였다는 사실을 그 누가 의심하겠는가? 그들의 열정 가운데 상당 부분이 이런 책략에 할애되었음은 별로 예리하지 않은 관찰자도 쉽게 눈치챌 수 있다. 그리고 실질적으로 그들의 비상非常 철학filosofia de emergência을 통해 드러나는 것은 무엇보다도 잘 통제된 모순이다.

파시스트 국가가 된 브라질의 모습을 예측하기란 그리 어렵지 않을 것이다. 브라질의 무솔리니주의는 처음에는 공격적인 모습을 찾기 힘들었다. 우리의 '통합주의자'들을 교화시키는 과정에서는 이탈리아 파시즘의 매뉴얼을 철저히 따랐지만, 예의 그 예리하고 격앙된, 어떻게 보면 종말론적이기까지 한 잔학함이 존재하지 않았으므로 이탈리아나 독일 모델이 가진 색채는 상당히 탈색되었다. 그들이 풍기던 거만한 에너지는 여기 브라질에 와서는 신경쇠약에 걸린 지식층의 가련한 푸념으로 변모했다. 결국 브라질에서 파시즘은 공산주의가 밟은 것과 유사한 전철을 밟았다. 우리 가운데 공산주의에 매력을 느낄 만한 이들은 사실 제3인터내셔널의 원칙을 수행하는 데 가장 부적합했다. 마르크스주의가 제공하는 모든 매력적인 것들, 즉 이상적이면서 필수적인 미래를 위한 억제할 수 없는 긴장,

부르주아 윤리와 자본주의적 착취와 제국주의에 대한 저항은, 모스크바가 추종자들에게 요구하는 엄격한 규율보다는 브라질 공산주의의 '무정부주의적 사고'와 혼합된다.[12] 브라질식 파시즘의 경우, 반론의 여지가 없을 사회적·도덕적·종교적 제도를 만들어 내는 것을 목표로 하는, 대단히 보수적인 이론으로 귀결될 만한 요소들을 갖고 있었다. 이런 파시즘은 권력자들에게 권력의 도구는 되지못할지언정 해로울 것도 없었다. 실제로 모든 상황은 '통합주의'가 점점 더, 타협의 여지를 많이 지닌 순응적인 교리·질서(즉 헌법적 권력)에 체계적으로 동조하는 교리가 될 것임을 시사하고 있었다. 통합주의자들은, 자신들은 별로 동의하지 않겠지만, 이론적 차원에서 완벽하게 무의미한 존재일 때 스스로 만족한다. 통합주의가 내심 바라는 바는 (때로는 당혹스러운 허세로 무장한 채) 무엇보다도 행정 당국으로부터 '결점이 없다'nihil obstat는 인정을 받는 것이다. 이 점에 있어서 통합주의는, 특정 이익 또는 이념을 대변하는 진정한 야당의 작동을 가로막은 위대한 브라질 전통을 잇고 있다.

설사 브라질의 정치적·사회적 토양에서 피어난 자유주의 원칙이 불필요하고 부담스러운 중복임신superfetation이라 해도, 그것이 우리가 현실에서 여러 다른 기발한 사상을 경험하게 될 것임을 의미하지는 않는다. 현명하고 검증된 사상으로 우리의 무질서를 조직화하려는 실험을 해볼 수도 있을 것이다. 그러나 가장 내밀한 본질적 세계는 영원히 고스란히, 그리고 환원 불가능한 상태로 남아 인간의 사고력을 비웃을 것이다. 이 세계를 무시하고픈 바람은 우리 스스로가 가진 자연적인 리듬, 그리고 밀물과 썰물의 법칙을 기계적 리듬과 거짓된 화음을 위해 포기하는 것을 의미한다. 이미 우리는 영적 피조물인 국가가 자연의 질서와 대립하고 있을 뿐만 아니라 그 질서를 초월한다는 사실을 확인했다. 하지만 사회적 틀이 내적 일관성을 유지할 수 있으려면 대조를 통해 대립을 해결해 나가야 한다. 서로 상극인 부분들이 모여 완벽한 하나를 구성할 수 있게 해줄, 우리의 계산을 뛰어넘는 단 하나의 질서가 존재한다. 정신은 규범적 힘이 되지 않는다. 단, 사회에 적응될 수 있고 유용하게 쓰일 수 있는 경우를 제외한다면 말이다. 사회의 상위 형태는 그 사회 고유의 모습을 잃지 않는 것은 물론, 사회 그 자체로부터 분리될 수 없어야 한다. 그것이 부각되는 상황 역시 변덕스러운 선택이 아니라 특정한 필요가 발생했을 때여야 한다. 하지만 이런 단순한 진실 앞에도 눈을 멀게 하는, 사악하고 오만한 악마가 있다. 그에게 영감을 받은 인간들은 스스로를 다르게 인식하고 새로운 선호와 혐오를 만들어 내는데, 이것들이 선善과 맞닿아 있을 가능성은 극히 낮다.

지우베르뚜 프레이리, 까이우 쁘라두 주니오르와 함께 브라질을
대표하는 사상가로 꼽히는 세르지우 부아르끼 지 올란다(1902~82)
가 쓴『브라질의 뿌리』는 1936년 세상에 첫선을 보인 이래로 국내
외 독자들에게 많은 사랑을 받았으며 20세기 브라질 역사와 사회
분야의 한 획을 그은 고전으로 손꼽힌다.『브라질의 뿌리』는 브라
질 문화와 역사의 가장 핵심적인 측면을 다룬다. 특히 브라질 사회
가 형성되는 과정을 거시적인 관점에서 바라본다. 저자는 브라질
사회에 정치적 민주주의가 공고히 자리 잡기 위해, 식민화 과정이
남긴 개인주의적 유산을 극복해야 함과 동시에 포르투갈이 남긴 식
민 유산의 중요성, 그리고 그 식민 모국으로부터 문화가 이식되는
과정의 역동성을 강조한다.

올란다는 역사학자이면서 동시에 문학평론가, 언론인이기도 했다. 2015년 3월 현재 브라질의 집권 여당인 노동당Partido Trabalhista 창당에 관여하기도 했다. 또한 국내에도 잘 알려져 있는 브라질 대중음악MPB의 거장 쉬꾸 부아르끼Chico Buarque의 아버지이기도 하다.

1925년 브라질대학교(현 리우데자네이루연방대학교) 법률사회학과를 졸업한 뒤『조르나우 두 브라질』Jornal do Brasil에서 기자로 활동하기 시작한 올란다는 1929년에 특파원 자격으로 독일에 파견되어 1931년까지 머무른다. 이 시기에 그가 막스 베버 등의 독일 저작 등과 접촉한 일은 향후 연구 활동에 큰 영향을 미친다.

1930년대 초 브라질로 돌아온 이후에도 언론인의 길을 걷다가 1936년 연방자치구대학교(현 리우데자네이루주립대학교)에서 교직 생활을 시작했고 마리아 아멜리아 지 까르발류 세자리우 아우빙Maria Amélia de Carvalho Cesário Alvim과 결혼했다. 두 사람은 슬하에 일곱 자녀를 두었는데, 이들 중 쉬꾸 부아르끼를 위시해 아나 지 올란다 Ana de Hollanda, 끄리스띠나 부아르끼Cristina Buarque, 엘로이자 마리아 미우샤Heloísa Maria Miúcha가 음악가의 길을 걸었다. 그뿐만 아니라 이 해는 그의 필생의 역작『브라질의 뿌리』가 발간된 해이기도 하다. 출간 즉시 대성공을 거둔 이 작품은 오늘날까지도 브라질 국민들에게 널리 읽히고 있다.

『브라질의 뿌리』이후에도 그는 왕성한 저술 활동을 펼쳤다. 1944년에는『유리 뱀』Cobra de Vidro이라는 제목하에 언론에 발표했던 여러 칼럼, 에세이 등을 묶어 출간했고, 1945년에는『계절풍』Monções,

1957년에는 『길과 경계』*Caminhos e Fronteiras*를 각각 선보였다. 이 두 책은 17세기와 18세기 사이 포르투갈 아메리카가 서부로 확장되는 과정을 다룬다. 미 대륙 정복 시기 유럽이 가졌던 여러 가지 상상력을 다룬 『천국의 전망』*Visão do Paraíso*은 1959년에 발간되었다. 1960년에는 『브라질 문명 일반사』*História Geral da Civilização Brasileira* 프로젝트를 총괄했다. 이 책을 엮는 과정에서 수집한 자료를 토대로 1972년에는 『제국에서 공화국으로』*Do Império à República*를 낸다. 19세기 말 브라질 제정의 위기를 정치 역사학적으로 연구한 이 작품을 통해 올란다는 제정을 떠받들고 있던 군주의 카리스마라는 버팀목이 무너져 내리면서 제국의 위기도 불가피해졌다는 점을 역설한다.

올란다는 말년까지도 학술 활동을 쉬지 않았다. 1975년에는 『발리 두 빠라이바 : 낡은 농장들』*Vale do Paraíba: Velhas Fazendas*을, 1979년에는 『신화의 시도』*Tentativas de Mitologia*를 각각 출간했다. 그리고 『제국에서 공화국으로』를 손보는 작업에 매진했지만 완성하지는 못했다.

초판이 출간된 지 80여 년이 지났지만 『브라질의 뿌리』는 여전히 브라질 사회의 진정한 모습과 오늘날까지도 이어져 오는 식민 지배의 유산, 이른바 '무질서'를 이해하는 데 핵심적인 저작으로 손꼽힌다. 정치·경제적으로 세계 무대에서 브라질의 위상이 나날이 높아 가고 있는 요즘, 브라질 사회가 세워진 토대를 이해한다면 브라질이라는 나라를 좀 더 깊이 이해할 수 있을 것이다.

저자는 이 책을 통해, 브라질 사회에 진보 정신이 성공적으로 이식되지 못한 원인이 포르투갈에게서 물려받은 유산에 있다고 진단한다. 그리고 그는 '뿌리'라는 비유에 걸맞게 도시 발전 계획이나 노동에 임하는 자세에서부터 정치조직과 존재 양식에 이르기까지 브라질 사회라는 큰 뿌리에서 뻗어 나간 여러 가닥의 뿌리를 하나하나 면밀히 파헤친다. 물론 이 비유는 브라질의 태생적인 다문화적 배경을 암시하는 것이라고도 해석할 수 있다. 올란다는 포르투갈인과 스페인인을 비롯한 유럽인들과 아메리카 대륙의 인지우들은 물론 아프리카인들에 이르기까지 다양한 인종 구성을 토대로 브라질이 오늘날 득유의 문화와 사회를 만들어 냈다며 브라질이 일종의 '전이 지대'라고 말한다. 이 책에는 또한 식민화가 시작된 당시로서는 전혀 생경한 신대륙에 성공적으로 유럽 문화가 이식되어 어떻게 살아남을 수 있었는지에 대해 언급하며 그 방식과 결과에 대해서도 논한다. 올란다는 브라질인들의 특정한 성질을 설명하기 위해 막스 베버의 유형 구분을 활용하는데, 유형의 다원성보다는 대립 쌍을 이루는 유형들에 초점을 맞추면서 자신만의 독창성을 드러내기도 한다.

지난 세기 초에 세상에 첫 선을 보인 책인 만큼 독자는 일견 그의 문체나 국가 정체성에 대한 인식이 낡았다고 생각할 수 있다. 하지만 그의 예리한 통찰력은 그럼에도 불구하고 빛나고 있으며, 과거를 날카롭게 분석하는 시각을 통해 미래를 꿰뚫어 본다는 인상을 지울 수 없을 것이다. 특히 브라질의 문제점으로 지적된 것들 중에는 오늘날까지도 미완으로 남은, 심지어 지구촌의 문제로 확장해서 적용해 볼 수 있는 것들이 있다.

브라질인들이 이 책을 통해 자신의 정체성을 과거로부터 발견할 수 있었다고 한다면, 외국인 독자인 우리는 이 책을 통해 무엇을 얻을 수 있을까? 무엇보다도 '브라질인'이라는, 같은 국가의 범주로 분류되지만 그 사이에 좀처럼 통일성이 없는 한 집단을 이해하고자 시도해 볼 수 있다는 데 그 의미가 있지 않을까 싶다. 물론 이 책의 주된 목적 가운데 하나는 브라질에 대한 고정관념이 확고한 독자들로 하여금 그것을 타파하게 만드는 것이다. 그러나 우리는 한 발자국 물러나 좀 더 객관적인 입장에 있기 때문에 저자의 의도가 보다 수월하게 달성될지도 모르겠다.

이탈리아어·스페인어·일본어·중국어·독일어·프랑스어·영어로 번역된 바 있는 이 책의 한국어판은 원서의 26번째 포르투갈어 판본(주제 올림삐우José Olympio 출판사)을 번역했다. 학식은 물론 경험이 일천한 역자가 얼떨결에 번역을 맡게 되어 이 책을 읽게 될 독자 여러분들과 국내 브라질 학계에 누를 끼칠 걱정에 송구스럽다. 두 가지 어려움이 있었는데, 첫째는 저자의 학문 세계가 워낙 폭넓고 깊기에 그 모든 것을 곡해 없이 잘 옮길 수 있을까 하는 두려움이었다. 둘째는 그렇게 촘촘히, 긴 시간 동안 쌓인 학식이 상징과 비유가 풍부한 특유의 문체(특히 80년 전의)에 녹아들어 있었기에 그것을 부족한 한국어 문장 실력에 다 담기 힘들 것 같다는 점이었다. 따라서 번역 과정에서 오류와 실수가 없을 수 없으리라 생각한다. 모두 역자의 책임이며, 독자 여러분들의 너그러운 이해를 부탁드린다. 브라질에 대한 애정이 있었기에 가능한 작업이었다. 귀중한 기회를 제공해 주신 브라질문화원과 서울대학교 라틴아메리카연구소, 특히 양은미 교수님과 우석균 교수님께 감사의 말씀을 드린다. 어설픈 원고를 책으로 만드는 데 많은 수고를 해주신 후마니타스 편집

진에게도 깊이 감사드린다. 번역 과정에서 여러모로 도움을 준 서울대학교 서어서문학과의 서민교에게도 특별한 감사를 전한다. 마지막으로 변함없는 믿음과 지지를 보여 준 남편에게 사랑과 감사의 인사를 전한다.

2017년 12월

김정아

주한 브라질문화원이 심는 나무

브라질만큼 이름만 들어도 설레는 나라가 또 있을까 싶다. 카니발, 아름다운 해변, 축구, 아마존 밀림 등등 활기차고 흥겹고 신비로운 경험이 보장된 느낌을 주는 나라가 브라질이기 때문이다. 하지만 브라질의 위상은 그 이상이다. 우리가 잘 몰라서 그렇지 국제무대에서 브라질은 종종 대국이라는 표현이 어울리는 나라로 평가되고 있다. 세계 5위의 면적, 2억 명을 상회하는 인구는 대국으로서의 한 단면에 불과할 뿐이다. 유엔 안전보장이사회의 상임이사국 확대, 개편이 이루어질 경우 라틴아메리카를 대표하는 상임이사국이 당연히 될 나라일 정도로 국제정치의 주역이 바로 브라질이고, 풍부한 천연자원과 노동력 덕분에 경제적으로 늘 주목을 받아 온 나라가 바로 브라질이다. 그뿐만 아니라 세계 열대우림의 3분의 1을 차지하고 있어서 지구의 허파 역할을 하고 있는 아마존 밀림은 기후변화나 생물의 종 다양성 같은 인류의 미래를 둘러싼 시험장이다. 또한 5세기 전부터 다양한 인종, 다양한 문화가 공존하면서 풍요로운 문화를 일구어 낸 나라가 브라질이고, 세계사회포럼을 주도적으로 개최하면서 '또 다른 세상은 가능하다'는 희망의 메시지를 전 세계 확산에 기여한 나라가 브라질이다.

하지만 지구 반대편에 있는 머나먼 나라이다 보니 한국에서는 브라질의 진면목을 제대로 인식하기 힘들었다. 심지어 라틴아메리카 국가이다 보니 일종의 '라틴아메리카 디스카운트'가 작용하기도 했다. 브라질 이민이 시작된 지 반세기가 넘었고, 최근 한국과 브라질 사이의 정치·경제 교류가 상당히 늘었는데도 불구하고 상황은 크게 변한 것이 없다. 그래서 주한 브라질 대사관과 서울대학교 라틴아메리카연구소가 협약을 맺고 두산인프라코어의 후원으로 2012년 3월 16일 주한 브라질문화원을 설립하게 된 것은 대단히 뜻깊은 일이었다. 한국과 브라질의 문화 교류 증진이야말로 세계화 시대에 양국 간 우호를 다지는 길이자 브라질에 대한 한국인의 올바른 인식 제고를 위해 필수 불가결한 일이기 때문이다. 실제로 브라질문화원은 브라질의 다채롭고 역동적인 문화를 소개하기 위해 2012년부터 전시회, 브라질데이 페스티벌, 영화제, 음악회, 포르투갈어 강좌 개설 등 다양한 활동을 해왔다.

하지만 브라질에 대한 올바른 이해를 위해서는 문화 교류 외에도 더 전문적인 노력이 필요하다는 것이 주한 브라질문화원 개원 때부터의 인식이었다. 이에 브라질문화원은 열 권의 빠우-브라질 총서를 기획·준비했고, 이제 드디어 그 결실을 세상에 내놓게 되었다. 한국과 브라질 교류에서 문화원 개원만큼이나 의미 있는 한 획을 긋게 된 것이다. 총서 기획 과정에서 몇 가지 고려가 있었다. 먼저 브라질문화원이 공익단체임을 고려했다. 그래서 상업적인 책보다는 브라질 사회와 문화를 이해하는 데 근간이 될 만한 책, 특히 학술적 가치가 높지만 외부 지원이 없이는 국내에서 출간이 쉽지 않을 책들을 선정했다. 다양성도 중요한 고려 대상이었다. 빠우-브라질 총서가 브라질 사회를 다각도로 조명할 수 있는 토대가 되었으면 하는 바람에서였다. 그래서 브라질에서 유학하고 돌아와 대학에서 강의를 하고 있는 사람들로부터 자신의 전공 분야에서 필독서로 꼽히는 원서들을 추천받았다. 그 결과 브라질 연구에서는 고전으로 꼽히는 호베르뚜 다마따, 세르지우 부아르끼 지 올란다, 세우수 푸르따두, 지우베르뚜 프레이리 등의 대표적인 책들이 빠우-브라질 총서에 포함되게 되었다. 또한 시의성이나 외부에서 브라질을 바라보는 시각 등도 고려해 스테판 츠바이크, 에두아르두 비베이루스 지 까스뜨루, 레리 로터, 재니스 펄먼, 워너 베어, 크리스 맥고완/히까르두 뻬샤냐 등의 저서를 포함시켰다. 이로써 정치, 경제, 지리, 인류학, 음악 등 다양한 분야의 고전과 시의성 있는 책들로 이루어진 빠우-브라질 총서가 탄생하게 되었다.

놀랍게도 이 총서는 국내 최초의 브라질 연구 총서다. 예전에 이런 시도가 없었던 것은 국내 브라질 연구의 저변이 넓지 않았다는 점이 크게 작용했다. 하지만 아는 사람은 안다. 국내 출판 시장의 여건상 서구, 중국, 일본 등을 다루는 총서 이외에는 존립하기 어렵다는 것이 가장 큰 이유라는 것을. 그래서 두산인프라코어 대표이사이자 주한 브라질문화원 현 원장인 손동연 원장님에게 심심한 사의를 표한다. 문화 교류와 학술 작업의 병행이 한국과 브라질 관계의 초석이 되리라는 점을, 또 총서는 연구자들이 주도해야 한다는 점을 쾌히 이해해 주시지 않았다면 이처럼 알차게 구성된 빠우-브라질 총서가 탄생하지 못했을 것이기 때문이다. 주한 브라질문화원 개원의 산파 역할을 한 에드문두 S. 후지따 전 주한 브라질 대사님에게도 깊은 감사를 표한다. 문화원 개원을 위해 동분서주한 서울대학교 라틴아메리카연구소 전임 소장 김창민 교수와도 총서의 출간을 같이 기뻐하고 싶다. 또한 문화원 부원장직을 맡아 여러 가지로 애써 주신 박원복, 양은미, 김레다 교수님들께도 이 자리를 빌려 그동안의 노고를 특별히 언급하고 싶다. 쉽지 않은 결정이었을 텐데 총서 제안을 수락한 후마니타스 출판사에도 깊은 감사를 표하는 바다. 마지막으로 기획을 주도한 박원복 전 부원장, 관리를 맡은 우석균 HK교수와 양은미 전 부원장, 최정온 씨 등 실무 작업 과정에서도 여러 사람의 정성 어린 참여가 있었다는 점을 상기시키고 싶다.

잘 알려져 있다시피 '브라질'이라는 국명의 유래는 한때 브라질 해안을 뒤덮고 있던 '빠우-브라질'Pau-Brasil이라는 나무에서 유래되었다. 총서명을 '빠우-브라질'로 한 이유는 주한 브라질문화원이 국내 브라질 연구의 미래를 위해, 그리고 한국과 브라질의 한 차원 높은 교류를 위해 한 그루의 나무를 심는 마음으로 이 총서를 기획하고 출간했기 때문이다. 이 나무가 튼튼하게 뿌리 내리고, 풍성한 결실을 맺고, 새로운 씨앗을 널리 뿌리기 바란다.

2015년 11월
서울대학교 라틴아메리카연구소 소장 김춘진

| 미주 |

1장

1 이 위계질서들 사이의 유사성에 대해서는, 현대의 많은 토마스학파 사람들이 천사 박사[토마스 아퀴나스의 경칭]에 대한 가장 완벽한 해석가로 여겼던 포르투갈 철학자 주앙 드 상 또마스의 다음 신학 해설을 참조하라. João de São Tomás, *Tradução de M. Benoit Lavaud*, O. P. (Paris, 1928), pp. 91 ss.

2 Gil Vicente, *Obras completas*, Reimpressao fac-similada da edição de 1562 (Lisboa, 1928), fol. ccxxxi.

3 Alberto Sampaio, *Estudos históricos e econômicos*, I (Porto, 1923), p. 248.

2장

1 André Thevet, *Les singularitez de la France Antarctique* (Paris, 1879), pp. 408 ss.

2 대립은 두 가지 유형이 같은 도덕적 범주 안에 포함될 경우에만 존재할 것이다. 가령, 노동자의 반대 유형은 아마도 소(小) 지대 수입자(rentier)일 것이다. 또한 모험가 유형의 반대편 지점에는 반사회적 부랑자, 무법자, 단순한 게으름뱅이 등이 있다. 여기에서 제안하는 분류 방식은 빌프레도 파레토(Vilfredo Pareto)의 소 지대 수입자(rentier)/투기꾼(speculatori)과 유사하다. 윌리엄 아이작 토머스(W. I. Thomas)의 유명한 네 가지 욕구 이론에 비추어 보자면, 모험가 유형은 '새로운 경험에 대한 욕구'와 '타인의 반응을 구하는 욕구'가 강하다고 할 수 있다. 반면 노동자 유형에게는 '안전에 대한 욕구'와 '인지(認知)에 대한 욕구'가 우선시된다고 할 수 있다. Robert E. Park e Ernest W. Burgess, *Introduction to the Science of Sociology* (Chicago, 1924), pp. 488 ss.; William I. Thomas e Florian Znanieck, *The Polish peasant in Europe and America*, I (Nova York, 1927), pp. 72 s.

3 "England's treasure by forraigne trade, or the ballance of our forraigne trade is the rule of our treasure. By Thomas Mun 1664", J. R. McCulloch ed., *Early English tracts on commerce* (Cambridge, 1954), pp. 191 s.

4 William R. Inge, *England* (Londres, 1933), p. 160.

5 James Murphy, *Travels in Portugal, through the provinces of Entre-Douro e Minho, Beira and Além-Tejo in the years 1789 and 1790* (Londres, 1795), p. 208.

6 아니면 '문명화된' 규칙을 마음으로 받아들이지 못하고, 마치 연극배우나 외운 것을 반복하는 어린아이처럼 이에 피상적으로만 적응했다. 과거 예수회 선교 부락에서 일어난 일도 이와 비슷하다. 신부들이 축출당하고 난 뒤 많은 정착촌의 인지우들은 자신들의 원래 삶의 방식으로 회귀했다.

7 Jean B. du Tertre, *Histoire générale des Antilles*, II (Paris, 1667), p. 490.

8 M. Gonçalves Cerejeira, *O humanismo em Portugal. Clenardo* (Coimbra, 1926), p. 271.

9 "Officio do governador d. Fernando José de Portugal para d. Rodrigo de Souza Coutinho em que se refere ao emprego de bois e arados na cultura das terras e das canas moidas de assucar como combustivel das fornalhas e dos engenhos. Bahia, 28 de março de 1798", *Anais da Biblioteca Nacional do Rio de Janeiro*, XXXVI (Rio de Janeiro, 1916), p. 16.

10 *Inventários e testamentos*, X (São Paulo, 1912), p. 464.

11 *Documentos interessantes para a história e costumes de São Paulo*, XXM (São Paulo, 1896), pp. 3 ss.

12 Dr. Emst Wagemann, *Die deutsche Kolonisten in brasilianischen Staate Espírito Santo* (Munique e Leipzig, 1915), pp. 72 ss.; Otto Maull, *Vom Itatiaya zum Paraguay* (Leipzig, 1930), pp. 98 ss.; dr. Hans Porzelt, *Der deutsche Bauer in Rio Grande do Sul* (Ochsenfurt am Main, 1937), pp. 24 ss.

13 2장의 보론 "약탈식 농경의 존속"을 참조.

14 Rev. Ballard S. Dunn, *Brazil, the home for the Southeners* (Nova York, 1866), p. 138.

15 Frei Vicente do Salvador, *História do Brasil*, 3a. ed.(São Paulo, s. d.), p. 16.

16 Dr. Hans Günther, *Rassekunde Europas* (Munique, 1926), p. 82.

17 Costa Lobo, *História da sociedade em Portugal no século XV* (Lisboa, 1904), pp. 49 ss.

18 Garcia de Resende, "Miscellanea", *Chronica dos salerosos, e insignes feitos del rey dom Ivoam II de gloriosa memória* (Coimbra, 1798), p. 363.

19 M. Gonçalves Cerejeira, op. cit., p. 179, nn. 273 ss.

20 J. Lúcio de Azevedo, *Novas epanáforas* (Lisboa, 1932), pp. 102 ss.

21 Filippo Sassetti, *Lettere* (Milão, s. d.) p. 126.

22 José Pedro Xavier da Veiga, *Efemérides mineiras*, I (s. 1., 1926), p. 95.

23 거의 2세기 전, 상비센치 의회는 기독교도들이 원주민 앞에서 서로가 서로에 대해 또는 상품에 대해 험담하지 말 것을 명했다. 이 법을 위반했음을 증명할 때에는 위반 사항을 직접 들은 기독교도가 증언만 하면 되었다. 따라서 이 경우 인종차별적 감정보다는 경제적 탐욕이 우선적으로 작용했으리라는 것을 짐작하기 어렵지 않다. 수도사 가스빠르는 특히 "원주민들과 맺은 계약을 포르투갈인들이 불성실하게 이행"했음을 증명하는 일련의 사실들을 언급한다. 이것은 차후 브라질 첫 총독의 문책으로 이

어졌다. Frei Gaspar da Madre de Deus, *Memórias para a história da capitania de S. Vicente* (Lisboa, 1797), p. 67.

24 "Sobre dar posse ao doutor Antonio Ferreira Castro do officio de procurador da Corôa, pelo mulatismo lhe nam servir de impedimento", *Anais da Biblioteca Nacional do Rio de Janeiro*, XXVIII (Rio de Janeiro, 1908), p. 352.

25 João Francisco Lisboa, *Obras*, III (São Luís do Maranhão, 1866), pp. 383 s.

26 J. de la Riva-Aguero, "Lima española," *El Comercio* (Lima, 18/1/1935), 1.a seção, p. 4.

27 Afonso d'E. Taunay, *História seiscentista da vila de São Paulo*, IV (São Paulo, 1929), p. 325.

28 Martim Francisco Ribeiro d'Andrada Machado e Silva, "Jornaes das viagens pela capitania de S. Paulo (1803-4)", *Revista do Instituto Histórico e Geográfico Brasileiro*, XLV, 1.a parte (Rio de Janeiro, 1882), p. 18.

29 João Francisco Lisboa, op. cit., p. 382.

30 Gustavo Beyer, "Notas de viagens no Brasil, em 1813", *Revista do Instituto Histórico e Geográfico de São Paulo*, XII (São Paulo, 1908), p. 287.

31 주요 도시에서 볼 수 있는 한 가지 예외가 있다. 직업의 특성상 예술적 재능과 지식을 요구하는 일이 있었다. 이런 것들은 급조해 낼 수 없다. 1782년경 리우데자네이루를 주유한 스페인 여행자는 우리의 보석공, 은 세공사, 목수에 경이로움을 표했다. 그러면서 그들의 작품이 라플라타 강 유역에서 큰 인기를 끌고 있으며, 향후 시간이 지나면 상당한 부의 원천이 될 것이라고 덧붙였다. 수십 년 후 스픽스와 마르티우스는 이런 기술직들이 상당히 선호되고 안정적이었다고 지적했다. "Diário de Juan Francisco de Aguirre", *Anales de la Biblioteca*, IV (Buenos Aires, 1905), p. 101; dr. J. B. von Spix e C. F. Ph. von Martius, *Reise in Brasilien*, I (Munique, 1823), p. 133.

32 Spix e Martius, op. cit., i, p. 132.

33 Ernesto Guilherme Young, "Esboço histórico da fundação da cidade de Iguape", *Revista do Instituto Histórico e Geográfico de São Paulo*, II (São Paulo, 1898), p. 89.

34 "Documentos inéditos", *A Esperança*, Itu, 27/3/1867.

35 *Documentos interessantes*, XLIV (São Paulo, 1915), p. 196.

36 Margaret Mead, *Cooperation and competition among primitive people* (Nova York, 1937), p. 16.

37 *Viola de Lereno: Coleção das suas cantigas, oferecidas aos seus amigos*, IL (Lisboa, 1826), n° 2, pp. 5 s.

38 Herbert J. Priestley, *The coming of the white man* (Nova York, 1930), p. 297. 이를 포르투갈인들의 식민화 성향에 대한 포르투갈 수필가 안또니우 세르지우(Antônio Sérgio)의 시각과 견주어 보면 흥미로울 것이다. 세르지우는 지우베르뚜 프레이리의 『포르투갈인이 창조한 세계』(*O mundo que o português criou*, Rio de Janeiro, 1940)의 서문을 썼고, 여기서 기초 산업을 일

으키지 못한 포르투갈 상황이 일찍부터 포르투갈인들을 바다로 내몰았으며, 그들의 땅이 주지 못한 경제적 안정을 바다 너머에서 찾게 만들었다고 주장한다. 어쩌면 포르투갈인들은 브라질에서 처음으로 인간이 삶을 영위하는 데 중요한 역할을 하는 작물들을 키우기 알맞은 환경을 만났을지 모른다. 이런 작물의 예로는 밀이 있고, 17세기에는 설탕이 특히 두드러졌다.

39 Hermann Watjen, *Das holländische Kolonialreich in Brasilien* (Gotha, 1921), p. 240.

40 최소한 이 점에서는 신네덜란드 정착민들의 성정이 포르투갈 출신 브라질 정착민들의 그것과 크게 다르지 않았다. 우리는 옛 연대기 작가들, 예수회 사제들의 서한, 기타 다른 문건들, 특히 일부가 출판되기도 한 종교재판소 제1차 감찰(Primeira Visitação do Santo Ofício) 문건들을 통해 식민화 초기 브라질인들의 관습에 대해 어느 정도 허용되었는지 확인할 수 있다. 빠울루 쁘라두(Paulo Prado)가 『브라질의 초상』(*Retrato do Brasil*)을 통해 제시하는 모습은 매우 설득력 있다. 17세기부터 유럽에는 적도 아래에서는 죄가 없다는 믿음이 팽배해졌다(Ultra aequinoxialem non peccari). 바를뢰(Barlaeus)는 이 말을 언급하면서 다음과 같이 평한다. "그 선[적도선]이 세계를 두 개의 반구로 나누듯이, 선과 악도 나눈다."

41 Hermann Wåtjen, op. cit., p. 240.

42 Eugen Fischer, *Rasse und Rassenentstehung beim Menschen* (Berlim, 1927), p. 32. Cf. também A. Grenfell Price, *White settlers in the tropics* (Nova York, 1939), p. 177.

43 Spix e Martius, op. cit., p. 387.

44 Hermann Wåtjen, op. cit., p. 224.

45 영국 역사학자 아놀드 J. 토인비는 근대의 인종적 편견 그리고 그 최종판인 인종주의 이론이 프로테스탄티즘에서 비롯되었다는 가설을 열렬히 옹호한다. 그의 관점과 결론을 전적으로 수용하는 것은 아니지만, 오늘날 프로테스탄트들 사이에서 인종적 편견이 더 두드러지는 것은 결코 우연이 아니며, 그들이 역사의 특정 시기에 종교개혁을 받아들이도록 만든 요소들과도 관련이 있다는 점을 인정하지 않을 수 없다. Arnold Toynbee, *A study of history*, I (Londres, 1935), pp. 211-27.

46 Jean B. du Tertre, op. cit., II, p. 489.

47 *Crônicas lajianas, or a Record of facts and observations on manners and customs in South Brazil, extracted from notes taken on the spot, during a period of more than twenty years*, by R. Cleary A. M. ⋯⋯ M. D., Lajes, 1886. Ms. da Library of Congress, Washington, DC, fl. 5 s.; dr. Hans Porzelt, op. cit., p. 23 n.

48 Herbert Wilhelmy, "Probleme der Urwaldkolonisation in Südamerika", *Zeitschrift der Gesellschaftfür Erdkunde zu Berlim*, n.os 7 e 8 (Berlim, outubro de 1940), pp. 303-14; prof. dr. Karl Sapper, *Die Ernährungswirtschaft der Erde und ihre Zukunftsaussichten für die Menschheit* (Stuttgart, 1939), p. 85.

49 빌헬미의 관찰에 더해, 저명한 아메리카 연구자인 카를 자퍼(Karl Sapper) 박사의 관찰담을 살펴볼 필요가 있다. 그는 따뜻하고 습한 땅에서 쟁기를 많이 사용하면 말라리아가 확산될 수 있다고 생각했다. 그는 "내가 확인해 본 바에 따르면, 이곳 사람들은 건강을 위해 쟁기를 포기해야 한다"라고 말했

다(Herbert Wilhelmy, op. cit., p. 313).

50 자퍼는 1927년 쿠스코 인근 지역에서 타크야를 사용하는 것을 목격했는데, 땅속을 20~25센티미터 가량만 파고들었다고 밝히고 있다. Karl Sapper, op. cit., p. 84; K. Sapper, *Geographie und Geschichte der Indianischen Landwirtschaft* (Hamburgo, 1936), pp. 47-8.

51 Florian Paucke, S. J., *Hacia allá y para acá (Una estada entre los indios mocobies, 1749-1767)*, III, 2a. parte (Tucumã-Buenos Aires, 1944), p. 173.

52 *Documentos interessantes para a história e costumes de S. Paulo*, XXIII (São Paulo, 1896), pp. 4 ss.

3장

1 Pandiá Calógeras, *A política exterior do Império*, vol. 3: *Da Regência à queda de Rosas* (São Paulo, 1933), p. 362.

2 Visconde de Mauá, *Autobiografia* (Rio de Janeiro, 1942), p. 123.

3 페헤이라 소아리스는 노예제도 폐지 후 리우데자네이루 광장에서 이뤄지던 상업 거래에 주목하면서, 회계연도 1850~51년과 1851~52년의 총수입액이 1848~49년과 1849~50년에 비해 5만9,043꼰뚜만큼 늘어났음에 주목했다. 이보다는 규모가 작지만 수출도 1만1,498꼰뚜 증가했다. Sebastião Ferreira Soares, *Elementos de estatística*, I (Rio de Janeiro, 1865), pp. 171-2.

4 *Anais da Assembléia Legislativa Provincial de São Paulo*, 1854 (São Paulo, 1927), p. 225.

5 Joaquim Nabuco, *Um estadista do Império*, I (São Paulo, 1936), p. 188.

6 Herbert Smith, *Do Rio de Janeiro a Cuiabá* (São Paulo, 1922), p. 182.

7 '자유농'과 '의무를 지고 있는 농민' 간의 차이는 다음과 같다. 전자는 자가 소유 또는 임대지에 농사를 지으면서 특정 제당 농장에서 사탕수수를 압착해야 하는 의무를 지지 않아도 되었다. 반면 후자의 경우, 제당 농장 주인의 땅에서 농사를 지으면서 그들의 제당 농장에서 사탕수수를 압착해야 할 명시적인 의무가 있었다. "Discurso preliminar, histórico, introdutivo, com natureza de descrição econômica da cidade de Bahia", *Anais da Biblioteca Nacional*, XXVII (Rio de Janeiro, 1906), p. 290.

8 Gilberto Freyre, " A cultura da cana no Nordeste. Aspectos de seu desenvolvimento histórico", *Livro do Nordeste, comemorativo do 1º. centenário do Diário de Pernambuco* (Recife, 1925), p. 158.

9 Frei Vicente do Salvador, op. cit., p. 16.

10 Melo Morais, *Corografia histórica, cronográfica, genealógica, nobiliária e política do Império do Brasil*, II (Rio de Janeiro, 1858), p. 164.

11 '지성'(inteligência)이라는 단어는 영어 원문의 skill, dexterity, judgement 등을 대신한 것 같다.

그러나 이 영어 단어들은 개별적으로든 전체적으로든 '지성'이라는 뜻을 가질 수 없다.

12 José da Silva Lisboa, *Estudos do bem comum*, I (Rio de Janeiro, 1819), p. xii.

13 Thorstein Veblen, *The theory of business enterprise* (Nova York, 1917), p. 310. Cf. também G. Tarde, *Psychologie économique*, I (Paris, 1902), p. 124.

14 이 관점의 대척점에는 까이루에 대한 알세우 아모로주 리마(Alceu Amoroso Lima)의 강연이 있다. 이 강연문은 1944년 11월 1일, 리우데자네이루의『조르날 두 꼬메르시우』(*Jornal do Comércio*) 에 게재되었다. 이 위대한 사상가는『공동선에 관한 연구』를 언급하면서 이렇게 주장한다. "이 위대한 저서를 제대로 분석하기는 불가능하고, 본인은 그저 까이루의 경제 사상의 현대성을, 다른 한편으로는 그의 스승인 애덤 스미스로부터 자유로웠던 면모를 입증하고, 그가 정립한 경제 생산 이론의 단편을 환기시킬 것이다. 땅을 생산의 최우선적 요소로 보는 중농주의자들이 있었다. 그리고 애덤 스미스가 도래해 '노동'이라는 요소를 부각시켰다. 그리고 자유무역주의와 함께 자본이 생산의 기본 단위로 여겨지기 시작했다. 우리의 위대한 까이루는 1819년 저서를 통해 이 각 요소들의 작동을 언급하기는 하지만 '지성'을 이들보다 우위에 두었다. 이 마지막 요소는 19세기의 사회주의와 자유주의 간의 투쟁 이후에야 부각되었다." 알세우 아모로주 리마는 이보다 앞서 "까이루는 포드, 테일러, 스타하노프보다 한 세기 앞서간 선구자이다"라고 말하고 있다.

15 *Princípios de Economia Política para* servir de "Introdução à Tentativa Econômica do Autor dos Princípios de Direito Mercantil" (Lisboa, 1804), pp. 39 e 42.

16 José da Silva Lisboa, *Observações sobre a prosperidade do Estado pelos liberais princípios da nova legislação do Brasil* (Bahia, 1811), p. 68.

17 Apud Charles A. Beard, *An economical interpretation of the Constitution of the United States* (Nova York, 1944), pp. 152-88.

18 "Paralelo da Constituição portuguesa com a inglesa", *Correio Brasiliense*, III (Londres, 1809), pp. 307 ss. 라메고 꼬르치스(cortes, 역주: 일종의 의회)의 의사록은 포르투갈에서 1632년 펠리피 3(4)세 당시 Monarquia lusitana에 게재되었다. 이와 관련해서는 다음 문헌을 보라. A. Herculano, *História de Portugal*, 7a. ed., II (Paris-Lisboa, 1914), p. 286. 또한 본 문서의 정치적 영향력과 관련해서는 다음을 참조하라. A. Martins Afonso, "Valor e significação das atas das cortes de Lamego no movimento da Restauração", Congresso do Mundo Português. Publicações, VII (Lisboa, 1940), pp.475 ss.; Henrique da Gama Barros, *História da administração pública em Portugal*, 2 a. ed., III (Lisboa, s. d.), pp.301-3 n. e 410-11.

19 Dr. Francisco Muniz Tavares, *História da revolução de Pernambuco em 1817*, 3a. ed. (Recife, 1917), p.115.

20 Joaquim Nabuco, *Um estadista do Império*, I (São Paulo, 1936), pp. 63 s.

21 John Luccock, *Notas sobre o Rio de Janeiro e partes meridionais do Brasil, tomadas durante uma estada de dez anos nesse país, de 1808 a 1818* (São Paulo, s. d.), p. 73.

22 미국 지리학자 프리스턴 제임스(Preston James)는 이 사안에 대해 면밀히 연구한 뒤, 정말로 팽창적인 정착이 일어나는 곳, 즉 원 정착민이 감소하지 않고 새로운 토지가 점유되는 곳은 라틴아메리카 전역에 다음 4개 지대밖에 없다고 말한다. ① 코스타리카공화국의 고원, ② 콜롬비아의 안티오키아 고원, ③ 칠레 중부, ④ 브라질의 3개 남부 주. Preston James, *Latin America* (Nova York-Boston, s. d.), pp. 828 ss.

23 Leopold von Wiese, "Ländliche Siedlungen", *Handwörterbuch der Soziologie* (Stuttgart, 1931), pp. 522 ss.

24 한편, 도시 발전에 긍정적이던 이들은 15세기부터 18세기까지 도시 발전이 정점에 오르면서 농촌 주민들을 강제 노동이나 노예제도 등 압제로부터 '자유롭게' 했다는 믿음이 있지만 상당 부분은 근거가 없다. 소로킨(Sorokin)과 짐머만(Zimmermann)이 지적한 바에 따르면, "도시의 자유로운 공기란 종종 농촌에는 구속의 공기를 의미했다." Pitirim Sorokin e Carle E. Zimmermann, *Principies of rural-urban sociology* (Nova York, 1928), p. 88.

25 Max Weber, *Wirtschaft und Gesellschaft*, II (Tübingen, 1925) pp. 520 ss.

26 *Primeira visitação do Santo Ofício às partes do Brasil. Denunciações da Bahia* (São Paulo, 1928), pp. 11 ss.

27 Frei Vicente do Salvador. op. cit., XI

28 João Antônio Andreoni (André João Antonil), *Cultura e opulência do Brasil*, 1711년 판본에서 발췌. (São Paulo, 1967), p.165.

29 Hermann Wätjen, op. cit., p. 244.

4장

1 Max Weber, op. cit., II, p. 713.

2 *Recopilación de leyes de los reynos de Indias*, II (Madrid, 1756), fls. 90-2.

3 한편, 히스패닉 아메리카 도시 설계에 그리스 로마 모델이 직접적 영향을 미쳤을 가능성이 배제되진 않는다. 심지어 최근 일련의 연구는 필리핀 도시 건설 관련 지침이 베트루비우스(Vetruvius)의 고전적인 논문과 밀접히 연관되어 있음을 입증한 바 있다. Dan Stanislawski, "Early town planning in the New World", *Geographical Review* (Nova York, janeiro de 1974), pp. 10 ss.

4 Cf. A. Bastian, *Die Kulturländer des Alten Amerika*, II, *Beiträge zu Geschichtlichen Vorarbeiten* (Berlim, 1878), p. 838.

5 4장 보론의 1절 "스페인 아메리카와 브라질의 지적 생활" 참조.

6 Bernhard Brandt, *Südamerika* (Breslau, 1923), p. 69.

7 Cf. "Regimento de Tomé de Sousa", *História da colonização portuguesa do Brasil*, III (Porto, 1924), p. 437.

8 *Hist. da col. port.*, cit., III, p. 310.

9 Frei Gaspar da Madre de Deus, *Memórias para a história da capitania de S. Vicente* (Lisboa, 1797), p. 32. Marcelino Pereira Cleto, " Dissertação a respeito da capitania de S. Paulo, sua decadência e modo de restabelecê-la"(1782), *Anais da Biblioteca Nacional do Rio de Janeiro*, XXI (Rio de Janeiro, 1900), pp. 201 ss.

10 4장 보론의 2절 "상파울루의 공통어" 참조.

11 João Antônio Andreoni (André João Antonil), op. cit., p. 304.

12 Spix & Martius, op. cit., II p. 436.

13 Dr. Joaquim Felício dos Santos, *Memória do Distrito Diamantino da comarca de Serro Frio* (Rio de Janeiro, 1924), p. 107.

14 아메리카 대륙 내 스페인의 식민지 대부분(멕시코·과테말라·보고타·키토 등)이 고지대에 건설된 것은 결코 우연이 아니다. 그중 해발 140미터의 연안 지대에 건설된 리마만이 예외다. 이 예외는 식민 모국과의 교류의 용이함보다는 정복 과정에서의 역사적 우연 때문이라고 보는 것이 더 적합하다. 알려진 바에 의하면 스페인이 페루에서 처음으로 후보지로 삼은 곳은 해발 3천3백 미터에 위치한 '하우하'(Jauja)라는 장소였다. 그러나 한 근대 학자에 따르면, 정복자들이 데려온 말들이 고원에 적응하지 못하는 바람에 리마가 선택되었다. 스페인 부대의 전략은 말을 직접 사용하기보다 말을 통해 원주민들에게 위압감을 조성하는 것이었으므로 말을 기르기 편리한 장소인지의 여부가 도시 조성에 무엇보다도 결정적인 요소였다. Cf. Karl Sapper, "Uber das Problem der Tropenakklimatization von Europäem", *Zeitschrift der Gesellschaftfür Erdkunde zu Berlin*, Hft. 9/10 (Berlim, dez. 1939), p. 372.

15 Arnold J. Toynbee, *A study of history*, II (Londres, 1935), pp. 35 ss.

16 A. Métraux, *Migrations historiques des tupi-guarani* (Paris, 1927), p. 3.

17 이런 유사성만큼 특별한 사실 하나는, 우리가 오늘날 익히 알고 있는 뚜삐-과라니족의 이문화 흡수 능력과 타 종족의 '뚜삐화' 능력이다. W. 슈미트(W. Schmidt) 신부는 남미 대륙의 문화적 상황을 다룬 연구에서 "뚜삐-과라니족 고유의 문화가 무엇인지 정의하는 것"이 거의 불가능한 이유가 바로 그 때문이라고 언급했다. P. Wilhelm Schmidt, "Kulturkreise und Kulturschichten in Südamerika", *Zeitschrift für Ethnologie* (Berlim, 1913), p. 1108.

18 Manuel da Nóbrega, *Cartas do Brasil*, 1549~60 (Rio de Janeiro, 1931), pp. 131 e 134.

19 Frei Vicente do Salvador, op. cit., p. 16.

20 L. G. de la Barbinais, *Nouveau voyage au tour du monde*, III (Paris, 1729), p. 181.

21 또메 지 소우자(Tomé de Souza)가 1553년 6월 1일자로 왕에게 보낸 편지는 다음과 같이 언급한다. "[……] 상빈센치의 이 두 마을에는 울타리가 쳐 있지 않고, 집들 또한 울타리를 치지 못할 정도로 서로 드문드문 떨어져 있습니다. 시도할 경우 많은 노동이 필요하기 때문에 결국 주민을 잃을 수도 있습니다. 집들은 모두 돌, 석회, 큰 마당으로 이루어져 있으며 모든 것이 불규칙합니다. 결과적으로 모든 집이 하나의 성채와도 같게 되었습니다. 그러므로 각 마을이 자체적인 보안 방침을 마련하는 편이 좋을 듯합니다. 각 마을의 토질을 고려해 그에 맞게 일을 해나가야 할 것입니다. 이를 위해 모든 자재

가 완벽하게 제공되어야 합니다. 그렇지 않으면 일은 제대로 완수되지 못할 것입니다."

22 Luís dos Santos Vilhena, *Recopilação das notícias soteropolitanas brasílicas*, I (Bahia, 1921), p. 109.

23 Aubrey Bell, *Portugal of the Portuguese* (Londres, 1915), p. 11.

24 세우타 점령에 대한 올리베이라 마르친스(Oliveira Martins)의 과장에 대한 반론으로는 다음을 참조. Antônio Sérgio, *Ensaios*, I (Rio de Janeiro, s. d., [1920]), pp. 281 ss. "Ensaio de interpretação não romântica do texto de Azurara." 이 글은 세계주의적 성향을 지닌 부르주아의 요구가 그 사업의 탄생에 있어 기사도 정신보다 훨씬 중요했음을 보여 주려고 한다.

25 4장 보론의 3절 "경제적 덕목에 대한 반감"을 참조.

26 Diogo do Couto, *O soldado prático* (Lisboa, 1937), pp. 144 ss.

27 Diogo do Couto, op. cit., p. 219.

28 D. João I, *Livro da montaria* (Coimbra, 1918), p. 8.

29 Diogo do Couto, op. cit., p. 157..

30 D. Eduarte, *Leal conselheiro* (Lisboa, 1942), p. 15.

31 D. Eduarte, op. cit., p. 27.

32 Bernardim Ribeiro e Cristóvão Falcão, *Obras*, II (Coimbra, 1931), p. 364.

33 4장 보론의 4절 "자연과 예술"을 참조하라.

34 Henri Hauser, *La prépondérance espagnole* (Paris, 1940), p. 328.

35 "Carta do bispo do Salvador (1552)", *Hist. da col. port.*, op. cit., III, p. 364.

36 John Tate Lane, "The transplantation of the Scholastic University", *University of Miami Hispanic-American Studies*, I (Coral Gables, Flórida, nov. 1939), p. 29.

37 "Estudantes brasileiros na Universidade de Coimbra", *Anais da Biblioteca Nacional do Rio de Janeiro*, LXII (Rio de Janeiro, 1942), pp. 141 ss.

38 지금까지 알려진 바에 의하면 브라질 최초의 인쇄소다. 최근 발견된 예수회 문건을 분석한 결과, 세라핑 레이치(Serafim Leite)는 리우데자네이루 예수회 학교가 보관중인 일부 문서가 "1724년경 인쇄소에서 인쇄되었음"을 확인했다. 이를 통해 포르투갈 아메리카에 예수회가 인쇄소를 설립한 시점을 파악할 수 있게 되었다. 그러나 레이치에 따르면 이 인쇄물들은 대부분 "학교와 사제 전용"이었기 때문에 과도하게 중요도를 부여해서도 안 된다. Serafim Leite, *História da Companhia de Jesus no Brasil*, VI (Rio de Janeiro, 1945), p. 26.

39 빠라 주 주지사에게 내려진 칙령의 전문은 História geral do Brasil do visconde de Porto Seguro, V (São Paulo, s. d.)의 제 3쇄에 호돌푸 가르시아(Rodolfo Garcia)가 붙인 주석을 통해 확인할 수 있다. 훔볼트의 여행 및 여행 불허와 관련된 내용은 1800년 5월 13일자 『리스본 신문』(*Gazeta de Lisboa*)에서 확인할 수 있다.

40 브라질 제국의 장미 대십자 훈장은 1855년 3월 31일에 훔볼트 남작에게 수여되었다. 남작은 당시 제국의 북부 한계선에 대한 보고서를 제출한 상태였다. Barão do Rio Branco, *Efemérides*

brasileiras (Rio de Janeiro, 1946), p. 184.

41 Julius Löwenberg, "Alexander von Humboldt. Sein Reiseleben in Amerika und Asien", *Alexander von Humboldt. Eine Wissenschafliche Biographie, bearbeitet und herausgegeben von Kart Bruhns*, I (Leipzig, 1872), p. 463.

42 Padre Antônio Vieira, *Obras várias*, I (Lisboa, 1856), p. 249.

43 "Ordens régias", *Revista do Arquivo Municipal*, XXI (São Paulo, 1936), pp. 114 s.

44 "Cartas de Artur de Sá e Meneses a el-rei ......", *Revista do Instituto Histórico e Geográfico de São Paulo*, XVIII (São Paulo, 1913), p. 354.

45 "Relatório do governador Antônio Pais de Sande ......", *Anais da Biblioteca do Rio de Janeiro*, XXXIX (Rio de Janeiro, 1921), p. 199.

46 D. Félix de Azara, *Viajes por la América del Sur* (Montevidéu, 1850), p. 210.

47 Jean de Laet, *Histoire du Nouveau Monde ou Description des Indes Occidentales* (Leide, 1640), p. 478.

48 *Inventários e testamentos*, X (São Paulo, 1921) p. 328.

49 "Carta do bispo de Pernambuco ......", in Ernesto Ennes, *As guerras dos Palmares*, I (São Paulo), p. 353.

50 "Sumário dos senhores generais que têm governado a Capitania", Ms. da Biblioteca Nacional do Rio de Janeiro, I-7, 4, 10.

51 Padre Manuel da Fonseca, *Vida do venerável padre Belchior de Pontes* (São Paulo, s. d.), p. 22.

52 Hércules Florence, "Expedição Langsdorff", *Revista do Instituto Histórico e Geográfico Brasileiro*, XXXVIII, 2a. parte (Rio de Janeiro, 1878), p. 284.

53 Ricardo Gumbleton Daunt. "Reminiscência do distrito de Campinas", *Almanaque literário de S. Paulo para 1879* (São Paulo, 1878), p. 189.

54 Francisco de Assis Vieira Bueno, *Autobiografia* (Campinas, 1899), p. 16; José Jacinto Ribeiro, *Cronologia paulista*, II. 2a. parte (São Paulo, 1904), pp. 755 ss.

55 R. H. Tawney, *Religion and the rise of capitalism* (Londres, 1936), p. 72.

56 Georg Friederici, *Der Charakter der Entdeckung und Eroberung Amerikas durch die Europäer*, II (Stuttgart, 1936), p. 220.

57 Júlio de Mesquita Filho, *Ensaios sul-americanos* (São Paulo, 1946), pp. 139 ss.

58 Alfred Rühl, "Die Wirtschaftpsychologie des Spaniers", *Zeitschrift der Gesellschaft für Erdkunde* (Berlim, 1922), p. 95.

59 Enrique Sée, *Nota sobre el comercio franco-portugués en el siglo XVIII* (Madri, 1930), p. 5.

60 E. Sée, op. cit., p. 4.

61 Benedetto Croce, *La Spagna nella vita italiana durante la Rinascenza* (Bari, 1941), p. 27.

62 Mateo Alemán "Guzmán de Alfarache", *La novela picaresca española* (Madri, 1943), pp. 168 ss.

63 Dr. Richard Ehrenberg, *Das Zeitalter der Fuggers* (Jena, 1896), I, pp. 359 e 360. 토우니 (R. W. Tawney, op. cit., p. 80)도, 스페인 상인들이 교회를 존중해서 자신들의 고해신부들을 파리로 보내 특정 투기 행위들이 율법에 위배되지 않는지 대학의 신학자들에게 문의하게 하기는 했지만 "양심의 가책을 많이 느끼는 계층은 아니"었다고 말한다. 고리대금업은 스페인 시장에서는 일반적인 것이었으나, 카를로스 5세 때부터 더 성행해서, 오늘날의 역사가 프란츠 린데르에 따르면 "다른 나라에서는 쉽지 않았을" 양상을 띠었다. Franz Linder, "Das Spanische Marktkunde und Börsenwesen", *Ibero-Amerikanisches Archiv*, III (Berlim, 1929), p. 18.

64 Diogo do Couto, op. cit., pp. 105, 192 e 212.

65 Francisco Rodrigues Lobo, *Corte na aldeia* (1a. ed., 1619), (Lisboa, 1945) pp. 136 ss.

66 Padre Antônio Vieira, *Sermoens*, 1a. parte (Lisboa, 1679), fl. 41.

67 Baltazar Gracián, "Criticón", *Obras completas* (Madri, 1944), p. 435.

5장

1 F. Stuart Chapin, *Cultural change* (Nova York, 1928), p. 261.

2 Knight Dunlap, *Civilized life. The principles and applications of social psychology* (Baltímore, 1935), p. 189.

3 Margaret Mead, Ruth Shoule Cavan, John Dollard e Eleanor Wembridge, "The adolescent world. Culture and personality", *The American Journal of Sociology* (jul. 1936), pp. 84 ss.

4 그는 또한 이렇게 말한다. "어린 시절 어머니를 잃는 경험은 한 사람을 변화시키는 중대한 경험이다. 기억할 수 없을 정도로 어릴 때 겪어도 그렇다. 그날부터 나부꾸는 홀로 살아가려고 애쓰는 부류에 속하게 되었다. 가정에 대한 본능이 강해 어머니의 사랑을 쉽사리 놓지 못하는 이들이 있는 반면, 위태로운 가정의 편안함을 벗어나려 애쓰고, 세상이라는 너른 광야로 스스로를 내모는 이들이 있다. 에픽테토스에 따르면, 헤라클레스는 세상에 고아란 없다고 믿었고 따라서 자기 자식들을 고아처럼 방치하는 것을 괘념치 않았다." Joaquim Nabuco, op. cit., I. p. 5.

5 Max Weber, op. cit., II, pp. 795 ss.

6 이 표현은 작가 히베이루 꼬우뚜(Ribeiro Couto)가 알폰소 레예스(Alfonso Reyes)에게 쓴 편지에 들어 있다. 꼬우뚜는 나중에 몬테레이 출판사에서 출간한 책에 이 편지를 포함시켰다. 편지에 이미 함축되어 있는 내용을 되풀이할 필요가 있을지 모르겠지만, 꼬우뚜는 '친절한'이라는 단어를 어원학적으로 정확한 의미로 사용해야지, 까시아누 히까르두(Cassiano Ricardo)의 최근 저서에서처럼 정반대

의미로 사용하면 안 된다고 주장한다. 히까르두는 '친절한 인간'을 입맛을 돋우는 식전주(食前酒)나 "정다운 편지, 심지어 공격적인 편지의 마무리"에도 사용되는 다정한 인사말 정도로 언급하는데, 이는 브라질인들의 "가장 중요한 감정"으로 이해되는 친절함, 선량함(bondade) 그 자체이자 "선량함의 기술"이자, "더 포용적이고 정치적이고 동화력 있는 선량함"으로 특징 지워지는 친절함과는 대비된다.

히까르두와 필자의 주장 사이의 차이점을 좀 더 명확히 하자면, 히까르두가 '선량함'이나 '선량한 인간'을 언급할 때의 윤리적 판단 근거와 변론적 의도에 대한 경도는 이 책에서 배제된다. 게다가 브라질의 선량함은 한편으로는 모든 형식주의 및 관습주의와 거리가 멀고, 또 한편으로는 긍정적인 감정과 '화합'의 감정들을 겨우, 그리고 의무적으로 내포하고 있을 뿐이라는 점도 덧붙여 말해야겠다. 반감(inimizade)은 우정(amizade)만큼이나 '친절할' 수 있다. 두 가지 감정 모두 '심장'에서 발현되고, 내면적·가족적·사적 영역에 속하기 때문이다. 현대 사회학에 의해 신성화된 용어를 사용하자면, 두 감정은 '일차 집단'의 영역에 속한다. 그리고 이 개념의 주창자에 따르면 일차 집단이라고 해서 "반드시 조화와 사랑에 국한된" 관계들로 구성되지 않는다. 우정은 이 단어의 불명료함 때문에 사적 감정 혹은 내면적 감정의 경계를 벗어나는 순간 박애라는 이름을 갖게 된다. 반감도 '친절'의 영역을 벗어나 정치적이거나 공적인 영역에서 표출되면 적의(hostilidade)라고 불린다. '반감'과 '적의' 간의 차이는 칼 슈미트가 라틴어로 다음과 같이 잘 정리해 놓았다. "*Hostis is est cum quo publice bellum habemus* [······] *in quo ab inimico differt, qui est is, quocum habemus privata odia* ······" Carl Schmitt, *Der Begriff des Politischen* (Hamburgo, s. d. [1933]), p. 11, n.

7 Friedrich Nietzsche, *Werke*, Alfred Kòner Verlag, IV (Leipzig, s. d.), p. 65.

8 민속 연구자, 문법 학자, 방언 학자들은 스페인어권, 특히 스페인어를 사용하는 아메리카 대륙 및 스페인 일부 지역(안달루시아, 살라망카, 아라곤)에서도 축소사를 즐겨 사용한다고 지적하고 있다. 아마도 알론소(Amado Alonso)는 이처럼 서로 동떨어진 지역들에 이런 경향이 고루 분포되어 있다는 사실은 축소사 사용을 앞서 언급한 각 지역의 특성으로 파악하려는 시도에 반한다고 주장했으며, 이는 일견 타당하다고 볼 수 있다. 그러나 이 지역들의 언어 사용이 일반적인 사용 경향과 반대된다는 점에서 결국 축소사의 잦은 사용이 '지역적 흔적'이라는 점을 부인할 수는 없다. 특히 축소사는 도시에서보다 농촌에서 많이 사용하므로, 농촌의 언어적 특성 중 하나라고까지 말할 수 있을 것이다. 알론소는 "이런 형태의 빈번한 사용은 구어체적 관계에서 나타나는 행동이 사회적으로 그 형태에 각인되었음을 말하는 것이다. 이는 말하는 사람의 친근한 어조와 상호 협력 요청을 통해 더욱 부각된다. 이런 사회적 매너를 만들고 연마한 농촌의 방언 환경은 도시나 식자층의 더 절제된 인간관계 유형에 반감을 가지게 마련이다. 왜냐하면 농촌은 도시의 표현이 격식이나 따지고, 진실하지 못하고, 속마음을 감춘다고 생각하기 때문이다." Cf. Amado Alonso, "Noción, emoción, acción y fantasia en los diminutivos", *Volkstum und Kultur der Romanen*, VIII, 1°.(Hamburgo, 1935), pp. 117-18. 점진적 도시화의 영향을 받은 곳을 포함해서 이 흔적이 존속되고 있는 브라질 내 지역의 경우, 축소사의 존재는 무엇보다도 농촌적·가부장적 환경하에서의 인간의 공존 방식에 대한 기억이자 '생존'이다. 오늘날의 세계주의도 그 흔적을 완벽히 지우는 데에는 실패했다. 축소사는 확언히 "친절한" 태도의 특징이고, 이른바 '시민성'과 '도시성'에는 완벽히 반대되는 개념이라고 할 수 있다. 이와 유사한 심리적 동기가 우리의 구문 형태에 끼친 예에 대한 연구로는 다음 책이 있다: João Ribeiro, *Língua nacional* (São

294

Paulo, 1933), p. 11.

9 다시 말해 다음 범주다. ① 가족 관계, ② 이웃 관계, ③ 친구 관계.

10 André Siegfried, *Amérique Latine* (Paris, 1934), p. 148.

11 Prof. dr. Alfred von Martin, "Kultursoziologie des Mittelalters", *Handwörterbuch der Soziologie* (Stuttgart, 1931), p. 383.

12 Fernão Cardim, *Tratados da terra e gente do Brasil* (Rio de Janeiro, 1925), p. 334.

13 Auguste de Saint-Hilaire, *Voyage au Rio Grande do Sul* (Orléans, 1887), p. 587.

14 Reverendo Daniel P. Kidder, *Sketches of residence and travels in Brazil*, I (Londres, 1845), p. 157.

15 Thomas Ewbank, *Life in Brazil or a Journal of a visit to the land of the cocoa and the palm* (Nova York, 1856), p. 239.

6장

1 '천직 의식'(Beruf)이라는 개념은 막스 베버에 의해 그의 유명한 저서 『프로테스탄티즘의 윤리와 자본주의 정신』(*Die Protestantische Ethik und der Geist des Kapitalismus*)에서 예리하게 분석된 바 있다. 다만 이 위대한 사회학자가 충분히 면역력을 지니지 못했던 일부 경향성에 대해서는 조심스럽게 받아들일 필요가 있다. 특히 특정 현상을 설명하면서 어떻게 보면 더 결정적인 요인들은 소홀히 하고 순수하게 도덕적인 혹은 지적인 영향에 더 큰 의미를 부여한 측면이 그렇다. 가령, 경제적 움직임들보다는 자본주의적 사고 형성에 '프로테스탄트 정신'이 미친 영향력이 더 강조된다. 특히 칼뱅주의 성격이 뚜렷한 프로테스탄트가 우세했던 북유럽 국가들에서 이런 경향이 두드러졌다고 본다. 이런 측면에서, 루요 브렌타노(Lujo Brentano)나 리처트 토니(Richard Tawney)와 같은 역사학자들은 베버의 주요 논지가 갖는 한계점을 파고들어 반박했다. 그러나 한계가 있다고 해도, 프로테스탄트들의 근로 윤리가 가톨릭 국가들의 그것과 대비된다는 베버의 주장 자체는 유효하다. 베버가 적고 있듯이 가톨릭 국가들 사이에서는 직업 활동을 가리키는 어휘들에 뚜렷한 종교적 색채가 결여되어 있는 반면, 게르만 어족의 해당 어휘들은 예외 없이 이런 색채를 띤다. 이로 인해 프로테스탄트 성서의 '천직 의식'을 포르투갈어 성서는 무미건조하게 '일'(obra, 영어로 work)이라고 번역하고 있다. 다만 고린도전서 7장 20절에서처럼 이른바 '영원한 구원'이라는 개념을 명확하게 지칭하고자 할 때, 포르투갈어 성서는 '천직 의식'을 어원적으로 동일한 의미를 지닌 '소명'(vocação)이라는 어휘로 번역한다. 프로테스탄트의 사례는 토니가 명쾌하게 풀이한 것처럼 청교도적 도덕을 잘 반영한다. 그들에게 노동이란 단순히 자연의 강요나 신의 형벌이 아니다. 그보다는 일종의 금욕적 규율로, "그 어떤 탁발수도회의 규율보다도 엄격하다. 하느님의 뜻에 의해 부과된 규율이므로 우리는 이를 고독히 수행해서는 안 된다. 이 세속적 의무를 충실히 하고 철저히 이행해야 한다." "육체적 필요를 충족시키면 그만둘 수 있는 경제적 수단이 아니다. 정신적 목표가 되어야 한다. 그래야만 영혼이 건강하게 도덕적 의무를 수행할 수 있게 된다. 물질적 필요가 없어진다 하더라도 그렇다." 진정한 기독교인은 자신의 일에 매진해야 하며 모든 나태로부터

도망쳐야 한다. 왜냐하면 탕아(蕩兒)들은 얼마 가지 않아 자기 영혼을 증오하게 되기 때문이다. 일종의 방종인 명상보다는 행동을 중시해야 한다. 부자라고 가난한 이들보다 일을 적게 할 핑곗거리는 없다. 자신의 부를 공동체를 위해 유익한 일에 사용해야 하기 때문이다. 탐욕은 영혼에 위험하다. 그러나 나태가 그보다 훨씬 더 위험하다. 사치, 허세, 무절제한 쾌락은 기독교인의 행동거지와 맞지 않다. 가족과 친지에게 쏟는 과도한 헌신조차 하느님을 향한 사랑을 대체할 수 있기 때문에 피해야 한다. "종합하자면, 그리스도인의 삶은 체계적으로 정돈되어야 한다. 뜨거운 열정과 차가운 지성의 산물이 되어야 하는 것이다." Cf. Max Weber, *Die Prolestantische Ethik und der Geist des Kapitalismus* (Tübingen, 1934), pp. 63 ss. Cf. também R. H. Tawney, op. cit., pp. 242 ss.

2 뉴잉글랜드의 탄생 초기만큼 대졸자를 많이 배출한 곳도 드물 것이라는 막스 베버의 주장은 어쩌면 과장일지 모른다. 만일 그가 칭하는 대졸자가 신학 이외의 분야의 사람들을 가리킨다면 말이다. 변호사나 판사의 경우, 뉴잉글랜드는 북미의 다른 영국 식민지와 마찬가지로 초기에, 그리고 심지어 18세기 중반까지도 일반인이 그 직을 수행할 수 있었다. Cf. James Truslow Adams, *Provincial society* (Nova York, 1943), p. 14. 변호사들의 정치적 권위는 1754년경부터 보수주의자들의 강력한 저항을 이겨내고 확립되기 시작했으며, 독립 혁명 직전 시기에 최고조에 이르렀다. 이와 관련된 참고 문헌은 다음과 같다. J. T. Adams, op. cit., pp. 313 s. 특히 다음을 참조하라. Evarts Houtell Greene, *The revoutionary generation* (Nova York, 1943), pp. 80 ss.

3 찰스 A. 비어드(Charles A. Beard)는 미국 헌법에 대한 경제학적 해석으로 오늘날 고전이 된 자신의 저서에서 이 점을 부각시켰다. 그리고 제헌의회 구성원 중 그 누구도 소농이나 기술자들의 경제적 이해를 대변하지 않는다고 지적했다. Charles A. Beard, op. cit., p. 189.

4 Zechariah Chafee, Jr., "The law", *Civilization in the United States, an inquiry by thirty Americans* (Nova York, 1922), p. 53.

5 Miguel Lemos e R. Teixeira Mendes, *Bases de uma constituição política ditatorial federativa para a República brasileira* (Rio de Janeiro, 1934).

6 R. Teixeira Mendes, *Benjamin Constant, esboço de uma apreciação sintética da vida e da obra do fundador da República brasileira*, I (Rio de Janeiro, 1913), p. 88.

7 R. Teixeira Mendes, op. cit., i, pp. 87 ss.

8 A. de Saint-Hilaire, op. cit., p. 581.

9 "Contribuições para a biografia de D. Pedro II", *Revista do Instituto Histórico e Geográfico Brasileiro*, tomo especial (Rio de Janeiro, 1925), p. 119.

10 Gilberto Freyre, "A propósito de D. Pedro II", *Perfil de Euclides e outros perfis* (Rio de Janeiro, 1944), p. 132.

11 Mário Pinto Serva, *O enigma brasileiro* (São Paulo, s. d.), pp. 12 e 57.

12 A. J. Todd, *Theories of social progress* (Nova York, 1934), pp. 522 ss.

7장

1 한편, 한 날카로운 관찰자는 남미의 한 장군이 무리의 선봉에 서서 대통령을 끌어내리고 그 자리를 차지하는 경우를 두고 '혁명'이라는 단어를 사용하는 것은 언어 남용이라고 경고한다. 그의 설명에 따르면, 이런 일은 식민지가 교양 있는 근대사회로 전환되는 전반적인 과정(진정으로 혁명적인 과정)에서 끊임없이 일어날 수밖에 없는 일이다. W. Mann, *Volk und Kultur Lateinamerikas* (Hamburgo, 1927), p. 123.

2 D. H. Lawrence, *Studies in classic American literature* (London, 1924), p. 88.

3 H. Handelmann, *História do Brasil* (Rio de Janeiro, 1931), p. 361.

4 Caio Prado Júnior, "Distribuição da propriedade fundiária no estado de São Paulo", *Geografia*, I (São Paulo, 1935), p. 65.

5 C. F. van Delden Laerne, *Rapport sur la culture du café en Amérique, Asie et Afrique* (Haia, 1885), pp. 254 s.

6 *Anais do Senado*, IV (Rio de Janeiro, 1858 — Sessão de 26 de agosto), p. 253.

7 Oliveira Lima, *Aspectos da história e da cultura do Brasil* (Lisboa, 1923), p. 78.

8 Alberto Torres, *O problema nacional brasileiro. Introdução a um programa da organização nacional* (Rio de Janeiro, 1914), p. 88.

9 칠레의 경우, 보수주의자와 급진주의자들 간의 현재의 합의는 응급 처치에 불과할 수도 있다. 그럼에도 불구하고 1925년의 개혁은 대농장주들과 과두 지배 계층 정치인들의 배타적 권력 청산이라는 두 가지 구체적 성과를 일궈냈다는 점에서 의미가 깊다. George McCutchen McBride, *Chile: land and society* (Nova York, 1936), pp. 214-31 e passim.

10 노동자 대중이 최근 브라질과 아르헨티나 선거에서 거머쥔 승리의 의미도 다르지 않다. 물론 라플라타 강 지역의 오랜 까우질리스무를 대변하는 퇴보적 세력들이 노동자들의 결집을 상당 부분 조장했고, 아마도 그들이 선거 승리의 수혜자일 것이다. 또 이 세력들은 유럽의 전체주의 모델들이 제공하는 자극과 가능성 덕택에 큰 장애물 없이 전면에 부상할 수도 있을 것이다.

11 Lisandro Alvarado, "Los delitos políticos en la historia de Venezuela", *Revista Nacional de Cultura*, 18 (Caracas, maio 1940), p. 4.

12 1935년에 쓰이고 출판된 이 책의 이 대목은 오늘날의 현실에는 더 이상 부합하지 않는 것 같다. 이제는 확인하는 일만 남았다. 마르크스주의 원칙들에 대한 의식 있고 성찰적인 동조보다, 오늘날 우리의 공산주의자들 가운데 수없이 많은 이들이 '절대 오류를 범하지 않는' 지도자를 좇고 있는 열의, 주로 감정적 열의가 변화의 원인인지 아닌지를 말이다.